# 미국생활
## 필수지침서

김종현 지음

도서출판 세진사

# 머리말

저자가 이 책을 집필하게 된 동기는 지난 17년 동안 미국에서 원단 도매업, 실크프린트 공장, 무역, 운전학원, 보험, 이민업, 공인 세무사의 실무 경험과 미주 중앙일보 등 일간지에 정기적으로 미국정착 방법에 대한 칼럼을 게제하고, 미국생활 정착상담을 통하여 얻은 경험을 바탕으로, 지난 2003년 저술한 "미국생활 필수지침서"의 내용을 더욱 알차게 보완 및 수정을 하여 미국에 정착하고자 하는 초기 이민자들에게 도움이 되고자 노력하였습니다.

초기 이민자나 유학생들이 원대한 꿈을 가지고 미국 땅에 도착을 하게 되면 참으로 막막한 감을 느끼게 됩니다. 미국에 친척이나 친구들이 있을 경우는 그나마 도움이 될 수도 있지만, 그들 역시 바쁜 이민 생활에 초기 이민자들에게 충분한 도움을 주지 못 할뿐 아니라, 미국에 아는 사람이 전혀 없는 경우는 처음부터 무엇을 어떻게 시작을 해야 할지를 몰라서 주위 사람들 말만 듣고 불필요한 경비를 지출하고, 비합법적 체류신분 변경이나 동업과 사업을 하면서, 또는 주위 사람들에게 돈을 빌려 주었다가 돌려받지 못함으로 인하여, 그나마 얼마가지고 온 돈을 모조리 탕진을 하거나 사기를 당하여 미국생활을 시작하기 전에 곤경에 처하는 경우를 너무나 많이 보아왔기 때문에, 이러한 초기 이민자나 유학생들이 불필요한 낭비나 사기를 당하지 않고 시행착오 없이 제대로 이민생활을 시작하고, 또한 정착할 수 있도록 도와주고자 하는 마음에서 "미국생활 필수지침서"의 개

정판을 내게 되었습니다. 현재 미국에 거주하는 한인들은 약200만 명 전후가 되며, 지금도 수많은 사람들이 기회만 있으면 해외로 이민을 가기를 원하는데, 그 중에서도 가장 가고 싶어 하는 나라가 미국입니다.

이렇게 많은 사람들이 미국을 가기를 원하는데, 이 사람들에게 왜 미국을 가고 싶어 하느냐?고 물어보면, 대부분의 공통된 점은 첫째, 과거에는 꿈이 있었다고 합니다. 열심히 노력하면 저축도 하고 잘 살 수 있다는 꿈과, 민주화를 이루려는 꿈이 있었지만, 현재는 미래에 대한 꿈이 없다는 것입니다. 둘째는 정치에 대한 부정적인 견해와 경제 불안의 요인인 것입니다. 셋째는 아직까지 부정부패가 만연하고 과다한 경쟁으로 인하여 중산층은 점차 줄어들고, 빈부 격차가 점점 벌어지기 때문입니다. 넷째는 자녀들 학업의 경우, 유치원부터 고등학교를 졸업할 때 까지 남들이 하니까 우리 자식들도 마지못해 새벽부터 밤늦도록 많은 경비를 들여 사교육을 시켜야 하는 부담감 때문입니다. 다섯째는 많은 돈을 들여 대학을 졸업하여도 원하는 직장에 취업을 하기가 어렵기 때문입니다.

이러한 사연들로 인하여 보다 넓은 세상에서, 부정부패가 없는 곳에서 사교육에 치우치지 않고, 노력의 대가에 만족할 수 있는 곳으로써 인종차별을 하지 않는 곳을 찾다 보니 미국이 유일한 곳이라고 결정을 하고는 미국생활에 대해서 제대로 알아보지도 않고서 막연하게 미국비자를 받아서 미국에 도착하여 6개월에서 1년 정도 생활하다 보면, 미국이 좋은 것은 사실이지만, 여러 가지로 시행착오를 겪게 되어 후회를 해보지만, 이미 가지고 온

재산은 불필요한 체류신분 변경에 낭비를 하고, 영주권 취득에
사기를 당하고, 미국 실정을 제대로 파악하지 않은 상태에서 하
루 빨리 정착을 하기 위하여 주위 사람 말만 듣고 사업을 하다
가 실패를 하든지, 동업을 하면서 사기를 당하여, 미국에 도착한
지 1~2년 사이에 전 재산을 탕진하고, 무일푼이 되어 한국에
돌아가지도 못하고 밑바닥부터 다시 시작하는 안타까운 경우가
참으로 많이 있습니다.

이렇게 되면 American Dream이 자신과는 거리가 너무나 멀다
고 생각을 하게 됩니다.

미국에서 성공하기 위해서 가장 명심해야 할 것은 절대로 서둘
러서는 안 되는 것입니다. 또한 많은 돈을 가져와서도 안 되는
것입니다. 적어도 3~5년 동안은 인내를 하면서, 우선은 영어를
배우고, 적성에 맞는 자격증을 취득하고, 자신이 사업하고 싶은
분야의 직장에 취업을 하여 최소한 2~3년 동안 업무를 습득하
면서, 크레디트를 쌓는 것이 비록 많은 돈을 모으지는 못할 지
라도 적어도 손해는 보지 않을 것입니다

부디 이 책을 통하여 미국에서 지혜롭게 생활할 수 있는 사전
지식을 충분히 습득한 후에 미국 생활에 임하게 되면, 누구든지
American Dream을 이루는데 많은 도움이 될 것입니다.

2009년 4월 30일
저자 **김 종 현**

# 미국이 이민자들에게 좋은 12가지 이유

1. 일본이나 영국, 프랑스, 독일 등 유럽 국가들은 이민 정책이 상당히 보수적이기 때문에 이민자나 불법체류자들이 생활하기에 한계가 있고 상당히 어려운 반면, 미국은 인종 차별이 별로 없으며, 이민자들이 정착하기에 가장 좋은 나라이며, 유학생의 경우는 학교 졸업 후 취업이 되면, 취업 이민으로 영주권을 받을 수가 있습니다.

2. LA 나 New York 등 대도시에서 직장을 구하는 것은 누구든지 마음만 먹으면 가능합니다. 단지 급여의 차이는 있을지라도 일자리를 구하기가 다른 나라들에 비해 쉬운 편입니다. 특히 여성이 남성보다 일자리 구하기가 더 쉽다고 할 수 있습니다.

3. 자녀들 교육의 경우, 미국은 한국에 비해 과외 공부를 중요시하지 않으며, 입시 전쟁도 한국에 비해서 심하지 않은 편입니다. 물론 돈이 많은 일부 계층은 사립학교도 보내고 특별 과외도 하지만 대부분의 학생들은 학교에서 정상적으로 열심히 공부만 하면 얼마든지 명문 대학에 입학을 할 수가 있기 때문입니다. 공립학교의 경우 고등학교 까지는 의무교육이기 때문에 고등학교 졸업 시까지 학교에 납부하는 돈이 전혀 없으며, 교과서와 학용품 및 수업에 필요한 교재의 대부분은 학교에서 무료로 제공하며 School Bus를 이용하는 것도 무료이며

저소득층(초기 이민자 대부분이 해당됨)은 아침과 점심도 무료로 제공 됩니다. 그리고 정규 수업이 끝나는 오후 2시 45분 이후에는 학교에 따라 특별 활동을 통하여 영어, 음악, 미술, 운동 등을 무료로 배울 기회가 항상 주어져 있습니다. 그래서 미국은 돈을 별로 들이지 않고서도 얼마든지 좋은 학교에 진학도 하고 예능이나 운동을 배울 수 있는 기회가 많이 있습니다. 그리고 아무리 공부가 싫은 학생이라도 고등학교만 졸업하면 영어만큼은 잘하게 되어있습니다.

4. 미국은 어느 곳을 가든지 뇌물이나 청탁, 학연, 지연, 혈연 등으로 인하여 부정부패가 발생하는 경우가 드물기 때문에, 가난한 사람들이 부자들을 시기하거나 부러워하지도 않으며, 부자가 가난한 사람들을 멸시하지도 않습니다. 또한 직업에 귀천이 없기 때문에 무슨 일을 하든지 항상 당당하고 떳떳할 수가 있는 것입니다. 다시 말해서 인간위에 인간 없고 인간아래 인간 없다는 말이 실감 나는 곳이라 하겠습니다.

5. 미국은 남들을 의식하지 않기 때문에 연예인이나 부자 등 특수한 계층을 제외하고는 남의 이목 때문에 무리하게 명품으로 치장하지도 않으며, 형편에 맞지 않는 고급차를 타지도 않는 편입니다. 미국 어느 곳을 가보아도 사치스럽다고 느껴지는 곳이 별로 없을 정도 입니다.

6. 미국은 민주주의가 발달된 나라이기 때문에 경찰이 눈에 띠

지 않아도 교통 법규를 위반하는 경우가 드물며 양보를 잘하고, 또한 어디를 가나 항상 질서를 잘 지키는 편입니다.

7. 응급 환자나 중한 병에 걸렸을 때, 한국의 경우는 보증금이 없으면 입원이나 수술을 받을 수가 없지만, 미국은 신분 여하를 막론하고 병원비에 상관없이 일단 치료는 받을 수가 있으며, 치료 도중이나 치료 후에 환자의 처지에 따라 치료비를 전액 또는 일부를 탕감 받을 수가 있으며, 만약 병원비를 내어야 할 경우에는 형편에 따라 몇 년 또는 몇 십 년 동안 분할 상환도 가능합니다.

8. 한국의 경우 상류층이 즐기는 골프, 스키, 승마, 음악회 등을 누구든지 항상 저렴한 경비로 즐길 수가 있으며, 테니스와 수영 등은 무료 또는 가장 저렴한 경비로 즐길 수가 있습니다.

9. 부동산이나 재산 및 보증인이 없어도 신용만 좋으면 언제든지 금융기관에서 저렴한 이자로 융자를 받을 수가 있습니다.

10. 미국(특히 한인들이 많이 사는 LA의 경우)은 한국에 비해서 생활필수품 가격이 비교적 안정되어 있다고 볼 수 있습니다 (휘발유는 한국의 1/2~1/3 가격이며, 소고기와 야채, 과일 등은 한국 시세의 30~50% 정도입니다. 또한 뉴욕을 제외한 전국의 고속도로 통행료는 대부분 무료입니다. LA나 뉴욕의 부동산 가격은 서울과 비슷한 편이며, 기타 지역은 한국

의 지방 도시와 비슷한 편입니다.).

11. 미국은 생활 습관이 일을 마치면 한국과 달리 집으로 곧장 퇴근을 하기 때문에 해만 지면 거리가 적막하다고 느낄 정도입니다. 그 이유는 미국의 대부분 지역은 한국인들이 좋아하는 술집, 나이트클럽, 노래방, 찜질방, 모텔 등이 없어서, 극히 일부 지역을 제외하고는 사람들이 저녁에 모여서 2차, 3차로 술 마시는 광경을 거의 볼 수가 없습니다. 그래서 미국에서는 남편의 귀가시간 문제로 다투는 경우가 거의 없다고 할 수 있겠습니다. 한국에서 술을 많이 마시고 담배를 많이 피우던 사람도 미국에 오면 대부분 술과 담배를 끊던지 줄이게 되어 있습니다.

12. 만약 사업에 실패를 하여 파산(뱅크럽시)를 하게 되어도 법원에 파산 신고를 하면 한국과 달리 접수된 날 부터 채권자자 일체 접근도 못하고, 전화도 할 수 없도록 되어 있기 때문에, 파산 선고 다음 날 부터 사업을 계속 하던지, 새로운 직업을 가질 수가 있습니다(때로는 이 방법을 악용하는 경우도 많이 있습니다.). 파산에 대하여보다 구체적인 내용을 알기 원하시면 이메일 migukguide@yahoo.co.kr로 문의를 하시면 상세한 내용을 알 수가 있습니다.

# 미국생활에서 명심하여야 할 7가지 법칙

1. 미국에서는 누구를 만나느냐에 따라 인생 항로가 바뀌게 됩니다. 예를 들어 동일한 질문을 10사람에게 물어보면 10사람의 말이 모두 달라서 누구의 말을 믿어야 할지를 몰라서 상당히 당황하게 됩니다. 이것은 사람들이 거짓을 말한 것이 아니라 그동안 법이 수시로 바뀌고 있는 것을 모르고 자신이 경험한 말을 하던 지 아니면 주위에서 들은 말을 전하기 때문입니다. 그래서 미국에 도착하면 다소 시간이 걸리는 한이 있어도 체류신분 변경부터 학교진학, 취업, 사업 등을 거쳐 영주권을 받을 때까지의 전 과정을 진실로 도와줄 수 있는 사람이나 봉사기관을 반드시 찾아야만 금전 낭비나 시행착오 없이 미국에서 제대로 정착을 할 수가 있을 것입니다(이것이 미국에서의 성공여부를 결정짓게 됩니다.).

2. 미국에서는 친척이나 친구, 교인 등 어느 누구에게도 가능한 한 돈을 빌려주어서는 안 됩니다(특히 많은 이자나 배당금을 준다는 말에 현혹이 되어서는 절대로 안 되며, 차용증은 별로 의미가 없으며, 일단 빌려준 돈은 돌려받기가 매우 어렵기 때문입니다.).

3. 친척, 친구, 교인 등 어느 누구와도 가능한 한 동업을 하지 않는 것이 좋습니다(동업을 해서 성공하는 확률이 낮기 때문입니다.).

4. 사업을 하기 전에 가급적 같은 업종의 업체에 취업을 하여서 2~3년 동안 경험을 쌓은 후에 사업을 하면, 그만큼 실패할 확률이 낮아집니다(2~3년 동안 속성으로 크레디트를 쌓게 되면 사업을 할 때 융자나 외상으로 물건을 살 때 많은 도움이 됩니다.).

5. 체류신분 변경이나 영주권 신청 시에 변호사나 유학원 또는 이민 브로커에게 서류가 거절당하였을 경우에 변호사 비용 및 유학원 학비 전액을 환불해 주겠다는 환불 확약서를 반드시 받아 두는 것이 좋습니다. 이유는 이민국에 제출하여야 할 서류를 제대로 갖추지 않고 의뢰자가 주는 서류와 신청서만을 작성하여 이민국에 제출을 하였을 경우에 이민국에서 보충 서류를 요구하고, 이때 또 보충서류 작성비를 변호사에게 지불하여야하며, 이것 또한 거절이 되었을 경우에 모든 책임을 의뢰자에게 전가하며, 기 지불된 돈을 돌려받지 못하는 것은 물론이며 한국으로 돌아가던지 아니면 불법체류자가 되는 것을 피할 수가 없게 되는 것입니다. 그래서 이민국에서 거절을 당하였을 경우에 수속비 전액을 환불해 주겠다는 확약서를 써주는 곳은 그만큼 책임감이 있기 때문에 믿음이 갈 수가 있을 것입니다.

6. 신문(주간지 포함) 이나 TV 등에 나오는 광고를 전적으로 믿어서는 안 됩니다. 이유는 과대 과장광고가 많기 때문에 광고를 보고 찾아 갈 경우에는 광고한 업체가 어느 정도 공신력이

있는지를 직간접적으로 확인을 한 다음에 거래를 하는 것이 실수를 줄이는 방법입니다(본인이 공신력 자료를 확인 할 방법이 없을 경우는 광고주에게 공신력을 입증 할 자료를 요구하면 됩니다.).

7. 가능한 한 미국에 올 때 6개월 정도의 생활비 이외의 돈을 가져와서는 안 됩니다. 이유는 돈이 있으면 사기꾼들이 갖은 방법으로 접근을 하며, 좋은 차도 사고 싶고(한국보다 상당히 저렴하기 때문임) 으스대다 보면 결국은 전 재산을 탕진할 확률이 높기 때문입니다.

■ 상기 내용에 대해서 구체적인 내용은 해당 분야에 상세히 설명이 되어 있습니다.

# 목 차

미국이 이민자들에게 좋은 12가지 이유 ·····················6

미국생활에서 명심하여야 할 7가지 법칙 ·····················10

체류신분 변경 및 영주권 신청에 대해서 ·····················21

  1. 공항 도착에서 영주권을 취득하기까지의 과정 / 21

  2. 방문자의 체류신분 변경에 대하여 / 23

  3. 방문비자로 입국 시 명심하여야 할 사항 / 24

  4. 공항에서 숙소로 가는 방법 / 26

  5. 체류신분 변경 및 영주권 신청 시 사기를 당하지 않는 방법 / 28

  6. 이민 사기의 대표적인 케이스 / 30

  7. 방문비자(B1/B2)로 입국 시 체류기간 연장 신청 방법 / 30

  8. 방문 비자에서 학생(F-1)으로 체류신분 변경 / 31

  9. 한국에서 학생비자(F-1) 신청 시 주의사항 / 35

  10. 한국에서 방문비자 신청 시 주의 사항 / 37

  11. E-2(소액 투자)비자와 투자 이민 / 38

  12. 종교 비자(R-1)와 종교 이민 / 40

  13. 취업비자 및 취업 이민 / 43

  14. 한국에서 취업비자 및 취업 영주권 신청 시 주의 사항 / 46

  15. 방문비자로 입국하여 영주권을 받는 방법 / 48

  16. 시민권자와 결혼을 통한 영주권 신청 / 49

  17. 입양을 통한 영주권 취득 / 53

  18. 영주권 문호 / 54

  19. 변호사나 이민 대행업체의 말을 어느 정도 믿어야 하나요? / 55

  20. 각종 비자 및 이민 신청 서류 진척사항 확인하는 방법 / 57

  21. 영주권자 및 비 이민 비자 소지자의 주소변경 신고 / 58

  22. 미국 원정 출산에 대하여 / 59

  23. 불법 체류자(서류 미비자)의 생활 및 영주권 취득 / 61

  24. 불법 체류자 자녀의 영주권 취득 방법은 없는가? / 64

25. 미국 갈 때 준비해야 할 서류들 / 65

26. 영주권자의 재입국 허가 신청(I-131) / 66

27. 무비자로 입국 시 장·단점 / 67

28. 영주권 신청 피해 사례 / 68

29. 이민자들이 정착하기 좋은 도시를 찾는 방법 / 73

30. 주별 한인 인구 실태 / 79


## DRIVER LICENSE(운전면허증)취득에 대하여 ·············81

1. 미국 생활에 있어서 운전면허증이 중요한 이유는? / 81

2. 운전면허 취득에 소요되는 기간 및 경비 / 83

3. 불법 체류자도 운전면허증을 발급 받을 수 있을까요? / 86

4. 미성년자 임시 운전면허증 발급 요건 / 86

5. 운전면허 종류 / 87

6. 운전면허 필기시험 절차(캘리포니아의 경우) / 87

7. DRIVER LICENSE OR IDENTIFICATION CARD APPLICATION
   (운전면허증 혹은 ID 카드 발급신청서 작성방법) / 91

8. DRIVER TEST(도로 주행시험) 절차 / 95

9. 도로 주행 전에 테스트 하는 것 / 96

10. DRIVER TEST(도로 주행 시험) CHECK POINT(채점 방식) / 98

11. 플라스틱 면허증이 1개월 내에 도착하지 않을 때 / 107

12. 운전면허 취득에 관한 사연들 / 108


## 공립학교 입학 및 영어연수 ·············114

1. 공립학교에 입학하는 방법 / 114

2. Daycare Center(유아원) / 114

3. Kindergarten(유치원) / 115

4. Elementary School(초등학교) / 115

5. Junior High(Middle) School : 중학교 / 116

Senior High(High) School : 고등학교 ·····················116
6. 미국 공립학교의 특징 / 117
7. 공립학교 입학 시 준비하여야 할 서류 / 119
8. 공립학교 입학 절차 / 119
9. 잘못된 조기 유학 사례 / 120
10. 무료 혹은 저렴한 경비로 유학을 하는 방법 / 122
11. 무료로 영어를 배우는 방법 / 122
12. 일반 어학원에 대해서 / 123
13. 토플 점수 없이 4년제 대학교에 입학하는 방법 / 124
14. 2년제Community College(공립대학)의 입학 및 학비 / 124
15. 2년제 공립 대학 졸업 시 급여 수준 / 125
16. 유학을 하면서 자격증을 취득할 수 있는 곳 / 126
17. 유학에 관한 사례 / 130
18. COMMUNITY ADULT SCHOOL(성인 영어 학교)란? / 132
19. Adult School 등록 시 참고 상항 / 133
20. Adult School 등록 절차 / 134
21. Adult School에서 배울 수 있는 것들 / 135
22. Adult School의 학비 및 등록자격 / 135
23. Adult School 소재지는 어떻게 찾나요? / 135
24. Adult School 수업시간 / 136
25. LA 한인 타운 근처의 Adult School / 136

APARTMENT(아파트) 혹은 HOUSE(단독주택) 입주에 대하여 ·····················138
1. 아파트의 종류 / 139
2. 아파트 및 단독주택 임대가격(부동산 시세에 따라 달라 질 수가 있습니다) / 139
3. 아파트 입주 시 꼭 알아 두어야 할 상항 / 141
4. 룸메이트 / 144
5. 가재도구 구입 / 144

## 미국에서의 생활비 내역 ·······147

1. 미국에서의 최초 생활비 내역(3-4인 가족 기준) / **147**
2. 월 최저 생활비 내역(3~4인 가족 기준) / **148**
3. 월 중류가정 생활비 내역(3~4인 가족 기준) / **148**
4.하숙비(독신일 경우) / **149**

## 취업에 관하여 ·······150

1. 취업을 하는 방법 / **150**
2. 특별한 기술도 없고 영어도 미숙 할 경우 취업할 수 있는 곳 / **153**
2. 직장에서 급여를 제대로 받는 방법 / **173**

## 사업체 운영 시 꼭 알아야 할 사항 ·······180

1. 창업을 할 경우의 장점 / **180**
2. 창업을 할 경우의 단점 / **181**
3. 기존 업소를 인수하는 경우 / **182**
4. 기존 업소를 인수할 때의 장점 / **182**
5. 기존 업소를 인수할 때의 단점 / **183**
6. 기존 업소를 인수할 때 반드시 확인 하여야 할 사항들 / **183**
7. 사업을 시작하기 전에 반드시 알아야 할 사항들 / **184**
8. 한인들 간에 매매가 잘 이루어지는 사업체들 / **186**
9. 외국인을 상대로 하는 사업체 / **187**
10. 라틴계 사람들이 많이 거주하는 10대 도시 / **187**
11. 사업체를 잘못 인수한 사례 / **188**
12. 동업을 잘못한 사례 / **191**
13. 사업에 실패한 사례 / **194**

## 미국 생활에서 크레디트(Credit)가 중요한 이유 ·······200

1. 크레디트(Credit)가 좋으면 어떤 혜택이 있는가? / **200**
2. 크레디트가 좋은 경우와 없거나 나쁜 경우의 차이점 / **201**

3. 크레디트 점수 분포는 어떻게 되나요? / 202

4. 크레디트 쌓는 방법 / 203

5. 크레디트 점수 관리사 유의 사항 / 205

6. 크레디트 카드를 만드는 방법 / 206

**자동차를 구입하는 방법** ·········································· **208**

**보험 가입에 대하여** ················································ **212**

1. 자동차 보험 / 213

2. 생명 보험 / 217

3. 자동차 사고 시 처리 방법 / 219

4. 교통사고 사례 / 221

**공공 의료 보건 혜택에 대해서** ······························· **224**

1. CALIFORNIAKIDS(캘리포니아키즈) / 225

2. CALIFONIA CHILDERN SERVICES ROGRAM(CCS) / 225

3. HEALTHY FAMILIES(핼시 패밀리) / 226

4. CHILD HEALTH & DISABILITY PREVENTION : CHDP(어린이
   보건 및 장애 예방 프로그램) / 227

5. ASSESS FOR INFANTS AND MOTHERS(AIM)(영아 및 산모 의료
   혜택) / 227

6. 어린이 메디컬(MEDE-CAL) / 228

7. RESTRICTED MEDI-CAL(응급 메디컬) / 229

8. 노인 및 장애자를 위한 메디컬(MEDI-CAL) / 230

9. HEALTH INSURANCE PAYMENT PROGRAM : HIPP(의료보험
   지불 프로그램) / 231

10. ABILITY-TO-PAY : ATP(의료비 지불 프로그램) / 232

11. IN HOME SUPPORTIVE SERVICE : IHSS(간병인 서비스) / 233

12. LONG TERM CARE MEDI-CAL(장기 치료 메디컬) / 233

13. MEDICARE(메디케어) / 234

14. 치료에 도움이 될 만한 단체 및 프로그램(LA 지역) / 236

15. PUBLIC CHARGE(공공 부담) / *237*

# 미국 공무원이 되는 방법 ·················*244*

1. 미국 공무원의 매력 / *244*
2. 공무원 시험 대비 준비 사항 / *246*
3. 공무원 채용에 관한 정보를 알려 주는 곳 / *247*

# 미국 이름 짓기 ·················*281*

1. 가장 많이 사용되는 남자 이름 100가지 / *283*
2. 가장 많이 사용되는 여자 이름 100가지 / *284*
3. 여자 이름 짓기 / *285*
4. 남자이름 짓기 / *289*

# U.S ARMY(미국 군대)에 입대하면 어떤 혜택이 있는가? ···

·················*293*

1. 일반 사병이 되려면 / *293*
2. 일반 사병의 혜택 / *293*
3. 비 영주권자가 군대 입대 시 영주권을 받는 방법 / *295*
4. 예비군 / *295*
5. 예비군에게 주어지는 혜택 / *296*

# 미국 생활에 유익한 상식들 ·················*297*

1. 개인 간에 금전 거래를 해서는 안 되는 이유 / *297*
2. 이민 생활과 교회와의 관계 / *304*
3. 은행 계좌(Account)개설 / *305*
4. CHCEK(수표) 발행 / *307*
5. 오토 클럽(Auto Club : AAA)에 대해서 / *310*
6. 소액 청구 소송(SMALL CLAIM) / *312*
7. 받은 수표(CHECK)가 부도가 났을 경우 / *314*

8. 범죄 피해로 인한 보상 프로그램(VAP) / 315

9. 무료 통역 서비스를 받으려면? / 315

10. 변호사 비용이 불합리하다고 생각하세요? / 316

11. 물건을 싸게 구입하는 방법 / 316

12. 실업수당을 청구하는 방법 / 317

13. 광고 전화 및 스팸 메일을 차단하는 방법 / 318

14. 캘리포니아 주 주요기관 연락처 / 319

15. 각 주 DMV(차량국) 주소 / 320


**저자와의 상담** ·······································328

상담 장소 / 328

상담 신청 방법 / 328

# 체류신분 변경 및 영주권 신청에 대해서

## 1. 공항 도착에서 영주권을 취득하기까지의 과정

방문비자나 유학비자로 미국 공항에 도착해서 영주권을 받기까지의 과정은 대략 다음과 같습니다. 이 순서대로 진행을 하시면 가장 빠른 시일 내에 시행착오 없이 미국에 정착을 하는데 많은 도움이 될 것 입니다.

A) 미국 공항에 도착(공항에서 숙소로 가는 방법 참고 바람)

B) 아파트를 구할 때까지 임시 숙소를 정합니다(임시 숙소를 정해야 하는 이유는 아파트 입주 부분에 상세히 나와 있습니다.).

C) 운전 면허증 또는 ID CARD(신분증)를 신청합니다(지역에 따라 방문 비자로 운전면허증이나 ID CARD를 신청할 수 없는 곳도 있으니 거주 하는 지역의 운전학교에 문의를 해 보시기 바랍니다.)(운전면허 신청은 미국 도착 후 즉시 하는 것이 좋습니다.).

D) 은행계좌 개설(Checking Account)

E) 아파트 계약 및 입주(자녀들 학교와 본인의 직장이 확정 된 후)

F) 전기, 전화, Gas, 케이블 TV, 인터넷 신청 및 생활용품을 구합니다.

G) 자동차 구입(운전면허증 발급 후 필요할 경우)

H) 자동차 보험 가입(자동차 구입과 동시)

I) 자녀학교 입학

J) Adult School(무료 영어 학교) 등록

K) 방문비자로 입국할 경우, 입국 후 2개월이 되면 체류신분 (F-1, E-2 등) 변경 서류를 준비하여, 입국 후 3개월이 지나면 체류신분 변경을 신청합니다. 방문비자에서 학생 (F-1) 이나 소액 투자 비자(E-2) 등으로 체류신분을 변경 하지 않고, 취업 비자나 종교 비자 등으로 바로 신청할 경우에 이민국으로 부터 거절을 당하게 되면 불법체류자 가 되기 때문에 가능한 한 장기체류가 가능한 학생이나 투자자 신분으로 변경을 한 후에 취업비자나 종교비자 또는 영주권을 신청하는 것이 좋습니다.

L) Social Card 신청(한국의 주민등록증과 유사한 것으로 미국 생활에 반드시 필요한 것으로 특히 취업 시 필요 함) : 유자격자

M) Social Card가 없을 경우, Tax ID(납세자 번호)신청(체 류 신분에 상관없이 신청이 가능합니다.)

N) 취업하기

O) 사업체 Open

P) 방문비자에서 F-1이나 E-2 비자로 체류신분 변경을 하 고나서 가급적 빠른 시일 내에 스폰서를 구하여 취업비 자를 받아서 영주권을 신청하던지, 아니면 취업비자로 체류신분을 바꾸지 않고 현재의 F-1이나 E-2 등 1년 이상 유효한 신분을 유지한 상태에서 곧바로 취업 영주 권을 신청할 수도 있으며 시민권자나 영주권자의 가족 이 있을 경우에는 즉시 영주권을 신청해 두는 것이 좋

습니다.

Q) 융자 신청(무담보, 무보증 일반대출+Credit Card 대출+
장비 대출)(사업을 시작하기 전 2개월 전에 신청합니다.)

## 2. 방문자의 체류신분 변경에 대하여

일반적으로 미국에 방문(B1/B2)비자로 입국을 하여서 미
국에 장기체류를 하기 위해서 체류신분을 변경하거나, 영
주권을 취득하기 위하여 체류 신분을 변경해야 하는 경우
가 있습니다.

그러나 방문비자 소지자가 학생비자(F-1)나 소액 투자비
자(E-2) 또는 종교비자(R-1) 등으로 체류 신분을 변경할
때 변호사를 잘못 선택 하든지 아니면 유학원을 잘 못 선
택하여 이민국으로 부터 체류 신분 변경을 거절당하여 전
가족이 한국으로 돌아가던지 아니면 불법체류 신분이 되
는 것은 물론이며 체류신분 변경 수속비마저 돌려받지 못
하는 처지가 되어 미국 생활을 시작하기도 전에 곤경에 처
하는 경우가 우리 주위에 너무나도 많이 있습니다.

때로는 체류신분 변경 시 준비하여야 할 서류를 제대로 갖
추지 못하였을 경우에 가짜 서류를 많이 만들어서 제출하
는 경우도 있는데 특히 영주권 신청 시에 가짜 서류를 제
출하여서 영주권을 받고 시민권까지 받았을 경우라도 가
짜 서류가 제출된 것이 발각되면 영주권은 물론이며 시민
권까지 박탈당하고 추방이 된다는 것을 반드시 명심을 하
여서 체류신분 변경 시 서류들을 필히 진짜 서류들을 구비

하여야 하는 것을 잊어서는 안 될 것입니다.

특히 해가 거듭될수록 미국에서 체류신분 변경 및 영주권
뿐만 아니라, 시민권 취득도 점점 까다로워지고 있기 때문
에 이 점을 항상 명심하여 처음부터 제대로 된 서류가 준
비되지 않으면 안 된다는 것을 인식하여야 할 것입니다(때
로는 진짜 서류를 만들 수가 없는 경우에 어떻게 하여야
하느냐고 질문을 할 수도 있지만 시간을 가지고 전문가와
미리 상담을 하게 되면 대부분 해결이 될 수가 있으며 도
저히 해결이 되지 않는 경우에는 차선의 방법을 택하면 될
것입니다.).

## 3. 방문비자로 입국 시 명심하여야 할 사항

A) 미국 공항에 도착하기 전에 입국 신고서를 작성하는데,
   이때 미국 내에 현주소와 전화번호를 반드시 적어야 하
   기 때문에 한국에서 출발하기 전에 체류할 미국 주소
   및 전화번호를 적어 두어야 합니다.

B) 공항의 입국심사 과정에서 체류 목적을 물어보는데, 친
   지나 친구 방문이나 관광이 목적이라고 말하면 특별한
   이유가 없는 한 I-94에 6개월의 체류기간 스탬프를 찍
   어줍니다.

   그러나 사업이 목적이라고 하든지 사업도 알아보고 관광
   도 하겠다는 식으로 사업(Business)이라는 말이 나오면
   보통 3개월 이하의 체류만 허락하니, 본인이 무슨 말을
   해야 할 것인지를 미리 생각을 해 두어야 합니다.

C) 방문비자로 입국을 하여 미국에서 학생(F-1)이나 소액
투자(E-2), 종교비자(R-1) 등으로 체류 신분을 변경하
여 체류를 하다가, 한국에 나갔다가 다시 재입국을 원
할 경우에는 한국에서 받은 방문비자(B1/B2)의 유효기
간이 남아 있을 경우에는 방문비자로 재입국이 가능합
니다. 그러나 이 때 주의를 하여야 할 점은 미국에서 출
국과 동시에 미국에서 체류신분을 변경한 비자는 취소
가 되며, 출국한지 6개월 내에 방문비자로 재입국시 공
항 입국 심사 시에 재입국의 사유가 명확하지 않을 경
우는 체류기간(I-94)을 1~3개월만 허락을 할 수가 있
습니다.

미국에서 학생, 소액투자, 종교비자 등으로 체류신분을
변경하여서 체류를 하다가 사정상 한국에 나갔다가 방
문비자로 재입국을 할 경우에 재입국시에 6개월의 체
류를 허락받기 위해서는 가능한 한국에서 1년(최소한 6
개월) 이상 거주를 하였다가 재입국을 하는 것이 좋습
니다. 이렇게 하여서 6개월의 체류 허락을 받아야만 다
시 미국에서 학생신분이나 소액투자 등으로 체류신분
을 변경할 수가 있기 때문입니다.

D) 방문비자로 입국을 하여서 5~6개월을 체류한 후에 한
국에 나갔다가 2~3개월 후에 재방문을 하게 되면, 3개
월 이하의 체류 기간만 허락할 수가 있으며 미국 입국
시 마다 4~6개월 씩 체류를 자주하게 되면 미국 공항
에서 입국을 거부당할 수가 있습니다. 그러기 때문에

방문비자 소지자는 미국에서 체류기간이 한국에서의 체류기간보다 길 경우에는 다음 입국 시 문제가 발생할 수 있다는 점을 명심하여야 할 것입니다.

방문비자로 미국에서 3개월 이상 자주 체류를 해야 하는 경우에는 이메일 migukguide@yahoo.co.kr로 본인의 처지를 미리 상담을 하시면 재입국시 불이익을 당하는 것을 미연에 방지할 수가 있습니다.

## 4. 공항에서 숙소로 가는 방법

미국 공항에 도착해서 숙소로 가는 방법은 택시를 타는 방법과 셔틀 밴이나 버스를 이용하는 방법이 있습니다(대부분 미국 공항에는 지하철이 없습니다).

A) 택시 : 택시는 가장 손쉬운 방법이기는 하나 뉴욕이나 LA의 경우 공항에서 한인 타운까지 택시비는 $50~60 달러 정도이며, 팁 15%는 별도로 지불을 하여야 하기 때문에 부담이 될 수가 있습니다.

B) 셔틀 밴(Shuttle VAN) : 공항에서 목적지까지 이동하는 방법으로는 셔틀 밴을 이용하는 것이 요금을 절약할 수가 있으며, 택시와 마찬가지로 DOOR TO DOOR(집 앞에 내려주는 것)로 여러 사람이 탈 경우에 각자의 집 앞에 내려주기 때문에 택시보다 시간이 다소 더 걸린다는 단점이 있습니다.

셔틀 밴 이용 방법은 공항터미널에서 나오면 택시정류장 앞에 "VAN STOP"이라고 쓰인 팻말 앞에서 기다리면 2~5분 간격으로 셔틀 밴이 정차를 합니다.

그러면 미리 종이쪽지에 목적지의 주소를 적은 것을 기사에게 보여주고 인원수를 말하고 요금을 물어 본 후에 승차를 하여야 합니다. 이유는 뉴욕이나 LA 등 큰 공항은 여러 개의 셔틀 밴 회사가 있으며, 요금도 조금씩 차이가 있기 때문입니다.

로스앤젤레스의 경우 공항에서 한인 타운까지의 요금은 한사람일 경우에 20~25달러 정도이며, 팁은 3달러 정도 주면 됩니다. 그리고 인원이 추가되면 요금이 달라집니다. 인원이 3명 이상일 경우는 택시 요금과 비슷하기 때문에 구태여 셔틀 밴을 이용할 필요가 없습니다.

C) 버스 : 대부분의 공항 안에는 일반 시내버스가 없기 때문에 공항 셔틀 버스를 타고 공항 밖의 종점에서 하차를 한 다음, 그 근처의 Transfer Terminal에 가면 각 지역으로 가는 버스를 탈 수가 있습니다만 목적지까지 1~2번 갈아타야 하는 경우가 있기 때문에 미국이 초행이고 짐이 있으며 영어가 미숙한 사람은 택시나 셔틀 밴을 이용하는 것이 편리할 수가 있습니다.

버스요금은 노선에 따라 $1.35~$3.00정도이며 버스는 잔돈을 거슬러 주지 않기 때문에 미리 동전과 1달러짜리 지폐를 준비하여야 합니다. 또한 버스는 출퇴근 시간에는 자주 오는 편이나, 이 시간이 지나며 30분 이상 기다려야 할 경우도 있습니다.

## 5. 체류신분 변경 및 영주권 신청 시 사기를 당하지 않는 방법

변호사나 이민 대행업체가 체류신분 변경이나 영주권을
신청할 경우에 변호사나 이민 대행업체에 전적으로 맡겨
서는 안 되며, 다음의 사항은 본인이 반드시 확인을 하여
야만 실수를 줄이게 됩니다.

A) 체류신분 변경이나 영주권 신청 계약을 하기 전에 의뢰
인이 준비하여야 할 서류와 변호사나 이민 대행업체가
준비하여야 할 서류가 무엇인지를 항목별로 물어보고
그 내용을 적어둡니다.

B) 만약에 의뢰인과 변호사나 이민 대행업체가 모두 준비
하지 못할 서류가 있을 때에 대체 방안이 무엇인지를
구체적으로 물어보고 또한 해결 방안을 찾아야만 제대로
이민국에 서류 접수를 시킬 수 있다는 것을 명심하여야
합니다.

이 내용을 확실히 해 놓지 않으면, 이민국에서 거절당
할 확률이 그만큼 높아지기 때문에 이 부분을 상당히
신경을 써야할 것입니다.

C) 가능하면 서류는 본인이 직접 CERTIFIED MAIL(등기
우편)이나 익스프레스 메일로 우체국에서 부치고 영수
증을 본인이 직접 보관을 해 두는 것이 좋습니다.

D) 서류가 발송되고 2~4 주가 지나면 이민국에서 접수증
이 오게 되어있으니 수시로 확인을 하여 접수증은 반드
시 본인이 보관을 하도록 합니다(접수번호를 모르면
본인이 이민국의 진행 사항을 직접 알아 볼 수가 없기

때문입니다.).

E) 본인이 이민국의 서류 진행사항을 살펴다가 변경 내용이 나 이민국에서 메일을 보냈다는 내용이 있으면, 즉시 변호 사 사무실에 무슨 내용인지를 물어보아야 합니다.

F) 이렇게 한 단계 한 단계씩 가다보면 체류신분 변경이나 영주권 신청 승인서가 오게 되는 것입니다.

결론은 모든 서류작성이나 진행사항에 대해서 변호사 나 이민 대행업체에게 전적으로 맡기는 것 보다는 본인 이 직접 챙기는 것이 실수를 줄이는 방법이기 때문입니 다(물론 관리를 잘해주는 믿을만한 변호사나 이민 대행 업체가 있으면 그 이상 좋을 수는 없습니다.).

G) 변호사나 이민 대행업체에 수속비를 지불할 때 일괄적 으로 지불하지 말고 항목별로 금액을 구체적으로 기록 한 영수증을 받아두어야 만 만약의 사태를 대비할 수가 있습니다.

H) 만약에 체류신분 변경이나 영주권 신청이 거절당하였 을 경우 환불 확약서를 반드시 받아 두는 것이 좋습니 다(환불 확약서 내용이 불분명하면 나중에 분쟁의 소 지가 있으며 분쟁이 났을 때는 의뢰인만 손해를 보게 됩니다.).

I) 이민국에 제출하는 서류가 제대로 된 것인지를 알아보 기 위해서는 이메일 migukguide@yahoo.co.kr로 문의 를 하시면 도움을 받을 수가 있습니다.

## 6. 이민 사기의 대표적인 케이스

이민 사기의 대표적인 케이스는 방문비자에서 체류 신분을 변경할 때 제대로 된 서류를 제출하지 않아서 보충서류 제출 통보를 받으면 추가 서류 작성비로 추가경비를 요구하며, 추가 서류 또한 제대로 제출하지 않아서 이민국으로부터 거절을 당하게 되는 경우이며, 또 다른 케이스는 닭 공장이나 생선 가공공장 또는 실제로 회사에서 일을 하지 않으면서 스폰서를 서 주는 회사를 소개해 주겠다고 하면서 몇 만 불씩 받고는 이민국에는 미비된 서류를 접수하고는 접수증을 보여주고 추가로 돈을 요구하다가 1~2년 후에 잠적하는 경우가 이민 사기의 케이스라는 것을 반드시 명심하여야 할 것입니다.

## 7. 방문비자(B1/B2)로 입국 시 체류기간 연장 신청 방법

일반적으로 방문비자(B1/B2)로 입국한 경우에 특별한 사유가 없는 한 체류기간 연장이 어려운 편입니다. 그러나 특별한 사유로 체류기간을 연장하기 위해서는 다음의 서류를 갖추어서 체류기간 만료 전까지 이민국에 제출하면 체류기간 연장을 허락 받을 수가 있습니다.

A) 여권

B) 주민등록 등본 1통(영문)

C) 미국 은행의 은행잔고 증명(약 $8,000 전 후) : 향후 6개월간 미국에서의 생활비를 입증하기 위해서입니다.

D) 한국에 돌아가는 비행기 표

E) 체류기간을 연장하여야 하는 사유 및 증빙 서류(연장
사유와 증빙 서류가 제대로 갖추어지지 않으면 거절을
당합니다.)

F) 체류기간 연장 신청서(Form I-539)

개인마다 체류기간을 연장하여야 하는 사유가 모두 다르
기 때문에 보다 구체적인 내용은 migukguide@yahoo.co.kr
이나 미국 전화번호 (213)365-1533으로 문의를 하시면 개인
의 특성에 맞는 상세한 답변을 얻을 수가 있습니다.

## 8. 방문 비자에서 학생(F-1)으로 체류신분 변경

방문비자에서 학생으로 체류 신분 변경 시 유학원이나 변
호사를 잘못 선택하여 학생으로의 체류신분이 거절당하는
경우가 너무나 많이 있으니, 방문비자에서 학생으로 체류
신분변경을 위해서 상담할 경우에 반드시 만약에 체류 신
분변경이 거절당하였을 경우에 수속비와 기 지불된 학비
전액을 돌려 줄 것인지를 물어보고 환불 확약서를 반드시
받아두어야 할 것입니다. 환불 확약서를 받아두지 않으면
결국 의뢰인만 피해를 보기 때문입니다.

특히 학생비자로 체류신분을 변경할 경우에 다음의 서류
가 필요한데, 만약 다음의 서류를 갖추지 못하였을 경우에
는 반드시 해결 방안을 찾은 다음에 수속을 의뢰하는 것이
실수를 줄이는 방법 입니다.

A) 유학비자 신청서(Form I-539)

B) 여권

C) 주민등록 등본

D) 최종학교 재학 또는 졸업 및 성적 증명서 : 졸업한 지
5년이 지난 경우에는 없어도 됩니다.

E) 학생비자 신청 사유서 및 증빙 서류 : 특히 30대 이상으
로 가족이 함께 F-1 및 F-2(동반가족)로 신청을 하였
을 경우나, 나이가 40세 이상의 독신인 경우에 학생비
자 신청 사유와 증빙서류가 완벽하여야 합니다.

F) I-20

G) 재직 증명서

H) 복직 증명서 : 유학을 마치고 한국에 돌아간다는 것을
입증하기 위한 것입니다.

I) 은행 잔고 증명서 : 미국은행에 본인(30세 미만 미혼의
경우는 부모의 은행 잔고 증명서도 유효 합니다.) 명의
의 은행 잔고가 이민국법으로 정해진 것은 없지만 가능
한 혼자일 경우는 2만 달러 이상, 가족이 있는 경우는 3
만 달러 이상의 금액이 학생비자가 승인될 때 까지(보
통 4개월 이상) 예치되어 있어야 합니다. 이 부분이 학
생비자 신청 시 이민국에서 가장 까다롭게 확인을 하는
부분입니다. 이유는 이전에 수많은 가짜 은행잔고 증명
서가 이민국에 제출되었기 때문에 이민국에서 실제로
유학경비와 생활비가 은행에 예치되어 있는지를 확인하
기 때문입니다.

J) 재정 보증인 : 은행에 예치된 금액이 충분하지 않을 경우에
는 재정 보증인을 세울 수가 있으며, 재정 보증인 자격은

미국 영주권자나 시민권자로서 가족이 4명이고, 유학을
하려는 사람의 가족이 2사람일 경우는 합계 6명에 대한
소득으로 빈곤층의 125% 이상 인 연간 $36,000달러 이상
의 소득이 되어야하며, 보증인의 은행 잔고를 요구하기도
합니다. 때에 따라서는 재정 보증인과 피 보증인의 관계를
입증하라는 요구도 하기 때문에 이점을 특별히 유념하여
야 할 것입니다.

K) 사정에 따라서는 이민국에서 다음의 서류들을 보충해
서 제출하라고 합니다.

• 현재 거주 사실 증명서 : 가스, 전기, 전화비 영수증
및 임대계약서

• 18세 이하의 자녀가 있는 경우에 자녀들이 현제 학교
에 다니고 있는지의 여부를 묻습니다. 학생 신분으로
바뀌기 전에 자녀들은 학교에 다닐 수가 없으나, 현실
적으로 학교에 안 다닐 수도 없는 형편이기 때문에
이것이 문제가 될 수도 있습니다.

• 방문비자로 입국을 하여서 학생(F-1)으로 체류 신분
을 변경하였을 경우에 일반적으로 잘못 알고 있는 상
식은 미국에서 학생으로 체류 신분을 변경하였다가
한국을 나가게 되면 다시는 미국으로 입국할 수가 없
는 줄로 알고 있습니다.

그러나 이것은 잘못된 상식입니다. 방문비자로 미국
에서 학생 신분으로 변경을 하였다가 한국이나 외국
에 나갈 경우에 미국에서 받은 학생 신분(F-1)은 취

소가 됩니다. 그러나 한국에서 받은 10년짜리 방문 비
자는 유효기간까지 사용이 가능하기 때문에 재입국
이 가능합니다. 그러나 이 때 주의를 하여야 할 점은
미국에서 학생 신분으로 몇 년간 있다가 한국에 나가
서 1~3월 만에 미국으로 재입국을 하게 되면 공항의
이민국 심사 시에 미국에서 몇 년씩 있다가 한국에
나가서 얼마 되지 않았는데 왜 또 입국을 하는지를
질문합니다. 이 때 순수한 방문이나 관광이 아닌 다른
목적이 있다고 하면 입국을 거부당할 수가 있으며 입
국을 허가해도 1~3 개월의 체류만 허락을 합니다. 이
렇게 되면 미국에 재입국을 하더라도 체류 신분을 변
경할 수가 없습니다. 미국에서 체류 신분을 변경하기
위해서는 반드시 6개월의 체류 허가를 받아야 합니
다. 6개월의 체류 허가를 받기 위해서는 가능한 한국
에서 1년(적어도 6개월 이상) 이상 체류를 하다가 미
국에 방문비자로 입국을 하게 되면 6개월 체류허가를
받고, 또한 체류 신분변경도 할 수가 있습니다. 그러
나 엄마가 미성년자인 자녀와 동반으로 입국을 하여
서 엄마가 학생 신분으로 변경을 하고 자녀는 동반가
족(F-2)로 공립학교를 다니던 중에 엄마가 피치 못할
사정으로 혼자서 한국에 나갔다가 미국에 재입국을
하게 되면, 엄마가 미국에서 출국하는 시점부터 자녀
는 불법 체류 신분이 되기 때문에 엄마 혼자서는 한
국을 나가서는 안 되는 것입니다.

- 방문비자에서 학생(F-1) 신분으로 변경 시 migukguide @yahoo.co.kr로 문의를 하시어 충분히 상담을 받은 후에 학생으로 체류신분 변경을 신청하게 되면 실수를 최대한으로 줄일 수 있습니다.
- 방문비자에서 학생 비자 변경 시 이민국 상황이 바뀔 수도 있으니 www.migukguide.com에서 학생비자 신청 방법을 참고 하시는 것이 좋습니다.

## 9. 한국에서 학생비자(F-1) 신청 시 주의사항

한국에서 학생비자를 신청할 경우 다음 사항을 반드시 고려하여서 학생비자를 신청하시기 바랍니다.

A) 학생비자가 가장 잘 나올 수 있는 경우는 현재 대학(교)에 재학 중인 학생으로서 보모님이 부동산이 있고 직업이 확실하며(월 소득 400만 원 이상) 부모님의 은행 예금이 3천만 원 이상인 경우 입니다.

B) 부모 중 한사람이 18세 이하의 자녀를 동반하여 학생비자를 신청할 경우에는 아무리 재산이 많고 직업이 확실해도 자녀를 미국의 공립학교에서 무료로 공부를 시키려고 한다고 생각을 하기 때문에, 자녀는 F-2(동반 가족) 비자를 대부분 거절을 당하니, 18세 이하의 자녀를 동반할 경우는 충분한 상담을 받은 후에 신청을 하는 것이 좋습니다(상담 문의 : migukguide@yahoo.co.kr).

C) 30세 이상의 독신자도 학생비자 인터뷰가 상당히 까다로운 편이기 때문에 유학의 목적이 뚜렷하여야 하며,

한국에 반드시 돌아온다는 것을 인터뷰 시에 서류로 입
증하여야 합니다.

D) 유학비자 신청 시 미국 대사관에 제출하는 서류 중 가
장 중요한 것은 본인이나 재정 보증인의 부동산 등기부
등본, 재직증명서, 최근 2년간 갑근세 납부 증명서(월
소득 300만 원 이상이면 무난함) 입니다.

E) 한국에서 유학 비자를 신청할 때 유학원이나 이민공사
를 통할 경우 학비와 경비가 많이 들기 때문에 본인이
직접 미국 대학(교)이나 유학원에서 I-20(입학 허가서)
을 직접 발행을 받아서 다른 서류와 함께 미국 대사관
에 제출을 하면 경비를 많이 절약할 수가 있습니다
(migukguide@yahoo.co.kr로 문의 하면 I-20 발급에 대
해서 도움을 받을 수가 있습니다.).

F) 한국에서 유학 비자를 신청할 때 필요한 서류 및 인터
뷰 절차 등은 www.korean.seoul.usembassy.gov을 클
릭 하거나, 인터넷의 "지식 검색"에서 "미국 대사관"을
검색 하면 유학비자 발급 절차에 대해서 상세히 나와
있습니다.

G) 한국이나 미국에서 유학비자 발급에 대해서 더 구체적인
정보를 원하시면 이메일 migukguide@yahoo.co.kr로 문
의를 하시면 도움을 받을 수가 있으며, 때로는 이민국
정보가 바뀌는 경우가 있기 때문에 수시로 www.miguk
guide.com에 들어가서 새로운 정보를 확인하는 것이 좋겠
습니다.

## 10. 한국에서 방문비자 신청 시 주의 사항

한국에서 무비자가 실시된 이후로 방문비자를 받기가 한
층 까다로워진 상황입니다. 이유는 미국비자가 없어도 3개
월 간 미국에서 체류가 가능한데 왜 방문비자가 필요한 지
를 미국 영사가 질문을 할 경우에 4~6개월 동안 미국에서
체류를 하여야만 하는 사유를 정확하게 답변을 하지 못하
면 방문비자를 거절당할 수가 있습니다.

한국에서 방문비자를 신청할 경우에 다음의 조건을 갖추어서
신청을 하면 방문비자를 쉽게 받을 수가 있을 것입니다.

A) 여권

B) 주민등록 등본

C) 재직 증명서(개인 사업자는 사업자 등록증)

D) 급여를 받는 경우 개인 통장에 급여 입금 명세서(개인
   사업자일 경우는 수입 명세서)(월수입은 300만 원 이상
   이면 무난함)

E) 부동산 등기부 등본

F) 은행 잔고증명(2천만 원 이상)

G) 지난해 갑근세 납부 증명서(세무서 발행)

H) 미국에서 4~6개월 동안 체류를 하여야만 하는 사유서
   및 증명서(여사가 납득할 수 있어야 함)

I) 방문비자 신청서(미국 대사관 홈페이지 참고)를 작성하
   여서 인터뷰예약을 하고 미국 대사관에 가서 인터뷰를
   합니다. 상기 서류를 준비하는데 있어서 문제점이 있을
   경우는 이메일 migukguide@yahoo.co.kr로 문의를 하시

면 도움을 받을 수가 있습니다.

## 11. E-2(소액 투자)비자와 투자 이민

E-2비자를 신청할 경우 한국에서 신청하는 방법과 방문비
자로 입국을 하여 미국에서 E-2 비자를 신청하는 방법이
있습니다.

A) 한국에서 E-2 비자를 신청할 경우의 장점은 외국을 왕
래할 수가 있습니다.

단점은 첫째 미국의 현지 사정을 모르는 상태에서 투자
를 할 경우에 실패할 확률이 높은 것입니다.

B) 둘째는 한국에서 E-2 비자를 신청할 경우 적어도 20만
달러 이상을 투자할 수 있는 금액이 은행에 예치가 되
어 있어야 하며, 본인의 재산은 투자 금액의 2배 정도
인 40만 달러 이상이 된다는 것을 입증하여야 합니다.
이유는 미국에서 사업에 실패를 할 경우에 한국에서 재
기할 수 있는 충분한 재산이 있다는 것을 입증시켜야
하기 때문입니다.

C) 한국에서 E-2비자를 신청할 경우는 일단 미국에 현지
답사를 와서 1~3개월 동안 충분한 시간을 가지고 시장
조사를 한 다음에 한국에서 E-2 비자를 신청하는 것이
실수를 줄이는 방법입니다.

이 경우 변호사나 브로커의 말만 듣는 것 보다는 E-2
비자로 변경한 경험이 있는 사람을 직접 만나서 그 사
연을 들어보는 것도 좋은 방법 입니다.

D) 미국에서 E-2비자를 신청할 경우의 장점은 한국에서 E-2비자를 신청하는 것보다 훨씬 쉬운 편이며, 수속 경비도 한국에서 신청하는 것 보다 20~40%가 저렴합니다.

단점은 한국을 비롯한 외국을 왕래할 수가 없는 것입니다.

E) E-2비자 소지자는 본인과 배우자가 Social Card를 발급받을 수가 있습니다.

F) E-2비자의 유효기간은 2년이며 매 2년마다 갱신을 하여야 하는데, 이때 2년 동안의 사업실적과 세금납부 실적에 따라서 연장이 될 수도 있고 거절을 당할 수도 있습니다. 다시 말해서 E-2비자를 계속 유지하기 위해서는 실적 관리와 세금납부를 잘해야 하며 최소한 1명 이상의 종업원을 고용하여야만 연장이 가능한 것이기 때문에 이러한 조건을 충족시키지 못할 것 같으면 유효기간이 끝나기 최소한 6개월 이전에 migukguide@ yahoo.co.kr로 문의를 하여서 미리 대체 방안을 강구해야만 불법 체류를 면할 수가 있습니다.

G) E-2비자로는 영주권을 신청할 수가 없습니다. 투자 이민을 하기 위해서는 일반적으로 투자 금액이 100만 달러(50만 달러 인 지역도 있음) 이상이 되어야 하며, 2년 이상 상당한 이익이 발생한 것을 입증시켜야 하기 때문에 이론적으로는 가능 하지만, 현실적으로는 어려운 편입니다.

H) E-2비자 신청을 하기 전에 이메일 migukguide@yahoo.

co.kr로 문의를 하여서 상세한 내용을 알고 난 후에 E-2비자를 신청하면 상당한 경비절감의 효과를 볼 수가 있을 것입니다.

## 12. 종교 비자(R-1)와 종교 이민

종교비자를 신청하는 일반적인 방법은 한국에서 신청하는 방법과 방문비자로 입국하여 미국에서 신청하는 방법이 있습니다.

한국에서 신청하면 E-2비자처럼 한국이나 외국을 왕래할 수가 있으나 비자받기가 어려운 편입니다.

근래에 와서 다른 종류의 비자도 마찬가지이지만 특히 종교비자와 종교이민이 상당히 까다로워지고 있습니다. 그 이유는 이민국에 서류를 제출할 때 가짜 서류를 많이 제출하는 것을 이민국에서 알고는 특히 종교이민을 신청할 경우 대부분 이민국 직원들이 직접 교회에 방문을 하여서 기제출된 서류와 교회에 비치되어 있는 장부를 대조하며 예배시간에 출석교인 수를 직접 확인을 하기 때문에 많은 종교이민 신청자들이 거절을 당하는 실정입니다.

A) 종교 이민을 거절당하는 이유는 첫째, 출석교인 수가 100명 이상이 된다고 교인 명부를 제출하였지만, 실제 출석교인 수가 2~30명 정도 밖에 되지 않을 경우, 다시 말해서 주보 및 교인 명부를 조작하는 경우입니다. 둘째는 소규모 교회의 경우 영주권 신청자에게 재정 부족으로 사례비를 실제로 주지 않으면서 영주권을 내

주는 조건으로 무료로 봉사를 하는 경우에 영주권 신청자 자신의 돈으로 교회에 입금을 시키면 교회에서는 세금을 공제한 나머지 금액을 사례비로 지급한 것처럼 교회수표를 영주권 신청자에게 지급한 것으로 합니다. 이 경우 헌금 액수와 은행 거래 금액 등이 맞지 않기 때문에 거절 사유가 되는 것입니다.

셋째는 서류 구비가 제대로 되어 있지 않을 경우입니다. 넷째는 교인 수에 비해서 영주권 신청자가 너무 많을 경우에 영주권 신청이 거절당할 수가 있습니다.

B) 종교 이민의 경우 교회법에 의해서 운영되는 교회는 교회 소속으로 영주권을 신청할 경우, 당회와 재직회 등을 통하여 합법적으로 영주권 신청을 허락하여 이루어지지만 교인 수가 적은 일부 교회에서는 영주권 신청자와 담임 목사와의 밀약에 의해서 목사가 교인들에게 알리지도 않고 영주권 신청자에게 영주권을 받게 해주는 조건으로 사례비를 지불하지 않거나 영주권 신청자로부터 사례비나 헌금 명목으로 적게는 몇 천 달러에서 많게는 몇 만 달러까지 수수료를 받고 교회 명의의 서류를 만들어 주는 것입니다.

그런데 이 같은 경우 보통 처음에는 영주권이 나올 수도 있지만, 이러한 방법을 작은 교회에서 자주 사용하다보니 영주권 신청이 거절당하게 되는 것입니다.

이렇게 되면 영주권을 신청한 사람은 돈은 돈대로 없어지고 교회에서 몇 년간 봉사한 것에 대한 사례비를 받

지 못하여도 자신이 잘못한 것 때문에 누구에게 하소연
도 못하고 돈을 받은 목사는 이미 받은 돈을 다 써 버렸
기 때문에 나 몰라라 하게 됩니다.

이런 일부의 목사들 때문에 선량한 목사들마저 도매금
으로 함께 비난을 받게 되어 가장 신성해야 될 교회가
지탄의 대상이 되어서 이민국에서는 종교 비자나 종교
이민 신청을 하는 목사나 전도사들을 믿지 않는 지경에
이르게 되었습니다.

C) 종교 이민을 통하여 영주권을 받기를 원하는 영주권 신
청자들에게 꼭 하고 싶은 말은 교회를 통하여 영주권을
신청할 때 어떠한 경우라도 당회나 재직회의 승인 없이
목사와 단독으로 돈 거래를 하게 되면 나중에 문제가
발생 되었을 경우에 보상 받을 길이 없다는 것을 명심
하여야 하며 교회에서 공식적으로 영주권 신청을 결의
한 후에 영주권을 신청하게 되면 나중에 영주권이 나오
지 않더라도 마음의 상처는 입지 않을 것입니다. 특히
사기의 대상이 되는 것은 종교인도 아니고 종교직에 종
사하지도 않으면서 영주권을 받기위하여 몇 만 달러를
이민 대행업체에 주고 허위로 종교계 종사자로 서류를
만들어 영주권을 신청 하였다가 이민국으로 부터 거절
을 당하였을 경우 불법체류자가 되는 것은 물론이며 이
미 지불한 돈도 돌려받기가 어렵다는 사실을 반드시 명
심하여야 할 것입니다.

## 13. 취업비자 및 취업 이민

취업비자를 신청하는 경우도 다른 비자와 마찬가지로 한
국에서 신청하는 경우와 방문비자로 미국에 입국하여서
취업비자를 신청하는 방법이 있습니다.

A) 한국에서 취업 비자를 신청할 경우는 대기 기간이 상당
히 오래 걸리기 때문에 현재 다니는 직장이나 사업체를
관두어서는 안 되며 현재의 일을 계속 하면서 취업 비
자가 나올 때 까지 기다리는 것이 좋습니다.

B) 미국에서 취업 비자나 취업 이민을 신청할 경우는 한국
에서 신청하는 것에 비해서 우선 경비가 적게 들어가며
본인이 스폰서를 서 주는 직장에 먼저 취업을 하여 일
을 할 수 있기 때문에 사기를 당할 확률이 적다는 장점
이 있습니다.

C) 취업 비자나 취업 이민을 신청할 때 꼭 명심을 하여야
할 사항은 본인이 스폰서를 서 주는 업소에 취업을 해
서 취업 영주권을 신청할 경우는 별로 문제가 없지만,
실제로 그 업소에 취업은 하지 않고 스폰서를 서 주는
업소에 적게는 몇 천 달러에서 많게는 몇 만 달러까지
지불을 하고 스폰서를 요청하는 경우입니다. 이럴 경우
업소는 스폰서를 서 줄 수 있는 한도가 예를 들어서 두
사람 밖에 안 되는 데도 불구하고 여러 명에게 돈을 받
고 스폰서를 서 줄 경우 취업비자나 영주권 신청이 거
절당하게 되어 있습니다. 이럴 경우는 스폰서 비용과
이민 수속비용만 손해를 보게 됩니다.

문제는 그 업소가 몇 명에게 스폰서를 서 주었는지를 알 수가 없다는 것입니다. 오직 업소 주인만 알고 있을 따름입니다. 결론은 시간이 다소 걸리더라도 믿을 수 있는 업소를 소개받는 것이 최상의 선택인 것입니다.

D) 일반적으로 실제로 스폰서를 해준 업체에서 일을 하지도 않으면서 돈을 주고 스폰서를 구하여 영주권을 신청 하였을 경우 스폰서를 해준 업체나 이민 브로커들이 몇 만 달러씩 수수료를 받은 후에 영주권이 나오기까지 몇 년이 걸리는 것을 악용하여 처음부터 서류를 이민국에 접수를 시키지도 않고 서류를 접수시켰다고 거짓말을 하거나 불충분한 서류를 접수시켜서 결국은 몇 년 후에 영주권은 거절당하고 불법체류자 처지가 되는 것입니다. 이렇게 되면 영주권을 못 받는 것은 고사하고 몇 년간 세월만 소비하고 그 동안 지불한 수수료는 받을 길이 없는 것입니다. 만약 이때 영주권을 못 받았으니 기 지불한 돈을 돌려달라고 하면 서류 작성비 명목으로 돈을 받았지 영주권을 내 준다는 명목으로 돈을 받았느냐 면서 오히려 역정을 내기도 하고 당신은 불법체류자 주제에 나를 고소할 수 있을 것 같으냐고 하면서 자꾸 귀찮게 하면 당신을 불법체류자로 이민국에 고발을 하겠다고 협박을 하게 되면 의뢰자는 항변도 제대로 하지 못하고 물러서게 되는 것입니다.

때에 따라서는 스폰서를 서준 회사가 파산을 하므로 해서 문제가 발생 되는 수도 있으며 수속을 의뢰한 이민

브로커가 잠적을 하므로 인하여 막대한 피해를 보는 경
우도 있음을 알아야 할 것입니다.

E) 미국에서 취업비자나 취업이민을 신청할 경우 방문 비
자로 입국을 하여서 바로 취업비자나 취업영주권을 신
청 하는 경우가 있는데, 이것은 현실적으로 불가능하기
때문에 방문 비자로 입국을 하였을 경우는 먼저 학생
비자나 E-2비자로 체류 신분을 변경 한 다음 시간적인
여유를 가지고 취업비자나 취업영주권을 신청하여야
합니다.

F) 취업 영주권 신청 절차(3순위)

• 임금 조사(Prevailing Wage)를 하고 구인광고를 한
후에 ETA-9089(노동청의 노동허가 신청서)를 신청
합니다(소요기간 : 2~5개월 전후).

• I-140 파티션을 작성하여 신청합니다.

• I-765(노동 허가서) 및 I-485(영주권 신청)를 작성하여
이민국에 제출을 합니다. 상기 서류를 제출할 때 스폰서
회사 및 본인의 서류도 첨부가 되니 보다 구체적인 내용
은 전문가와 상의를 하시는 것이 좋습니다.

G) 취업 영주권 스폰서의 지불 능력(Ability to Pay)

취업 이민 신청 시 가장 중요한 것 중 하나는 스폰서의
지불 능력입니다.

스폰서를 해주는 회사의 조건은 세금을 내는 종업원이
8~10명 이상이 되어야 하며 신규로 채용하는 종업원에게
지급할 수 있는 재정 상태가 충분 하다는 것을 입증하여야

하기 때문에 취업을 통하여 영주권을 신청 하는 경우에는 스폰서를 서주는 회사의 최근 3년 치 세금 보고서와 종업원 현황표를 먼저 달라고 하여서 스폰서 회사가 자격이 되는지를 전문가를 통해서 먼저 확인을 하여야만, 나중에 이민국으로 부터 거절을 당하는 것을 사전에 방지할 수가 있습니다(migukguide@yahoo.co.kr로 문의를 하면 스폰서가 자격이 있는지의 여부를 무료로 확인을 할 수가 있습니다.).

H) 취업 영주권 신청 시 소요기간
- 석사학위 취득자나 학사 학위자로 해당 분야에서 5년 이상 경력자 및 특기자의 경우 1~2년 정도 소요(취업 2순위)
- 학사학위 이상 취득자로 전문직 또는 해당 분야에서 2년 이상 경력의 비전문 숙련공의 경우 4~6년 전후가 소요됨(취업 3순위)
- 학위 불문 비전문직 비숙련공은 5~7년 전후가 소요됨(취업 3순위)
- 상기 소요 기간은 이민국 사정에 따라서 변할 수가 있습니다.

## 14. 한국에서 취업비자 및 취업 영주권 신청 시 주의 사항

한국에서 취업 비자나 취업 영주권을 신청할 경우에 특별히 주의를 하여야 할 점은 첫째 자신이 취업할 미국 회사의 주소와 전화번호 및 담당자 이름을 알려달라고 하여서 이 회사에 직접 전화를 하든지 아니면 편지를 보내서 본인의 취업을 승인 하였는지를 반드시 알아보아야 합니다. 이것을 소홀히 할 경우에 피해를 입을 확률이 아주 높다는 것을 명심하여야 할 것입니다.

둘째 수속을 의뢰할 때 먼저 계약금을 지불하고 또 중도금을 지불하고 마지막으로 잔금을 지불하기로 계약을 하는데 많은 의뢰인들이 계약금과 중도금을 돌려받지 못하는 경우가 많기 때문에 반드시 계약금까지도 돌려주겠다고 하는 곳에 의뢰를 하는 것이 그만큼 신뢰를 할 수가 있을 것입니다.

셋째 스폰서를 서주는 회사가 임금 지불 능력이 되는지를 알아보아야 합니다. 이것이 되지 않을 경우도 승인이 나지 않기 때문입니다.

넷째 예를 들어서 스폰서를 서주는 회사가 자격이 되고 취업 영주권 스폰서를 5명만 서주기로 이민 업체와 계약을 하였을 경우에 이민 브로커들은 5명만 모집한다는 광고를 내지 않고 수십 명에서 수백 명까지 모집을 하여서 계약금과 중도금을 받습니다. 그러고 나서 많은 사람들이 거절을 당하여서 항의를 하면 승인된 3사람의 서류를 보여주면서 다른 사람들은 모두 승인이 되었는데 당신은 운이 나빠서 거절이 되었기 때문에 계약금(때로는 중도금까지)을 돌려줄 수가 없다고 하면 의뢰인은 항의도 제대로 못하고 기지불한 돈을 돌려받지 못하는 것은 고사하고 그동안 이민 갈 것이라는 기대감 때문에 정신적, 물질적으로 입은 피해를 보상 받을 길이 없게 되는 것입니다.

## 15. 방문비자로 입국하여 영주권을 받는 방법

A) 방문비자로 입국하여 3개월 후에 학생 신분(본인은 F-1, 가족은 F-2)으로 변경을 한 다음 스폰서를 구하여 학생비자를 취업비자로 변경을 해서 취업 이민을 신청하던지 아니면 학생 신분에서 취업 비자로 바꾸지 않고 곧바로 취업 영주권을 신청합니다(취업비자로 영주권을 받기까지의 소요 기간은 "영주권 문호"를 참고 하시기 바랍니다.).

B) 방문비자로 입국하여 3개월 후에 소액 투자(E-2) 비자로 변경을 한 다음 학생비자와 마찬가지로 스폰서를 구하여 취업비자로 바꿔서 취업 영주권을 신청합니다(100만 달러 또는 50만 달러(특정 지역)). 이상을 투자하면 취업 이민이 아닌 투자이민으로 영주권을 신청할 수가 있습니다.).

C) 방문비자로 입국하여 3개월 후에 종교비자(본인은 R-1, 가족은 R-2)로 바꾼 다음 2~3년이 지나면 종교이민으로 영주권을 신청할 수가 있습니다(영주권 취득 소요 기간 : 3년 전후).

D) 방문비자로 입국하여 시민권자와 결혼을 하여 결혼신고를 한 후에 노동허가 및 영주권 신청을 합니다(방문비자에서 결혼 영주권을 신청할 경우는 결혼 영주권 신청이 거절당하는 것을 대비해서 방문비자도 동시에 연장 신청을 해 두는 것이 좋습니다.)(결혼 영주권 취득

소요기간 : 6개월 전후).

E) 방문비자로 입국하여 영주권자와 결혼을 할 경우는 반
   드시 체류 신분을 변경한 후에 영주권 신청을 해 두는
   것이 좋습니다. 이유는 영주권자와 결혼을 하여서 영주
   권을 받기 까지 6~7년이 소요되기 때문에 이 기간 동
   안 체류신분이 살아 있는 것이 좋기 때문입니다(결혼
   영주권 취득 소요기간 : 6~7년).

   영주권자와 결혼해서 영주권 신청을 해놓은 상태에서
   영주권자가 시민권을 취득하게 되면 시민권자의 배우
   자로 영주권을 다시 신청하면 6~8개월 만에 영주권을
   받을 수가 있습니다.

## 16. 시민권자와 결혼을 통한 영주권 신청

어떠한 비자로 입국을 하였던지, 비록 체류기간이 지나갔더
라도 독신의 경우에 영주권을 가장 빨리 받는 방법은 미국
시민권자와 결혼을 하는 것입니다(단, 비자 없이 캐나다나
멕시코의 국경을 통하여 밀입국을 하였을 경우는 해당이 안
되며, 본국에 돌아가서 인터뷰를 하여야 합니다.).

시민권자와 결혼을 하였을 경우 조건부(임시) 영주권을 받
기 까지는 약 6~8 개월이 소요가 되며 영주권자와 결혼을
하게 되면 조건부 영주권을 취득하기까지 대략 6~7년 정
도가 소요가 됩니다(소요 기간은 이민국 사정에 따라서 다
소 변경 될 수도 있습니다.).

조건부(임시) 영주권의 기간은 2년이며 2년이 지나면 본

영주권을 신청할 수가 있고(유효기간 10년짜리 입니다), 조건부(임시) 영주권을 받고 3년이 되면(본 영주권 받고서 1년 후가 됨) 시민권을 신청할 수가 있습니다.

시민권자나 영주권자와 결혼을 하는데 있어서 서로 사랑을 하거나 아는 사람을 통해서 중매를 하여서 합법적인 절차에 의해서 결혼을 하는 것은 당연한 것이지만 문제는 영주권을 취득할 목적으로 시민권자와 위장 결혼을 할 경우에 문제가 많이 발생 하곤 합니다.

위장 결혼이 위험한 이유는 주간지의 결혼 난을 통하여 당사가가 직접만나서 돈을 주고 위장 결혼을 하던지, 아니면 브로커들을 통해서 위장 결혼을 할 경우에 보통 몇 만 달러의 위장 결혼비용을 요구합니다(이 금액은 정해진 것이 아니라 수요와 공급의 상황에 따라 달라지지만 비용이 계속 올라가는 추세입니다.).

이럴 때 영주권이 필요한 사람은 많은 돈을 지불하고서라도 영주권을 받기위하여 위장 결혼을 하기로 약속을 하고 혼인신고할 때 계약금을 주고 영주권 신청 시에 일부 금액을 지불하고 인터뷰 시에 또 일부 금액을 지불하며 본 영주권 신청 시에 나머지 금액을 지불하기로 약속을 하였더라도 시민권자는 상대방의 약점을 이용하여 이민국에서 갑자기 밤에 조사가 나올 수도 있으니 동침을 하여야 한다면서 동침을 요구할 수도 있고 수시로 200달러만 빌려 달라, 500달러만 빌려 달라고 하면 영주권 신청자는 마지못해서 계속 돈을 빌려 주다 보면 적게는 수천 달러에서 많게는 10만 달러 이상 돈을 빌려

주게 되는데 이렇게 빌려 준 돈은 절대로 받을 수가 없다는 것을 명심하여야 합니다.

시민권자가 돈을 빌려 달라고 할 때의 수법은 상대방이 빌려 줄 수 없는 정도의 많은 금액은 절대로 요구를 하지 않으며 많은 금액을 요구할 때는 자동차를 사서 함께 타고 다니자면서 자신의 명의로 자동차를 사고는 본인만 타고 다니는 경우와 아니면 아주 싸고 좋은 사업체가 있으니 함께 사업을 하자고 하면서 영주권 신청자가 돈을 투자하도록 하고는 사업체를 가로채는 방법인 것입니다.

이럴 경우 영주권 신청자는 내가 조심해서 상대방에게 넘어가지 않으면 될 것이 아닌가 하고 생각을 하지만, 실제 상황이 일어나게 되면 대부분 시민권자의 요구대로 따르게 되어있다는 것 또한 명심을 하여야 할 것입니다.

위장 결혼 시 또 중요한 것은 시민권자가 결혼을 3번 이상 하였다던 지, 음주 운전경력이 2번 이상 있을 경우, 그리고 각종 범죄와 마약에 연루되어 형사 처분을 받은 기록이 있을 경우에는 시민권자와 결혼을 하여도 시민권자의 결격 사유로 인하여 영주권을 받을 수가 없으며, 기 지불된 금액도 돌려받을 수가 없다는 점을 특별히 명심을 하여야 하는데 문제는 이러한 내용들을 시민권자가 스스로 말을 하기 전에는 사전에 알아 볼 수 있는 방법이 없다는 것입니다.

이렇게 자격이 안 되는 시민권자들이 계약금을 노리고 위장 결혼을 하는 경우가 우리 주위에 많이 있음을 명심하여야 할 것입니다.

이렇게 해서 6~8개월(때에 따라서 빠를 수도 있고 늦어질 수도 있습니다)이 지나면 2년짜리 조건부(임시) 영주권이 나오게 되는데 이것으로 모든 일이 끝나는 것이 아닙니다. 조건부 영주권은 어디까지나 임시 영주권이기 때문에 시민권자와 정당한 사유 없이 이혼을 하게 되면, 본 영주권을 신청할 수가 없게 되기 때문에 조건부 영주권을 받고 2년 후에 본 영주권을 받을 때까지 시민권자의 비위를 맞추면서 동거생활을 하든지, 계약한 금액 외에 많은 돈을 추가로 지불하여야 하는 경우가 많이 발생합니다.

이유는 본 영주권을 신청할 때 시민권자가 "조인트 페티션"(부부임을 확인 하는 것)에 사인을 하고 현재 함께 살고 있다는 것을 입증하여야만 본 영주권이 나오기 때문입니다.

때에 따라서는 조건부 영주권을 받은 상태에서 시민권자의 폭력 및 도저히 같이 살 수 없는 상황에서는 정식으로 이혼을 신청하고 본 영주권(셀프 파티션)을 신청할 수가 있습니다만 이 경우에 또 변호사 비용을 지불하여야 하기 때문에 위장 결혼을 통해서 영주권을 신청할 경우에 시민권자를 잘못만나면 몸과 마음의 고생은 물론이며 많은 금전적인 손실까지 입게 되는 것입니다.

• 영주권자와 결혼을 하여서 영주권을 신청할 경우에는 영주권 신청 당시에 합법적인 체류신분이어야 하며 영주권을 받기까지의 소요기간은 약 6년 전후가 소요됩니다.

시민권자와 결혼을 할 경우에 사기를 당하지 않는 방법은 이메일 migukguide@yahoo.co.kr로 문의를 하여 충분히 상담을 받은 후에 결혼을 하여서 영주권을 신청하게 되면 실수를 많이 줄일 수가 있습니다.

## 17. 입양을 통한 영주권 취득

16세 미만일 경우에 미국 시민권자의 자녀로 입양을 하여서 영주권을 취득하는 방법이 있는데 이 경우 입양 조건은 고아이던지, 어머니와 아버지가 이혼이나 사별을 하여서 편부모와 함께 살고 있으나 경제 사정이 어려운 경우 또는 부모와 함께 살고 있으나 극심한 경제적인 어려움으로 인하여 자녀들을 양육하기가 어려운 경우에 미국 시민권자 자녀로 입양할 수 있습니다.

A) 입양 자격 : 입양 자격은 16세 미만이나 16세 이상일 경우는 16세 미만의 동생과 함께 입양이 가능합니다.

B) 원칙적으로 성과 호적은 변경을 하고 신 거주지 영사관에 신고를 하여야 하나, 현실적으로 신고를 하지 않는 경우에 이중 국적자가 될 수가 있습니다.

C) 미국에서 입양 신청을 하게 되면 약 6개월 전후가 소요되며 입양 후 2년이 지나게 되면 영주권을 신청할 수가 있으며 곧바로 시민권 신청까지 가능 합니다.

D) 초등학교 2학년과 4학년 자녀가 입양을 하였을 경우에 유학생과 어느 정도 학비 차이가 날까요?

[사립학교를 다니는 유학생일 경우]
초등학교 4년생일 경우 : $8,400/년×3년＝$25,200
중고등학교 : $8,400/년×6년＝$50,400
대학교 : $35,000/년×4년＝$140,000

---

Total : $215,600

[입양을 하여 공립학교를 다닐 경우]
초등학교부터 고등학교 졸업까지 : 학비 전액 무료
대학교 $12,000/년×4년＝$48,000

결론은 초등학교 4학년부터 대학 졸업 시까지 유학생과 입양자의 학비차이는 약 $167,600에 달한다는 결론이 나옵니다. 그래서 현재 학비를 절약하기 위해서 많은 사람들이 브로커들에게 약 5만 달러 전후의 수수료를 지불하고서라도 입양을 시키려고 들 합니다.

그러나 위장 입양을 할 경우에 브로커의 농간에 의하여 친부모와 양 부모 사이에 의견 충돌이 일어나서 입양된 자녀들이 영주권도 받지 못하고 불법체류자가 되는 경우가 있으니 이 점을 특히 주의하여야 할 것입니다.

## 18. 영주권 문호

A) 가족 이민

| 순위 | 대상 신청자 | 영주권 받기까지의 기간 |
|---|---|---|
| 1A | 시민권자의 미혼 자녀(21세 이상) | 약 6년 전후 |

| | | |
|---|---|---|
| 2A | 영주권자 배우자 및 21세 미만 미혼자녀 | 약 5년 전후 |
| 2B | 영주권자의 21세 이상 미혼자녀 | 약 9년 전후 |
| 3 | 시민권자의 기혼자녀 | 약 7년 전후 |
| 4 | 시민권자의 형제자매 | 약 11년 전후 |
| | 시민권자의 배우자, 부모 및 21세미만 자녀 | 5~8개월 |

## B) 취업 이민

| 순위 | 대상 신청자 | 영주권 받기까지의 기간 |
|---|---|---|
| 1 | 세계적으로 유명한 특기자 및 국제 기업의 간부직원 | 약 1년 전후 |
| 2 | 석사학위 취득자 또는 학사 학위자로 5년 이상 경력자 | 약 2년 전후 |
| 3 (숙련공) | 학사학위이상취득자로 전문직 또는 2년 이상 경력의 비전공 숙련공 | 약 6년 전후 |
| 3 (비숙련공) | 학위불문, 비전문직, 비숙련공 | 약 8년 전후 |
| 4 (종교이민) | 안수 받은 목사 | 오픈(Open) |
| 5 (투자이민) | 100만 달러 이상 투자 및 10명 이상 고용 | 오픈(Open) |
| 5 (투자이민) | 50만 달러 이상, 고용 유치 특별지역 | 오픈(Open) |

## 19. 변호사나 이민 대행업체의 말을 어느 정도 믿어야 하나요?

만약 이민국에 신청한 서류가 미흡하여 접수가 거부되든지 아니면 이민국에서 보충서류를 제출하라는 통지서를 받게 되면 변호사나 이민 대행업체는 추가로 서류 작성비를 요구하고 추가로 수수료를 지불하였음에도 불구하고 승인이 나지 않고 거절을 당하였을 경우에 변호사나 이민 대행업체에게 지불한 수수료를 돌려달라고 요청을 하면 대부분이 이미 받은 수수료는 돌려주지 않는 다고할 것입니다.

다시 말해서 서류 작성비로 수수료를 받았으며 서류도 의뢰자가 가져온 것을 제출하였기 때문에 의뢰자가 구비하지 못한 것에 대한 책임은 자신들에게 없다고 말을 합니다.

이렇게 되면 의뢰자는 답답한 나머지 다른 변호사를 찾아가서 자신의 처지를 상담하여 보면 때에 따라서는 전임 변호사가 일을 잘못하여서 일이 어렵게 되었지만, 자신이 서류를 처음부터 다시 만들어서 이민국에 제출을 할 테니 전임 변호사 사무실에 가서 여권 등 관련서류를 받아오라고 합니다. 그래서 전임 변호사 사무실에 가서 서류를 돌려달라고 하면 서류를 순순히 내어주는 곳도 있지만 서류를 순순히 내어주지 않고 옥신각신한 후에 여권 등 서류를 받아서 새로 선임한 변호사에게 가져다주게 되면 이중으로 경비를 지출하는 결과가 되는 것 입니다.

체류신분 변경이나 영주권 신청 시에 여권이나 I-94 등 중요한 서류는 절대로 변호사 사무실이나 이민 대행업체에 맡겨서는 안 되며 원본은 반드시 본인이 보관을 하여야만 분실을 방지하고 만약의 경우에 변호사를 바꿀 때에도 말썽이 나지 않습니다(이민국에 여권 원본이 제출되는 경우는 없으며 어떤 경우에는 변호사 사무실에서 분실하고서도 본인에게 돌려주었다고 하는 경우가 있기 때문입니다.).

## 20. 각종 비자 및 이민 신청 서류 진척사항 확인하는 방법

체류신분 변경이나 영주권 신청자가 가장 답답해하는 것은 본인의 신청 서류가 제대로 이민국에 접수는 되었는지, 만약 접수가 되었다면 현재 진행 사항이 어떻게 되고 있는지를 알 수가 없는 경우입니다.

일반적으로 변호사나 이민브로커들에게 자신의 서류가 어떻게 진행이 되고 있는지를 물어보면 대부분 이민국에서 연락이 올 때 까지 기다리라고 하는 말만 되풀이 합니다.

이민국에 서류를 보내면 보통 2~4주(때에 따라서는 기간이 더 걸리는 경우도 있습니다)만에 접수증이 오게 되어 있습니다. 서류를 이민국에 발송하고서 2주일이 지나면 수시로 변호사사무실에 전화를 하여서 접수증이 도착하였는지 확인을 하고 만약 접수증이 도착을 하였다고 하면 반드시 접수증 원본을 받아서 본인이 보관을 하여야 합니다.

이 접수증의 접수번호(접수증의 왼쪽 상단에 있음)를 가지고 이민국 웹사이트 에 들어가서 아래 사항의 순서대로 본인이 직접 진행 사항을 확인하시면 됩니다.

A) www.uscis.gov을 클릭합니다.

B) US Citizenship and Immigration Services의 화면이 나옵니다.

C) 오른 쪽 하단 Check Case Status의 밑에 Enter Case Number Here에 접수번호를 "–" 표시 없이 기록을 하고 클릭을 하면 본인의 진행 사항이 나옵니다.

D) 진행사항 내용은 언제 승인(Approved)이 되었다는 내
용이던지, 현재 진행 중 이라든지, 아니면 서류가 미비
하니 보충 서류를 제출하라는 편지를 보냈다고 하는 3
가지 중 한 가지 내용이 나와 있습니다. 이 내용을 보시
고 변호사와 상의를 하시면 됩니다.

## 21. 영주권자 및 비 이민 비자 소지자의 주소변경 신고

미국에 올 때 한국에서 영주권을 받아서 온 영주권자나, 미국
에서 영주권을 받은 영주권자 및 비 이민 비자소지자들은
이사를 할 경우에 10일 이내에 이민국 양식 "AR-11"(Alien's
Change of Address Card)을 작성해서 이민국으로 보내야
합니다.

만약 주소변경 신고를 이민국에 하지 않았을 경우에 영주
권자가 시민권 신청을 할 경우에 인터뷰에서 거절을 당하
게 되며 영주권자나 비 이민 비자소지자가 경범죄로 유죄
판결을 받았을 경우에 이민국으로 부터 추방 명령을 받을
수가 있습니다.

주소변경 신청 방법은 다음과 같습니다.

A) www.uscis.gov을 클릭합니다.

B) U.S. Citizen Ship and Immigration Service 화면이 나
오면 오른쪽 상단의 Search에 "Form AR-11"이라고
타이핑을 한 다음을 클릭합니다.

C) Change of Address를 클릭합니다.

D) Change of Address 의 하단에서 "Download AR-11"을

클릭하면 AR-11 양식이 나옵니다.

E) AR-11 양식을 작성해서 다음의 주소로 발송하면 됩니다.

Department of Homeland Security

U.S. Citizenship and Immigration Services

Change of Address

P.O. Box 7134

London, KY 40742-7134

## 22. 미국 원정 출산에 대하여

미국에서 가장 손쉽게 시민권을 받는 방법으로는 임산부가 미국에 가서 아이를 출산하게 되면 미국은 속지주의에 의해서 미국 현지에서 태어난 아이에게 미국 시민권을 주게 되어 있습니다.

이렇게 해서 이 아이가 자라서 만 21세가 되면 부모 형제를 초청하여서 부모형제가 영주권을 취득하게도 하며 본인은 시민권자이기 때문에 공립 고등학교 졸업 시까지 무료로 학교를 다닐 수가 있으며 대학도 가장 저렴하게 유학생 대학을 다닐 수가 있으며 장학금을 받을 경우는 학비를 전혀 내지 않고도 대학을 졸업할 수가 있으며, 저 소득자일 경우는 의료 혜택도 받는 등 여러 가지로 미국 정부로부터 혜택을 받을 수가 있습니다.

이러한 점을 이용하여 미국에 친척이나 친구가 있는 경우는 그곳에 머무르면서 아이를 출산하고 미국에 아는 사람이 없는 경우는 한국이나 미국의 원정 출산 대행업체를 통

하여 방문비자로 출산 1~2개월 전에 입국하여 출산을 한
후 산후조리원이나 하숙집에서 1개월 정도 조리를 한 후에
한국으로 돌아가는데 원정 출산업체들은 보통 원정 출산
경비로 출산 병원비(정상 분만일 경우)를 포함해서 약 3~
4천만 원을 요구합니다(제왕 절개 수술일 경우는 수술비용
1~2만 달러는 별도 부담임).

이런 방법으로 원정 출산 인원이 해마다 늘어가고 있는 상
황이기 때문에 미국의회에서는 방문자 등 비 이민 비자 소
지자가 미국에서 출산을 하였을 경우에 시민권을 주어서
는 안 된다는 의견이 나오고 있으며 언젠가는 원정 출산이
금지가 될 수도 있습니다.

이런 상황에서도 해마다 원정 출산 비율이 계속 늘어가고
있는 실정인데, 미국 원정 출산 도시로 가장 선호하는 곳
은 로스앤젤레스입니다. 그 이유는 뉴욕 등 동부 쪽 도시
에 비해서 비행시간이 짧으며 로스앤젤레스는 다른 지방
에 비해서 날씨가 좋은 면도 있고 또한 한국 음식이 풍부
하며 산후 조리원이나 하숙집에 한국 사람들이 일을 하기
때문에 언어 소통이 잘되기 때문입니다.

• 미국에 연고가 없는 경우, 미국에서의 출산에 대해서 보
  다 구체적으로 알기를 원하시면 이메일 migukguide@
  yahoo.co.kr로 문의를 하시면 무료로 상담을 받을 수가
  있습니다.

## 23. 불법 체류자(서류 미비자)의 생활 및 영주권 취득

A) 미국에서 불법체류자가 되는 경우는 첫째 방문비자로
입국을 할 때 I-94에 6개월 또는 3개월의 체류 기간을
찍어 줍니다. 이럴 경우에 체류 기간이 끝나기 전까지
체류기간을 연장을 하든지 아니면 체류 신분을 변경 신
청을 하여야 하는데, 이것을 하지 않았을 경우에 불법
체류자가 되는 것입니다. 둘째는 체류신분 변경 신청을
하였는데 서류 미비로 인하여 체류신분 승인이 거절당
하였을 경우에 1달 내에 출국을 하지 않으면 자동으로
불법체류자가 됩니다.

B) 비록 불법체류 신분이 되어도 운전면허증과 쇼셜 번호
만 있으면 다소 불편은 하지만 생활을 할 수가 있는데,
만약 쇼셜 번호가 없을 경우는 TAX ID(개인 납세 번
호)라도 발급을 받아서 세금을 내면서 사면을 할 때 영
주권을 신청하는 방법이 있습니다.

C) 불법 체류자를 사면해서 영주권을 신청할 수 있을 때에
반드시 세금 보고한 기록이 있어야 하기 때문에 불법체
류자가 쇼셜 카드가 없으면 반드시 TAX ID를 받아서
세금을 내는 것이 좋습니다.

D) 불법 체류자의 경우에 영주권을 받을 수 있는 경우는
시민권자와 결혼을 하게 되면 보통 6개월 전후로 영주
권을 받을 수가 있으며 시민권자의 부모와 21세 미만의
미혼자녀의 경우에도 역시 6개월 전후로 영주권을 받
을 수가 있습니다.

그리고 사면이 되었을 때 245(i) 조항에 해당이 되면 영
주권을 신청할 수가 있습니다.

E) 미국에는 1,200만 명 이상의 불법체류자(서류 미비자)들이
살고 있기 때문에 범죄(음주운전 포함)를 저지르지 않고
열심히 살아가다 보면 언젠가는 사면의 기회가 있을 수
있으니 사면에 관한 정보를 관심 있게 살펴보는 것이
좋겠습니다(특히 한인들이 별로 없는 곳에서 사는 사람들은
www.migukguide.com에서 정보를 얻을 수가 있습니다.).

F) 많은 인권 단체와 상하원 의원들이 일정기간 이상 미국
에서 거주하면서 세금을 납부한 서류 미비자에게 영주
권을 부여하는 법안을 수시로 상정시키기 위하여 노력
을 하고 있으며 가끔 사면이 되기도 합니다.

이때 서류 미비자가 취업이나 사면 등으로 영주권 취득
시 인터뷰를 하게 되는데 이 때 최근 3년의 세금 보고
서를 제출하여야 하며 또 서류 미비자가 영주권을 취득
하였을 경우에도 재정 보증인 자격으로 지난 3년간의
세금보고서를 제출하여야만 합니다.

이럴 경우 대부분의 서류 미비자들은 불법체류 신분으
로 합법적으로 취업을 할 수 없는데다가 신분 노출이
두려워서 세금 보고를 하지 못 하는 경우가 많이 있습
니다.

그러나 연방 국세청 법에 따르면 연방 국세청에서 납세자
의 신분을 이민국에 통보할 수 없도록 되어 있습니다.
또한 세금 납부 기록이 없으면 사면 대상에서 제외가 되며

세금 보고를 하지 않다가 사면 시에 한꺼번에 3년 치 세금 보고를 하게 되면 많은 벌금을 함께 납부하여야 하는 부담이 있기 때문에 비록 서류 미비자라 할지라도 세금만큼은 납부를 해 두는 것이 좋은 것입니다.

물론 서류 미비자들은 운전을 하다가 경찰에게 잡힐 경우에 신원 조회에서 불법 체류한 사실이 나타나면 어떻게 하나 하고 겁을 내는 경우도 있습니다만 너무 위축된 생활을 할 필요까지는 없는 것입니다.

또한 서류 미비자 신분이 되었을 경우에 자녀들 학교 진학이나 전학 또는 취업에 문제가 있을 수도 있지만 대부분의 큰 도시에서는 비록 서류 미비자 신분이라고 해서 공립학교에 다니지 못하게 퇴학을 시키지는 않습니다. 가끔은 법이 바뀌어 서류 미비학생에게 교육부로부터 학비를 내라는(년 간 7천 달러 전후) 통지서가 오는 경우도 있지만 학비를 안낸다고 해서 불이익을 당하지 않으며 그러다 졸업을 하든지 영주권을 받게 되면 앞의 것은 소멸이 되기 때문에 염려할 필요는 없는 것입니다. 그러나 법은 항상 바뀔 수 있다는 것을 참고 하시기 바랍니다. 또한 어떤 경우이든지 항상 기회는 온다는 것을 생각하시면서 생활을 하시면 되겠습니다.

G) 서류 미비 기간 중에 특별히 주의를 하여야 할 것은 불법체류 신분의 약점 때문에 사기도 많이 당하고 돈을 빌려 주고도 제때 받지 못하며 임금을 착취당하는 경우가 많이 있습니다. 이럴 때는 주저마시고 시 검찰청이

나 노동청에 신고를 해서 자신의 권익을 보호받아야 할 것입니다. 특히 임금의 경우 Over Time(시간외 수당) 계산 방법을 몰라서인 경우도 있지만 서류 미비자 신분의 약점 때문에 시간외 수당을 제대로 청구하지 못하는 경우가 많이 있는데 서류 미비자라고 해서 임금을 제대로 받을 권리가 없는 것은 아니니, 시간 외 수당을 계산하는 방법을 잘 숙지하여서 정당한 임금을 업주에게 청구하시기 바랍니다.

H) 또한 서류 미비자가 다른 사람들의 눈치를 보지 않고 생활할 수 있는 방법은 사업을 하는 것입니다. 서류 미비자는 합법적으로 취업을 할 수가 없기 때문에 취업을 해서 불안한 생활을 하는 것 보다는 약간의 경제적인 여유가 있으면 차라리 사업을 하는 것도 방법이 될 수가 있습니다. 이유는 서류 미비자라고 해도 합법적으로 사업체를 설립하고 세금도 내면서 사업을 할 수가 있기 때문입니다. 사업체를 설립할 경우에 개인 사업체를 설립할 수도 있으며 주식회사를 설립할 수도 있습니다(개인 사업체와 주식회사의 차이에 대해서는 사업체 설립 및 운영편에 상세히 설명이 되어 있습니다.).

## 24. 불법 체류자 자녀의 영주권 취득 방법은 없는가?

서류 미비자 자녀의 경우, 영주권을 취득할 기회가 올 수도 있습니다. 그 이유는 서류 미비자 자녀의 경우에 16세 이전에 입국을 하여 5년 이상 불법체류를 하면서 미국에서 중고등학교를 졸업하였거나 대학에 재학 중이며 가정 형편이 어려운 경우에 6년짜리 임시 영주권을 내어 주고 이 6년 동안 사고가 없이 지내면 정식 영주권을 받을 수 있게 하는 법안이 2007년에 상원에 상정이 되었으나 부결이 되었으며 2003년에도 이와 유사한 법안이 상정 되었으나 부결된 적이 있지만 수시로 이 법안이 상정되기 때문에 언젠가는 서류 미비자 자녀들이 영주권을 받을 수 있는 기회가 올 수 있다는 것을 기대하는 것이 좋겠습니다.

어떠한 경우 이던지 불법체류가 되어서는 안 되지만 어쩔 수 없이 현재 서류 미비자가 되었을 경우는 "초기 이민자 봉사센터"(213)365-1533(미국)(이메일 : migukguide@ yahoo.co.kr)에 문의를 하면 도움을 받을 수도 있습니다.


## 25. 미국 갈 때 준비해야 할 서류들

A) 한국 운전 면허증 : 임시 운전 면허증 발급, 자동차 보험 가입, TAX I.D(개인 납세자 번호) 발급 등에 필요합니다.

B) 호적등본 5통(미국에서 번역 및 공증을 합니다) : 영주권 신청 및 결혼할 때에 필요합니다.

C) 주민등록 등본 5통(영문 : 한국 동사무소에서 영문으로 발급함) : 체류신분 변경 시에 필요합니다.

D) 자녀들 재학 증명서 및 성적 증명서(영문) 각 2통 : 학교 입학 시에 필요합니다.

E) 자녀 출생 시부터 예방접종 기록 카드 : 학교 입학 시에

필요합니다.

F) 본인 최종학교 졸업 증명서(영문) 2통 : 체류 신분 변경
   및 자격증 취득 시에 필요할 수가 있습니다.

G) 부동산 등기부 등본 : 체류 신분 변경 시에 필요합니다.

H) 최근 3년간 갑근세 납부 증명

I) 개인 사업자일 경우 사업자 등록증

J) 각종 예금 잔고 증명 및 예금통장 원본

   • 방문비자로 입국을 할 경우는 한국 운전 면허증을 제외
     한 상기의 모든 서류는 입국 후 2개월이 지난 후에 우편
     으로 발송하는 것이 좋습니다. 이유는 방문자가 상기
     서류들을 가지고 입국을 하다가 적발이 되면 입국 목적
     에 의심을 받을 수가 있기 때문입니다.

## 26. 영주권자의 재입국 허가 신청(I-131)

영주권자가 6개월 이상 외국에서 체류할 경우에는 미국에
서 "재입국 허가신청"(I-131)을 하고 이민국으로 부터 접
수증을 받고(2~3주소요) 2~4주 정도 지나면 지문을 찍으
라는 통지서가 옵니다. 이 때 지문을 찍고 나서는 "재입국
허가증"을 받아서 한국으로 보내줄 수 있는 사람을 지정하
고는 바로 출국할 수가 있습니다.

재입국 허가의 유효 기간은 2년이며, 2년 마다 갱신을 할
수가 있지만 한국이나 외국에서 불확실한 이유로 계속 체
류를 할 경우에 이민국에서 더 이상 미국에 살 생각이 없
다고 판단을 하면 영주권이 취소가 될 수도 있습니다.

또한 재입국 허가를 신청할 때 첫 번째는 비교적 쉽게 허가가 나오지만 2번째부터는 타당한 사유가 있어야만 재입국 허가가 승인이 되니 타당한 사유를 입증할 수 있는 서류를 함께 첨부해서 신청을 하여야 합니다.

## 27. 무비자로 입국 시 장·단점

무비자의 장점은 방문비자(B1/B2)나 학생비자 등 비자 받기가 어려운 경우에 무비자로 입국을 하여 3개월 동안 여행을 하거나 다음에 미국에 와서 살 수가 있는지 등에 대해서 체류를 하면서 동향을 살필 수도 있으며 학생일 경우에는 여행도 하며 견문을 넓히면서 3개월 간 단기 영어 연수를 적은 학비(월 $200~300)로 할 수가 있는 장점이 있습니다.

그러나 무비자의 단점은 무비자로 입국을 하였을 경우는 운전면허를 취득할 수도 없으며 체류기간 연장도 되지 않고, 체류신분 변경도 되지 않기 때문에 입국 후 3개월 내에 무조건 출국을 하여야 하며 단기 입국이 잦을 경우는 1~2개월만 체류를 허락할 수도 있고 입국을 거부 당할 수도 있습니다.

미국에 무비자로 입국을 하여 답사를 한 후에 미국에서 정착하기를 원할 경우에 한국에 나가서 방문비자를 발급 받아야 하는데 이때 3개월 이상 미국에 체류하여야만 하는 사유가 명확하지 않을 경우는 방문비자 발급을 거절당할 수가 있으니 방문비자 발급 신청 전에 미리 전문가와 충분한 상담을 한 후에 방문비자 신청을 하는 것이 좋겠습니다

(이메일 migukguide@yahoo.co.kr로 문의를 하시면 도움을 받을 수가 있습니다.).

## 28. 영주권 신청 피해 사례

M씨는 한국에서 무역회사에서 근무를 하고 부인은 고등학교 교사를 하던 중 1997년부터 외국 지사에서 파견 근무를 하게 되어 가족들이 함께 외국 생활을 하다가 2004년 55세 때에 남미에 있는 파나마에서 퇴직을 하게 되었습니다.

이들은 한국으로 돌아가야 하였으나, 고등학교 재학 중인 두 아들이 한국으로 돌아갔을 때 제대로 적응을 하지 못할 것이 염려가 되어서 가족회의를 한 결과 미국에서 살기로 하고 미국 방문비자를 발급받아서 다음해 11월에 미국에는 연고가 없기 때문에 한인들이 많이 사는 LA에 도착을 하였습니다.

M씨는 우선 두 자녀를 고등학교 9학년과 10학년에 입학을 시키고 두 달 동안 무슨 일을 할 것인지 생각을 하면서 지내다가 얻은 결론은 앞으로 2년 후에는 큰 아들이 대학을 가야하고 또 1년이 지나면 작은 아들마저 대학에 입학을 하게 되면, 영주권이 없는 상태에서 두 아들의 대학 학비를 동시에 마련한다는 것은 불가능하다는 결론을 내리고는 어떻게 해서 던지 아들이 대학을 들어가기 전에 영주권을 취득하는 것이 최선의 방법이라는 결론을 내리고는 다음날부터 이민 변호사와 이민 대행업체들을 찾아다니면서 상담을 하던 중 한 곳을 선정하게 되었습니다.

이 이민 대행업체에서 제시한 조건은 현재 상태에서 영주권을 받을 수 있는 유일한 방법은 M씨가 일반대학교를 졸업하였지만 한국에서 신학대학을 졸업한 것처럼 가짜 졸업장을 만들고 또한 한국의 교회에서 시무한 것처럼 가짜 서류를 만든 후에 미국에 있는 자신이 소개하는 교회의 목사에게 사례비로 8천 달러를 지불하고 이곳 교회에서 부목사로 재직하는 것처럼 서류를 만들어서 종교이민을 신청하는 것이 최선의 방법이라고 제안을 하였습니다.

M씨는 과연 가짜 서류를 만들어서 영주권이 나올 수가 있는지 믿을 수가 없다고 하자 이민 대행업체측에서 지난 십 수 년 동안 이런 방법으로 많은 사람들이 영주권을 받게 되었다고 자랑을 하면서 만약 돈만 받고 영주권이 나오지 않으면 자신이 어떻게 한 장소에서 십 수 년 동안 이민 대행 업무를 할 수 있었겠느냐면서 오히려 반문을 하였습니다.

M씨는 그러면 영주권이 나올 때까지 비용은 얼마나 들며 또 자신이 준비하여야 할 서류는 무엇이며 또한 기간은 어느 정도 걸리는지 등을 물어 보니, 스폰서를 서줄 목사에게 줄 8천 달러를 포함해서 착수금으로 현금 2만 달러와 대학 졸업장 원본과 호적등본만 가져오면 나머지 서류는 모두 이곳에서 준비를 한다는 것이었습니다. 그리고 6개월 후에 잔금 2만 달러를 현금으로 지불하면 영주권을 받기까지 약 1~2년이 소요된다고 하였습니다. 이유는 가짜 서류를 만드는데 시간이 필요하기 때문이라는 것이었습니다.

그러면서 나보다 더 믿음이 가는 곳이 있으면 그곳으로 가도 좋으니 하고 싶으면 하루라도 빨리 현금 2만 달러를 가지고 오라는 것이었습니다.

M씨는 집에 돌아와서 부인과 함께 과연 4만 달러의 거금을 들여서 비록 불법이지만 영주권을 취득해야 하는 것인지? 아니면 포기를 하고 4만 달러로 사업을 할 것인지를 의논을 하였지만 쉽게 결정을 내릴 수가 없었습니다.

이런 저런 고민을 2주일 동안 한 후에 당분간 자리가 잡힐 때까지 고생을 하기로 하고 4만 달러를 들여서 영주권을 신청하기로 결정을 하고는 착수금 2만 달러를 준비해서 이민 대행업체로 갔습니다.

M씨는 이민 대행업체에 도착해서 현금 2만 달러와 졸업장과 호적등본을 주면서 왜 현금을 달라고 하느냐고 질문을 하니, 수표로 받으면 세금을 많이 내야 하는데, 그렇게 되면 남는 것이 없기 때문이라는 것이었습니다.

M씨는 그러면 영수증이라도 달라고 하니, 당신도 알다시피 불법으로 만드는 서류 경비와 목사에게 주는 경비가 대부분인데 그 사람들이 영수증을 줄 것 같으냐? 면서 영수증 발행을 거부하였습니다.

M씨는 듣고 보니 그 말도 일리가 있는 것 같아서 그러면 개인 영수증이라도 써 달라고 하자, 그 대행업체에서는 마지못해 종이쪽지에 상호와 이름도 적지 않고 "2만 달러를 영수함"이라는 내용을 적고 사인을 해 주는 것이었습니다.

M씨는 3개월 정도 기다리다가 어느 날 서류진행은 제대로 되고 있는지 궁금하여 이민 대행업체를 찾아가서 나의 서

류가 어떻게 진행되고 있는지를 물어 보니, 잘 되고 있으
니 기다리고 있다가 6개월이 되면 잔금 2만 달러나 제때에
가져오라는 것이었습니다. 그렇게 6개월이 되어서 M씨는
또다시 현금 2만 달러를 지불하면서 어느 정도 기다리면
되는지 물어보니, 1년 후면 영주권을 받을 수 있으니 그동
안 영주권 문제는 잊어버리고 일이나 열심히 하고 있으라
고 하였습니다.

그래도 M씨는 걱정이 되어서 매월 한 번씩 사무실에 들러
서 서류 진행 상황을 물어 보면 911 사태 이후에 서류 심사
가 까다로워져서 예상 외로 시간이 많이 걸리니, 계속 기
다리라는 것이었습니다. 이렇게 기다리라는 말만 듣다보니
어느덧 2년 6개월 이라는 세월이 지나고 큰 아들은 학비
때문에 4년제 대학을 포기하고 학비가 저렴한 2년제 커뮤
니티 칼리지에 입학을 하였습니다.

M씨는 이렇게 세월만 지나가자 점점 불안해 지는 마음을
떨쳐버릴 수가 없어서 이민 대행업체를 찾아가서 도대체
언제까지 기다려야 하는 것인지 확답을 해 주던지, 자신이
없으면 돈을 돌려달라고 요구를 하자, 이민 대행업체 측에
서는 계속 찾아와서 소란을 피우면 당신 가족은 모두 불법
체류 신분이며, 이민국에 가짜 서류로 영주권을 신청한 것
을 고발하여 추방을 시키겠다고 오히려 협박을 하는 바람
에 정말로 추방을 당하면 어떻게 하나? 하는 걱정으로 대
꾸도 못하고 집으로 돌아오곤 하였습니다.

또 2개월이 지나서 이민 대행업체 사무실에 가보니 문이 잠겨

있어서 옆 사무실에 이유를 물어보니 1달 전에 잠적을 해서 많은 사람들이 찾아와서 아우성을 쳤다는 것이었습니다.

M씨는 다리에 힘이 빠지면서 앞이 캄캄하였지만 이미 엎질러진 상태에서 누구에게도 하소연을 할 수 없는 자신이 원망스럽기만 하였습니다.

M씨는 자신의 서류가 어떻게 되었는지 궁금하여 부인을 시켜 매일 사무실 앞에서 문이 열리기만을 기다리던 중 어느 날 누군가가 와서 사무실로 들어가는 것을 보고 따라 들어가서 한참 만에 자신의 서류를 찾아서 확인을 하여 보니 M씨의 졸업장과 호적등본은 손도 대지 않은 채 그대로 있는 것을 보고는 벌어진 입을 다물지를 못했습니다. 여러 경로를 통해서 알아본 결과 이 이민 대행업체는 가짜 서류를 만들지도 않았고 그래서 이민국에 서류 접수도 하지 않고 4만 달러만 챙겨서 사라져 버린 것 이었습니다.

실제로 이 이민 대행업체는 몇 년 전까지는 가짜 서류를 만들어서 종교 이민을 통한 영주권 신청이 승인이 되어 여러 사람이 영주권을 취득하였습니다. 그러나 911사태 이후에 강화된 이민 서류 심사로 인하여 가짜 서류를 만드는 가격이 올라감과 동시에 가짜 서류가 발각될 위험 때문에 가짜 서류를 만들지 않고 처음부터 돈을 떼어 먹기로 작정을 한 것입니다.

그러면서도 십 수 년 간 버젓이 영업을 할 수 있었던 것은 의뢰인들 모두가 불법으로 영주권을 신청한 공모자이며 불법체류자들이기 때문에 이민 대행업체를 고소할 수 없는 상태의 약점을 이용하여 의뢰인들에게 협박을 하다 보면 의뢰인들은 결국 제풀에 지쳐서 영주권 신청과 이미 지불한 돈을 포기하도록 하는 것이었습니다.

때에 따라서는 의뢰인들을 안심시키기 위해서 일단은 불충분한 서류라도 의뢰인이 직접 이민국에 발송하도록 하면 서류가 제대로 접수가 된 줄로 오해를 하고는 안심하고 기다리는 것입니다.

그러면 얼마 후에 이민국에서 보충 서류를 보내라는 연락이 오던지, 아니면 부적합한 서류가 접수되어 청원서류를 반송시키게 됩니다. 이렇게 되면 이민 대행업체는 이때부터 시간 끌기를 하던지 의뢰인이 스스로 포기를 하도록 하는 것입니다.

## 29. 이민자들이 정착하기 좋은 도시를 찾는 방법

미국에서 초기 이민자들이 정착을 하려고 할 때 어느 곳에 가서 터전을 마련하여야 할지를 몰라서 고민을 하는 경우가 많이 있는데 미국은 워낙 넓은 땅이기 때문에 다음 사항을 잘 살핀 후에 결정을 하게 되면 미국 정착에 도움이 될 것입니다.

초기 이민자들이 미국에서 정착을 하기 좋은 곳을 찾기 위한 조건으로는

A) 자신의 미국 정착에 도움을 줄 수 있는 친척이나 믿을 만한 사람이 있는 곳이 가장 좋습니다.

B) 직장을 구하는 것이나 사업을 하기가 쉬운 곳 이어야 합니다. 특히 영어가 서툰 경우는 더더욱 신경을 써야

할 것입니다.

C) 주정부나 자신이 거주하는 시 정부에서 이민자들을 위한 배려를 많이 하는 곳인지를 알아보아야 합니다.

D) 기후가 좋아야 합니다(너무 덥거나 추운 지방과 비가 많이 오는 곳과 태풍이 잦은 곳은 사업하기가 다소 불리한 경우가 있기 때문입니다.).

E) 이민 초기에 영어가 서툰 경우에 한인들이 많이 사는 곳에서 2~3년 동안 미국 실정을 익힌 후에 본인이 원하는 곳으로 이사를 하는 것도 좋은 방법입니다.

F) 자녀들이 있는 경우는 명문 학교들이 많이 모여 있는 곳.

G) 농산물이 풍부하며 물가가 저렴한 곳.

H) 한국을 왕래하기가 편리한 곳(한국과의 거리가 멀수록 항공료의 차이가 많이 나기 때문입니다.).

I) 관광, 스포츠, 문화, 예술을 동시에 즐길 수 있으며 한국의 공연도 자주 접할 수 있는 곳.

상기의 9가지 사항을 종합하여 보면 미국에서 한국인뿐만 아니라 다른 나라에서 이민을 오는 사람들에게도 가장 인기가 있는 곳은 캘리포니아 주이며 도시로는 로스앤젤레스라고 할 수가 있습니다.

유학생으로써 박사과정을 거쳐서 대학교교수가 된다던지, 경제계에서 일을 할 예정 이던지, 유명한 의사가 되던지, 공학 분야에서 두각을 나타내고 싶으면서 가정의 형편이 여유가 있을 경우는 동부의 아이비리그대학이 있는 곳에서 학교를 다니는 것이 좋습니다.

그러나 가정 형편이 넉넉하지 않은 학생이나 가족이 함께
미국에서 영주권이 없는 상태에서 정착을 하기에는 한인
들이 가장 많이 살고 있는 로스앤젤레스가 적합하다고 봅
니다.

처음 한국에서 와서 로스앤젤레스의 한인 타운에 도착해
보면 상당히 실망을 하게 됩니다. 이유는 한인들이 몇 십
만 명이 사는 미국인데도 고층 빌딩도 별로 없고 한인 타
운은 한국의 면이나 읍 소재지 정도의 느낌 밖에 들지가
않으며 생활환경은 한국의 1980년대나 1990년대 정도로
밖에 보이지가 않기 때문입니다.

그래서 어떤 방문객들은 한인 타운에서 몇 개월 살면서 미
국의 참 모습은 보지도 못하고 돌아가서는 미국을 가보니
형편이 없더라고 들 합니다. 한인 타운은 미국에서 생활
등급을 5등급으로 나눌 경우에 4등급 정도에 속한다고 보
면 되겠습니다.

한인 타운에서 30분만 차를 타고 가면 대부분의 한국 사람
들은 아! 이것이 미국이구나! 왜 미국에 가려고 하는지 그
이유를 알겠다고 그때서야 비로소 이해를 하게 되는 것입
니다.

한인 타운은 미국에서 제대로 정착을 하기위해서 거쳐 가
는 곳이라고 생각을 하면 되겠습니다. 보통 한인 타운에서
2~3년 고생을 해서 자리를 잡으면 대부분 생활환경이 좋
은 지역으로 이사를 가게 되어 있습니다.

로스앤젤레스가 초기 이민자들에게 인기가 있는 이유는
캘리포니아 주에 약 60~70만 명의 한인들이 살고 있으며,
로스앤젤레스 근처는 대략 30만 명 전후의 한인들이 거주
를 하고 있으며 LA의 한인 타운 경우는 영어를 할 줄 모르
는 사람이라도 생활하는데 불편함을 별로 느끼지 않습니
다. 또한 LA 한인 타운은 한인들 업체가 많기 때문에 영어
를 못해도 취업하기가 어렵지 않습니다.

LA가 속해 있는 캘리포니아 주의 기후는 미국에서 가장
좋은 곳이라고 할 수가 있습니다. 이곳은 한국처럼 태풍이
나 홍수, 장마, 가뭄으로 인한 피해가 거의 없으며, 단지 지
진지대라는 단점은 있지만 이것 또한 별로 문제는 되지 않
습니다.

여름에는 날씨가 섭씨 30도 이상이 되어도 습도가 낮기 때
문에 그늘에만 들어가면 시원합니다. 겨울의 낮의 온도는
섭씨 20도 전후이며, 밤은 섭씨 10도 내외이나 산에 올라가
면 12월부터 5월 중순까지 눈이 오기 때문에 스키를 즐기
기에 좋은 여건을 갖추고 있습니다.

그리고 항상 습도가 낮아서 한국에서 신경통이 있는 노인
들이 LA에서 살면 신경통이 없어지기 때문에 노인들이 살
기에 적합한 곳이라고 할 수가 있습니다.

또한 로스앤젤레스는 다른 지역에 비해서 농산물과 과일
이 풍부하며 가격도 저렴한 편입니다.

그리고 캘리포니아는 산과 바다가 인접하여 경치 좋은 곳이

많으며 디즈니랜드, 라스베가스, 그랜드캐년 등이 가까이에
있으며 사시사철 푸른 잔디에서 골프를 즐길 수도 있고 낚시,
각종 스포츠, 문화, 예술 등을 즐길 수가 있습니다.
세계적인 휴양지와 온천장이 많이 있는 것도 자랑거리입니다.

교육의 경우는 하버드나 예일대학 등 아이비리그에 속해
있는 곳에 비해서는 다소 떨어지지만 그래도 세계적으로
이름 있는 UC 버클리, UCLA, USC, 칼텍공과대학, 파사데
나 ART CENTER 등 유명한 대학들이 많이 있습니다.
음식의 경우는 LA는 한국의 웬만한 이름 있는 음식은 다
들어와 있다고 해도 과언이 아니며 일본, 중국, 이태리, 프랑스,
러시아, 멕시코, 이스라엘, 베트남, 태국, 브라질, 인도, 아프리
카 등 전 세계의 음식들을 항상 먹을 수가 있습니다.

뉴욕의 경우 기후 조건은 서울과 비슷한 편입니다.
뉴욕은 세계적인 상업의 중심지인 만큼 영어를 할 줄 알면
취업이나 사업을 하기 좋은 반면, 영주권이 없는 초기 이민자
의 경우는 생활하기가 LA에 비해서 어려운 편입니다.
시카고의 기후는 서울과 비슷하며 LA와 뉴욕 다음으로 한
인들이 많이 살고 있으나 요즘은 다른 도시에 비해서 경기
가 침체되고 있는 경향이기 때문에 한인 인구가 감소되는
현상입니다.
애틀랜타는 요즘은 새롭게 발전하는 도시로 각광을 받고
있으며, 부동산 가격이 뉴욕이나 LA의 3분지 1정도의 가

격 밖에 되지를 않아서 뉴욕이나 시카고에서 거주하던 한
인들이 많이 몰려들고 있는 실정입니다. 이곳의 기후는
LA와 비슷하나 산과 바다가 없이 평지로만 되어 있어서
관광을 할 만한 곳이 없습니다.

이곳의 한인 수는 8만 명이며 한국과의 직항 노선이 있어
서 한국을 왕래하기가 용이합니다.

한인 타운이 아직까지 제대로 형성이 되어 있지를 않아서
주로 미국인을 상대로 하는 사업을 하여야 하기 때문에 초
기 이민자들은 LA 같은 곳에서 미국 생활을 어느 정도 익
힌 다음에 이곳으로 이주하여 정착을 하는 것이 좋을 것입
니다.


라스베이거스의 경우도 애틀랜타와 마찬가지로 개발 붐이
일어나면서 한인들의 유입인구가 상당히 많아지고 있는
실정입니다.

실제 거주하는 한인 수는 4만 명 전후에 달합니다.

라스베이거스는 사막지역이기 때문에 여름에는 평균 섭씨
40도 전후이므로 낮에는 걸어 다닐 수 없을 정도로 덥기
때문에 에어컨이 없이는 생활하기가 어려운 형편입니다.
그리고 비 영주권자의 경우는 취업하기가 상당히 어려운 곳이
기 때문에 비 영주권 소지자는 생활하기가 쉽지가 않습니다.

## 30. 주별 한인 인구 실태

| 주 | 2008년 센서스 | 중간가구소득 | 1인당 개인소득 | 주택소유율 |
|---|---|---|---|---|
| 캘리포니아 | 414,105명 | $54,025 | $28,320 | 42.5% |
| 뉴욕 | 132,425명 | $50,553 | $27,929 | 33.2% |
| 뉴저지 | 85,868명 | $69,016 | $33,024 | 52.4% |
| 일리노이 | 62,776명 | $57,313 | $28,757 | 62.8% |
| 콜로라도 | 20,105명 | $51,570 | $23,405 | 57.4% |
| 플로리다 | 25,451명 | $44,101 | $25,854 | 62.7% |
| 조지아 | 42,760명 | $53,968 | $22,124 | 65.2% |
| 하와이 | 23,091명 | $40,439 | $25,494 | 46.7% |
| 메릴랜드 | 45,177명 | $60,619 | $27,627 | 65.8% |
| 매사추세츠 | 20,985명 | $57,726 | $29,086 | 44.4% |
| 미시간 | 25,180명 | $43,266 | $21,682 | 51.7% |
| 펜실베이니아 | 36,992명 | $49,263 | $22,973 | 51.8% |
| 텍사스 | 59,585명 | $41,073 | $22,128 | 51.9% |
| 버지니아 | 61,616명 | $64,178 | $29,545 | 64.7% |
| 워싱턴 | 56,732명 | $48,511 | $23,583 | 55.0% |

| 도시 | 2008년 센서스 | 중간가구소득 | 1인당 개인소득 | 주택소유율 |
|---|---|---|---|---|
| 로스앤젤레스 | 276,525명 | $61389 | $26,521 | 38.4% |
| 뉴욕 | 190,900명 | $66,775 | $31,111 | 40.1% |
| 샌프란시스코 | 41,089명 | $84,491 | $36,659 | 44.0% |
| 산호세 | 26,466명 | $94,976 | $38,696 | 44.8% |
| 워싱턴DC | 71,262명 | $75,213 | $30,972 | 66.9% |
| 시카고 | 56,223명 | $78,180 | $30,395 | 65.9% |
| 애틀랜타 | 35,392명 | $67,527 | $23,666 | 67.2% |
| 볼티모어 | 22,609명 | $66,840 | $26,474 | 66.5% |
| 댈러스 | 25,377명 | $55,750 | $22,847 | 51.3% |

| | | | | |
|---|---|---|---|---|
| 필라델피아 | 33,041명 | $56,622 | $24,541 | 56.3% |
| 시애틀 | 45,653명 | $53,762 | $24,838 | 54.2% |

- 로스앤젤레스, 뉴욕, 샌프란시스코 등이 다른 도시에 비해서 주택 소유율이 낮은 이유는 주택 가격이 다른 도시에 비해서 2배 이상 비싼 것이 이유일 수가 있습니다.
- 상기에 표기된 인구수는 연방 센스서국의 통계자료이며 실제 거주 인구는 통계자료 보다 30~50% 이상 더 많다고 보아야 할 것입니다.

# DRIVER LICENSE(운전면허증)취득에 대하여

방문비자나 유학비자 등 비자 종류에 상관없이 단순여행이 아닌 미국에 체류할 목적으로 오면 각 주마다 조금씩은 다르지만 캘리포니아의 경우는 거주지에 정착을 할 경우나 직장을 구할 경우 10일 이내에 거주지의 운전면허증을 취득하여야 합니다. 많은 사람들이 한국이나 외국에서 올 때 국제운전면허증을 발급받아 오면 1년 동안 자동차를 운전할 수 있다고들 알고 있는데, 이것은 잘못된 상식입니다. 일부 주는 국제면허증으로 운전을 할 수도 있지만 한국 사람이 가장 많이 사는 캘리포니아의 경우는 렌터카 회사에서 자동차를 렌트해서 사용하는 것 이외는 국제면허증으로 운전을 할 경우 무면허가 되며, 운전하던 자동차까지 1달 이상 압류를 당하여 낭패를 보는 경우가 많이 있으니 이 점을 각별히 주의를 하여서 일단 미국에 도착을 하게되면 자신이 거주하는 지역의 운전학교(로스앤젤레스의 경우 전화번호 213-272-7498)로 전화를 하여서 본인의 체류신분을 말한 다음 운전면허 취득 여부를 알아보는 것이 좋습니다. 미국에서는 방문자나 불법체류자에 대한 운전면허 취득에 관한 법이 수시로 바뀌기 때문입니다.

## 1. 미국 생활에 있어서 운전면허증이 중요한 이유는?

첫째 미국은 New York 등 일부 지역을 제외하고는 대중교통이 발달하지 않아서 자동차가 없을 경우 상당한 불편을 겪을 수밖에 없습니다.

둘째 운전면허증은 신분증으로 사용되기 때문에 은행계좌 개설이나 자동차구입, 보험가입, 취업, 관공서출입, 항공기 탑승 등 한국의 운전면허증과 같은 역할을 하기 때문입니다.

셋째 자동차 보험 가입 시 운전 면허증을 취득한지 3년 이상이 지나면 보험료 할인을 많이 받을 수 있으며 보험료 산출시 가족 중 가장 늦게 운전면허를 취득한 사람을 기준으로 보험료가 산출되므로 17세 이상 가족은 당장 운전을 하지 않더라도 미리 운전면허증을 취득하여 두는 것이 좋습니다.

넷째 일반 방문비자가 아닌 무비자로 입국한 사람은 운전면허증이나 I.D CARD 등 어떠한 신분증도 취득을 할 수가 없으니, 단순 관광이 아닌 3개월 이상 체류를 할 경우 방문비자를 발급받아서 입국을 하여 운전면허증이나 I.D CARD(신분증)을 만들어 두는 것이 좋습니다.

다섯째 미국 운전면허증을 가지고 한국에 나갔을 때 별도로 운전면허 시험을 치르지 않고 2시간의 인성 교육만 받으면 한국 운전면허증을 발급 받을 수가 있습니다.
일반적으로 미국에 장기 체류나 정착을 하기 위해서 오는 사람들 중 일부는 미국에서의 운전면허 취득 경비를 줄이기 위해서 한국에서 운전면허증을 취득하여 오는 경우가 많이 있는데, 이것은 이중으로 경비를 지출하는 결과가 됩니다. 또한 한국에서 10~20년간 운전을 한 경력자도 미국의 운전시험 룰을 알지 못하면 운전 시험에 합격하기가 매우 어렵다는 것을 알고 계셔야 합니다. 그 이유는 미국의 운전 시험 방식이 한국과 많은 차이가 있는데 이 시험 룰 자체가 어려운 것은 아니지만 한국과 미국의 운전시험 방식이 틀리기 때문에 한국에서 운전을 오래한 사람일수록 이 룰을 습득하는 것이 쉽지가 않은 것입니다. 비록 아무리 한국에서 오랫동안 운전을 잘 한 사람일지라도 일단 학원에 등록하여 제대로 미국의 운전 룰을 습득한 후에 실기시험을 치는 것이 시간과 경비를 절약할 수가 있습니다. 그러나 다음 장에 나오는 "주행시험 Check point" 대로만 연습을 하면 운전 학원에 다니지 않고서도 합격을 할 수가 있습니다.

## 2. 운전면허 취득에 소요되는 기간 및 경비

미국에서 운전면허 취득에 소요되는 기간(로스앤젤레스 한인 타운 기준)은 운전 학원에서 정식으로 교육을 받았을 경우(1일 2시간 교육기준) 대략 다음과 같습니다.

- 운전 경험이 있는 남성의 경우 :
  - 40세 이하 : 4~8시간
  - 40~45세 : 6~10시간
  - 55세 이상 : 10~20시간
- 운전 경험이 없는 남성의 경우 :

- 30세 이하 : 12~18시간
- 30~40세 : 14~20시간
- 40~55세 : 20~30시간

• 운전 경험이 있는 여성의 경우 :
- 40세 이하 : 6~10시간
- 40~55세 : 8~14시간
- 55세 이상 : 14시간 이상

• 운전 경험이 없는 여성의 경우 :
- 40세 이하 : 14~20시간
- 40~50세 : 20~40시간
- 50~60세 : 40~60시간

• 소요 경비
- 운전 교습 비용 : 시간 당 $40 전후(지역에 따라 다소 차이가 있습니다.)
- 운전 실기 시험 비용 : 시간 당 $40~50(거리에 따라 다소 차이가 있습니다.)(도심에서 2~3시간 떨어진 시골에서 시험을 칠 경우는 $300 이상입니다.)

로스앤젤레스에서 약 2시간 정도 떨어진 시골에서 실기 시험을 칠 경우 경비를 $300 이상을 지불해야 하는데 이곳은 인적이 드물고 차량 통행이 적어서 실기 시험을 치기는 좋으나 시골이라고 해서 무조건 합격을 시켜 주는 것이 아니라 룰을 완전히 숙지하지 않으면 합격을 하지 못하고 $300 이상의 경비만 손해를 보고 다음날 또 $300 전후의 경비를 지불하고 시험을 쳐야하기 때문에 시험을 치기 전에 반드

시 충분한 연습이 필요하다는 것을 명심하여야 할 것입니
다. 만약 비용관계로 운전학원 차량을 이용하지 못할 경우
는 개인차량을 이용하여 실기시험을 칠 수가 있으며 이때
는 운전면허 소지자가 동행을 하여야 하며 차량 보험증과
등록증(Registration Card), 그리고 동행자의 운전면허증
이 있으면 됩니다.

특히 운전면허 시험을 치기 전에 반드시 명심을 하여야 할
사항은 우선 운전면허시험에 합격만을 위해서 미국의 교
통법규도 제대로 숙지하지 못한 상태에서 운 좋게 운전면
허 시험에 합격을 하게 되면 일반도로나 고속도로 주행 시
교통경찰로부터 티켓을 받기가 쉽습니다. 미국에서는 티켓
을 받게 되면 최하 100여 달러에서 1,000달러 이상까지 벌
금을 내야 함과 동시에 8시간 교통 위반자 교육을 받아야
하는데 이렇게 되면 벌금도 벌금이지만 직장을 다니던지
사업을 하는 경우에 교육 받을 시간이 없어서 교육을 받지
못하면 벌점이 올라가고 벌점이 올라가게 되면 벌점에 따
라 보험료가 상당히 올라가기 때문에 운전을 하기 전에 다
소 경비가 들더라도 운전 학원에서 도로교통 법규를 배워
두는 것이 좋습니다.

참고로 LA 한인 타운의 경우 한인들만 교통위반 티켓을
받는 경우가 년 간 13,000건 이상이라는 통계자료가 있습
니다. 이것은 한마디로 한인들이 미국의 도로교통법을 중
요시하지 않고 한국식으로 운전을 하기 때문입니다.

## 3. 불법 체류자도 운전면허증을 발급 받을 수 있을까요?

미국에서는 각 주마다 불법체류자에 대한 운전면허증 발급 기준이 다르며 또한 운전면허 발급에 대한 법령이 수시로 변하기 때문에 항상 체류신분이 지나기 전에 운전면허 정보에 대해서 알아보아야 하며 로스앤젤레스의 경우는 (213)365-1533이나 이메일 migukguide@yahoo.co.kr로 문의를 하면 상세한 정보를 알 수가 있습니다.

## 4. 미성년자 임시 운전면허증 발급 요건

미성년자라고 하면 만 18세 이하를 말하며 미국은 만 15세 6개월이 되면 학교나 운전학원 또는 인터넷으로 30시간 이론 교육을 이수한 하고 나서 DMV(차량국)에 가서 필기시험을 친 후 자동차 연수용 임시 면허증을 교부받아 부모나 25세 이상의 운전면허 소지자가 함께 동승하여 실기 연습을 하며 6개월이 지나면 실기시험을 칠 수가 있는데, 이때 운전 이론 교육과 도로운전 실습을 완수하였다는 것을 증명하는 서류(Certification of Completion of behind-the-wheel driver Training)를 운전학원에서 교부받아서 실기 시험시 DMV(차량국)에 제출합니다. 실기시험은 한국처럼 S자, T자 같은 코스 시험은 없으며 일반 도로를 약 20~25분 동안 시험관이 동승하여 시험을 치게 됩니다. 미성년자가 18세가 되면 운전면허증을 갱신하여야하며 이때는 임시(Provisional)라는 문구가 삭제된 일반 운전면허증이 발급됩니다. 미성년자의 경우 운전면허증 취득 후 첫

12개월 동안은 밤 11시부터 새벽 5시 사이에는 운전을 할
수가 없으며 부모, 보호자, 25세 이상의 운전면허 소지자가
동승하지 않을 경우 20세 미만의 탑승자를 태워서 운전을
할 수가 없습니다. 이 경우 각 주마다 법이 조금씩 다르니
운전 실기 시험에 합격을 하면 차량국(DMV)에서 "Drive
Hand Book"을 달라고 해서(무료) 반드시 규정을 읽어보는
것이 좋습니다.

## 5. 운전면허 종류

운전면허 종류는 상업용 A종 면허, 소방관용 A종제한 면
허, 비상업용 A종 면허, 상업용 B종 면허, 비상업용 B종
면허, 기본 C종 면허, 상업용 C종 면허 등이 있는데 일반적
으로 사용하는 것은 기본 C종 면허이며 이 면허로 운전할
수 있는 차량은

A) 총 차량 중량이 26,000파운드 이하인 차축이 두 개인 차량

B) 총 차량 중량이 6,000파운드 이하인 차축이 세 개인 차량

C) 40피트 이하인 하우스 카

D) 운전자를 포함하여 10~15명이 탑승하도록 설계된 승
합차(Van) 등인데 쉽게 풀이하면 일반승용차와 10인용
밴이라고 생각을 하면 됩니다.

## 6. 운전면허 필기시험 절차(캘리포니아의 경우)

A) Written Test(필기시험)를 치기 위해서 집에서 가까운
DMV(차량국)에 전화(캘리포니아의 경우 무료전화 1-

800-777-0133)를 하거나, 웹사이트 www.dmv.ca.gov에서 예약을 합니다. 예약을 하지 않고 직접 DMV에 가서 대기를 하였다가 필기시험을 칠 수도 있으나 이 경우 2~6시간 정도가 소요됩니다. 필기시험의 경우 뉴욕이나 로스앤젤레스 등 한인들이 많이 사는 곳에서는 한글로 시험을 볼 수가 있으나 다른 곳은 영어가 미숙할 경우 통역관을 대동하면 됩니다. 단 18세 이하 미성년자는 한글 시험이 없으며 영어로만 시험을 쳐야합니다.

B) 필기시험을 치러갈 때 가져가야 할 서류는 여권, I-94 (입국 시 공항에서 발행), VISA(여권에 찍혀있지 않을 경우 별도 지참), I-20(학생 비자일 경우)이며 시력이 나쁜 사람은 반드시 안경이나 콘택트렌즈를 착용하여야 합니다. 접수비는 주마다 조금씩 다르며 대략 $28~$40 정도입니다.

C) DMV에 도착하면 먼저 Information(접수) 창구에 가서 대기 순서표와 "DRIVER LICENSE CARD APPLICA TION"을 받아서 신청서를 작성하고 TV 모니터를 주시하면서 기다리다 보면 자신의 번호가 나오면서 몇 번 창구로 오라고 합니다. 이때 지정된 창구로 가서 신청서와 여권과 해당 서류를 제출하면 서류를 검토한 후 이상이 없으면 시력 검사를 하고 접수비를 받고는 몇 번 창구로 가서 사진을 찍으라고 합니다. 그러면 사진 찍는 창구로 가서 사인을 하고 지문을 찍은 다음 사진을 찍고 나면 한국어로 시험을 칠 것인지 질문을 합니다. 이때 Yes라고 대답을

하면 한글로 시험 볼 것을 기록 하고는 시험 장소를 안내합
니다.

필기시험 장소에 들어가서 필기시험을 치는데 이곳에
는 연필도 준비가 되어 있으며 정해진 시험 시간은 없
으며 어떤 주는 컴퓨터로 시험을 치는 곳도 있습니다
(시험문제는 캘리포니아의 경우 한인 전화번호부에 있
는 필기시험 문제지를 참고하시면 됩니다.). 답안지 작
성이 끝나면 즉석에서 채점을 하고 합격증을 내어줍니
다. 불합격 시는 다음날 다시 시험을 칠 수가 있습니다.
합격증에는 "INSTRUCTION PERMIT"이라고 되어
있으며, 이것을 가지고 실기연습을 할 수 있으나 반드
시 옆 좌석에 21세 이상 된 운전면허 소지자가 동승을
하여야 합니다.

D) INSTRUCTION PERMIT을 가지고 예약 창구로 가서
실기 시험날짜와 시간을 미리 예약해 두는 것이 좋습니
다. 그 이유는 보통 예약 후 1~2주일 후에 실기 시험을
칠 수가 있기 때문입니다.

E) 운전면허 소지자가 타주로 이사를 가게 되면 운전면허
를 갱신하여야 하는데 이때 캘리포니아 같은 곳은 필기
시험을 쳐야 하나 어떤 주는 필기시험 없이 갱신이 되
는 곳도 있습니다.

F) 운전면허 시험에 도저히 자신이 없는 사람이나 노약자
들은 운전면허증 대신에 "IDENTIFICATION CARD"
(보통 ID카드라고 부릅니다)를 발행 받아서 신분증으

로 사용을 하면 됩니다.

ID CARD 신청 절차는 운전면허증 신청방법과 동일합
니다.

G) 인터넷으로 필기시험 예약하는 방법(캘리포니아의 경우)

• www.dmv.ca.gov를 클릭합니다.

• Online Services에서 More Online Services를 클릭합
니다.

• Schedule Appointment Online을 클릭합니다.

• Office Visit Appointment를 클릭합니다.

• Map CA DMV Office 바로 밑 공간을 클릭하면 LA를
비롯한 캘리포니아 전지역 DMV List가 나오는데 이때
본인이 방문하고자 하는 지역을 클릭합니다.

• How many items would you like to process?에서 1
item에 ×표를 합니다.

Apply for replace or renew a California Driver's License
Customer(s) Information난에 First name, Last name,
Telephone Number를 기록한 후(추가 인원이 있을 경우는
추가 인원을 기록) "Submit"를 클릭하면 "The first
available Appointment for this Office is on Tuesday, July
20, 2009 at 09 : 00 AM(예를 든 것임) 이라고 나오는데 이
것은 DMV에서 정한 가장 빠른 날짜입니다. 이 날짜가 좋
으면 옆에 있는 "Schedule this Appointment"를 클릭 한
후 "Confirm"을 클릭하면 Confirmation Number와 날짜가
나오는데 이것을 Copy해서 정해진 날짜에 DMV에 가서

Information 창구에 제출을 하면 됩니다.

상기 날짜가 마음에 들지 않을 경우는 DMV에서 지정한 날짜 밑에 있는 공란에 날짜와 시간을 기록하고 Check for Availability를 클릭하고 Schedule for this Appointment를 클릭한 후 Confirm을 클릭하고서 Copy를 하면 됩니다.

• 다른 지역도 DMV 웹사이트 번호만 알아서 상기와 동일한 방법으로 예약을 하면 됩니다.

• 운전면허 필기시험은 한인들이 많이 살고 있는 캘리포니아 등 에서는 한글로 필기시험을 볼 수가 있으며 필기시험 문제지는 한인 전화번호부 안에 수록이 되어 있으며 아니면 운전학원에서 구할 수가 있습니다.

## 7. DRIVER LICENSE OR IDENTIFICATION CARD APPLICATION(운전면허증 혹은 ID 카드 발급신청서 작성방법)

(캘리포니아의 경우)

A) PURPOSE FOR TOUR VISIT :

Original ID/Permit의 "ㅁ란"에 "×표"를 합니다.

ID Card를 신청할 경우는 IDENTIFICATION CARD(ID)의 "ㅁ란"에 "×표"를 하면 됩니다.

운전면허증과 ID CARD를 함께 신청할 경우는 상기 두 곳에 "×표"를 하면 됩니다.

B) PLEASE PROVIDE THE FOLLOWING

Driver License or ID Card Number, State or Country, Expires는 공난으로 남겨둡니다. Birth Date는 생년월일을 기재합니다.

Social Security Number는 없을 경우 공란으로 남겨둡니다.

First Name은 이름(예 : Kildong)을 기재하고 Middle Name은 공란으로 두고 Last Name은 성(예 : Hong)을 기재합니다.

성을 기재할 때 기혼 여성의 경우 본인의 성을 기재할 수도 있고 남편의 성을 함께 기재할 수도 있으나 여권에 표기된 대로 하는 것이 좋습니다.

Mailing Address는 현재 미국 주소를 기재합니다.

Address Where You Live는 공란으로 둡니다.

Sex는 남자의 경우 M의 "ㅁ"에 "×"표시를 하고 여성의 경우는 F의 "ㅁ"에 "×"표시를 합니다. Hair Color는 "Black"이라고 기재를 하고 Eye Color는 "Brown"이라고 기재를 합니다. Height는 키를 Cm를 Feet로 환산을 하여서 기재합니다(예를 들면 168cm일 경우 5'6"으로 기재를 합니다.). Weight는 몸무게를 Kg을 파운드로 환산하여서 기재를 합니다(예를 들면 65Kg일 경우 145Lb로 기재합니다.).

C) COMPLETE THIS SECTION ONLY IF YOU ARE NOT ELIGIBLE FOR A SOCIAL SECURITY NUMBER :

이곳은 Social 번호가 없을 경우 DMV직원이 사인을
하라고 하면 사인을 하고 날짜를 기록합니다.

D) LICENSE NEEDS :

BASIC LICENSE는 Basic Class C 의 "ㅁ"에 "×"표시
를 합니다.

E) THE FOLLOWING QUESTION MUST BE ANSWERED :

A번은 No의 "ㅁ"에 "×"표시를 합니다.

B번은 No의 "ㅁ"에 "×"표시를 합니다.

C번은 No의 "ㅁ"에 "×"표시를 합니다.

F) DO YOU WISH TO REGISTER TO VOTE OR
CHANGE POLITICAL
AFFILIATION OR VOTER ADDRESS?

이곳은 시민권의 투표에 관한 것으로서 No의 "ㅁ"에
"×"표시를 하면 됩니다.

G) DO YOU WISH TO REGISTER TO BE AN ORGAN
AND TISSUE DONOR?

이 부분은 사망 시에 장기기증을 하기를 원하면 Yes의
"ㅁ"에 "×"표시를 하고 그렇지 않을 경우는 $2를 기증
하겠다는 "ㅁ"에 "×"표시를 하여야 하는데 $2 내기를
원하지 않을 경우는 "×"표시를 하지 않으면 됩니다.

H) FOR DRIVER UNDER 18, PARENT/GUARDIAN
SIGNATURES REQUIRED :

이곳은 18세 미만의 미성년자가 신청할 경우 부모가 날
인을 하는 곳이기 때문에 공난으로 남겨 둡니다.

A Public Service Agency

HQ
MICROGRAPHICS
USE ONLY

B451161864

**44**

# DRIVER LICENSE OR IDENTIFICATION CARD APPLICATION

*DO NOT DUPLICATE*

**1** PURPOSE FOR YOUR VISIT: ✓ the appropriate box(es). *PRINT USING BLACK OR BLUE INK ONLY.*
READ ALL INFORMATION PROVIDED ON THE FRONT AND BACK OF THIS FORM.

| DRIVER LICENSE (DL) | IDENTIFICATION CARD (ID) | NAME CHANGE/ CORRECTION | FOR DMV USE ONLY |
|---|---|---|---|
| ☐ Original DL/Permit ☐ Remove Restriction | ☐ Original ID Card/Renewal | | BD/LP Code |
| ☐ Renewal ☐ Change/Add Class | ☐ Senior ID Card/Renewal (Age 62+) | ☐ DL | State/Country |
| ☐ Duplicate | ☐ Replacement | ☐ ID CARD | DOCUMENT# |
| ___ Lost ___ Stolen | ___ Lost ___ Stolen | *Complete Parts 2,* | Review: Primary |
| *Complete Parts 2 through 8.* | *Complete Parts 2, 3, 5A, 6 & 7 only.* | *3, 5, 6 & 7 only.* | Secondary Tech ID/Date |

**2** PLEASE PROVIDE THE FOLLOWING:
NOTE: You must use your true full name. Original documentation may be required. Refer to the *California Driver Handbook.*

| Driver License or ID Card Number | State or Country | Expires MO / DAY / YR | Birth Date MO / DAY / YR | Social Security Number |
|---|---|---|---|---|

| First Name | Middle Name | Last Name | Suffix (Jr., Sr., III) |
|---|---|---|---|

Mailing Address, P.O. Box, or Private Mail Box *(include Box Number, St., Ave., Rd., Blvd., etc.)* Number, Street, Apt/Space No., City, State, Zip Code

Address Where You Live *(if different from mailing address)*, Number, Street, Apt/Space No., City, State, Zip Code

| Sex ☐ M ☐ F | Hair Color | Eye Color | Height | Weight |
|---|---|---|---|---|

**3** COMPLETE THIS SECTION ONLY IF YOU *ARE NOT* ELIGIBLE FOR A SOCIAL SECURITY NUMBER:

I certify under penalty of perjury under the laws of the State of California that no Social Security Number has ever been issued to me and I am not presently eligible for a Social Security Number. I understand that pursuant to Vehicle Code Section 12801 I must provide my Social Security Number to the Department of Motor Vehicles when one is assigned to me.

Signature
X _____    Date _____

**4** LICENSING NEEDS: ✓ the appropriate box(es). Refer to the *California Driver Handbook for additional information.*

BASIC LICENSE ☐ Basic Class C ☐ Motorcycle
*If basic license only, go to Part 5.*

NON-COMMERCIAL LICENSE ☐ AMBULANCE CERTIFICATE
☐ Class A ☐ Class B

**5** THE FOLLOWING QUESTIONS MUST BE ANSWERED:

A. Have you applied for a Driver License or Identification Card in California or another state/country using a different name or number within the past ten (10) years? .................................................................................. ☐ Yes ☐ No
If yes, print name, DL/ID number, and state or country _____

B. Have you had your driving privilege or a driver license cancelled, refused, delayed, suspended, or revoked? .............. ☐ Yes ☐ No
If yes, indicate date and reason below.
DATE _____    REASON _____

C. Within the last five years, have you had or experienced any of the medical conditions specified on the back of this form that affects your ability to operate a motor vehicle safely? *Please read the "Medical Information" on the back of this form before answering.* .................................................................................. ☐ Yes ☐ No
If yes, briefly explain: _____

**6** DO YOU WISH TO REGISTER TO VOTE OR CHANGE POLITICAL AFFILIATION OR VOTER ADDRESS?

| DO YOU WISH TO REGISTER TO VOTE OR CHANGE POLITICAL AFFILIATION? | Y ☐ YES—Complete the attached voter form. N ☐ NO—Do not complete attached voter form. | VOTER CHANGE OF ADDRESS | I am a registered voter. I moved and wish to update my voter record. C ☐ to a new county—Complete the attached voter form. S ☐ within the same county—Do not complete the attached form. Your voter record will be automatically updated. |
|---|---|---|---|

**7** DO YOU WISH TO REGISTER TO BE AN ORGAN AND TISSUE DONOR?

| DO YOU WISH TO REGISTER TO BE AN ORGAN AND TISSUE DONOR? | ☐ YES! I want to be an organ and tissue donor. ☐ $2 voluntary contribution to support and promote organ and tissue donation. | If you mark "YES!" you will be added to the Donate Life California organ and tissue donor registry and a pink donor dot will be printed on the front of your driver license or identification card. If you are currently registered, you must check "YES!" to have the pink donor dot printed on your license or identification card. If you wish to remove your name from the donor registry, you must contact Donate Life California (see back). The Department of Motor Vehicles can only remove the pink donor dot from your license or identification card. |
|---|---|---|

**8** FOR DRIVER UNDER 18, PARENT/GUARDIAN SIGNATURES REQUIRED:
If both parents/guardians have joint custody, *BOTH MUST SIGN.* I/We accept civil liability for this minor.

| Mother's/Guardian's Signature X | | Date | Daytime Phone Number ( ) |
|---|---|---|---|
| Address Street | Apt No. | City | State Zip |

| Father's/Guardian's Signature X | | Date | Daytime Phone Number ( ) |
|---|---|---|---|
| Address Street | Apt No. | City | State Zip |

**9** CERTIFICATION: I have read, understand and agree with the contents of this form, including the certifications on the BACK of this form. *I certify (or declare) under penalty of perjury under the laws of the State of California that the foregoing is true and correct.*

## STOP  Do not sign until instructed to do so by a DMV employee.

Applicant's Signature
X _____

| Date | Daytime Phone Number ( ) | FOR DMV FIELD OFFICE USE ONLY |
|---|---|---|

DL 44 (REV. 1/2008)

I) CERTIFICATION :

이 부분은 Date 에 날짜를 적고 Daytime Phone Number
에 전화번호를 기록하고 Applicant's Signature에는 미리
인을 해서는 안 되며 DMV직원이 사인을 하라고 할 때
사인을 하면 됩니다.

## 8. DRIVER TEST(도로 주행시험) 절차

A) 주행 시험을 치르기 위해서는 먼저 예약을 하여야 하는데
예약을 하는 방법은 첫째, 운전 학원에 의뢰를 하면 운전
학원에서 예약을 대행해 주며 본인이 예약을 할 경우는
DMV에 전화(캘리포니아의 경우 무료전화1-800-777-
0133)를 해서 예약을 하던지, 필기시험 직후 DMV에서
예약을 하면 "APPOINTMENT RESPONSE"라고 된 예
약 날짜와 시간이 적힌 용지를 내어 줍니다. 전화로 예약을
할 경우는 반드시 통화한 사람의 이름과 통화한 시간을
적어 놓는 것이 좋습니다. 또는 인터넷을 통하여 필기시험
을 예약하는 방식대로 예약을 하면 됩니다.

B) 주행시험 예약을 할 경우 지역에 따라 3~20일 정도 기다려
야 하기 때문에 미리 예약을 하고 나서 주행연습을 하는
것이 좋습니다. 빨리 운전면허증을 취득해야 할 경우는
운전학원에 문의하면 방법을 가르쳐 줍니다.

C) 운전학원을 통하지 않고 개별적으로 주행시험을 치러
갈 경우는 필기시험 합격증, 자동차 보험증, 자동차 등
록증(Registration Card) 및 동승자의 운전면허증을 소

지하여야 합니다(신분 확인을 위해 여권도 준비 하는 것이 좋습니다.).

D) 예약시간 30분 전에 DMV에 도착하여 Office 의 Drive Test 창구로 가서 상기 서류를 제출하면 확인 후 차를 가지고 Drive Test Lane에 가서 줄을 서라고 합니다(LA Down Town DMV의 경우는 Office에서 접수를 하지 않고 곧장 Drive Test Lane으로 차를 타고 가서 줄을 서 있으면 시험관이 직접 와서 서류를 확인합니다.).

E) 주행시험 소요시간은 약 20~25분 정도 소요됩니다.

F) 주행코스는 한국처럼 학원 내에 정해진 코스가 있는 것이 아니라 DMV를 출발해서 DMV근처의 일반 도로를 주행하는 것입니다.

## 9. 도로 주행 전에 테스트 하는 것

합격 점수는 100점 만점에 70점(어떤 주는 80점) 이상이 되어야 합격을 하는데, 잘못하였을 경우 2점 감점짜리가 있고 실격이 있으며 실격 사유는 교통경찰이 티켓을 발부할 상황 내지는 운전연습이 더 필요하다고 시험관이 판단할 경우 입니다.

본인의 차례가 되면 시험관이 와서 "DRIVING PERFOR MANCE EVALUATION SCORE SHEET"(채점표)에 사인을 하게 한 후 다음 사항을 작동시킵니다.

A) Right Signal(오른쪽 깜빡이)

B) Left Signal(왼쪽 깜빡이)

C) Foot Brake(발로 브레이크를 밟습니다.)

D) Parking or Hand Brake(보조 브레이크 혹은 사이드 브레이크)

E) Horn(경적)(또는 "삐삐" 라고도 말합니다.)

F) Windshield Wipers(앞쪽 유리 브러시)

G) Defroster(뒤쪽 유리 서리 제거기)

H) Front Defroster(앞쪽 유리 서리 제거기)

I) Emergency Flasher(or Light)(비상등)

J) Headlights(전조등)

K) Arm(or Hand) Signals(수신호)라고 시험관이 말을 하면 왼쪽 팔을 창문 밖 왼쪽으로 팔을 쪽 뻗으면서(-) "Left Turn"(레프트 턴)이라고 시험관이 들리게 말을 하고 연속으로 왼팔을 "ㄴ"자로 만들면서 "Right Turn"(라이트 턴)이라고 말을 하고 이어서 왼팔을 창문 바깥쪽 아래로 내리면서 "Stop"(스톱)이라고 말을 합니다(이 경우는 앞차들이 하는 것을 눈여겨보고 그대로 따라 하면 됩니다.).

상기 사항들을 한 가지씩 작동 한 후에는 항상 원위치를 시켜야합니다. 원 위치를 시키지 않을 경우 시험관이 "Off"(혹은 "Cancel" 이라고 도 함)이라고 말하면 원위치 시켜야 합니다.

L) 시험관이 사용하는 용어

시험관이 주행 시험 시 사용하는 영어는 "Start"(스타트 : 출발), "Right Turn"(라이트 턴 : 우회전), "Left

Turn"(레프트 턴 : 좌회전), "Go Straight"(고 스트레이트 : 직진), "Lane Change"(레인 채인지 : 차선 변경), "Parking"(파킹 : 주차), "Back"(백 : 후진), "Stop"(스톱 : 정차) 등이며 말을 잘 알아듣지 못할 경우는 시험관의 손끝을 보면 무엇을 지시하는지 알 수가 있습니다. 그리고 시험관이 아무 말도 하지 않고 가만히 있으면 항상 직진을 하여야 합니다. 또한 시험관 말을 잘 알아듣지 못할 경우는 Right Turn? 혹은 Left Turn?하고 물어보든지 I Am Sorry?하고 물어보면 됩니다. 그러나 시험관에게 가야되는지, 아니면 서야 되는지 등을 질문하면 실격을 당하니 절대로 시험관에게 질문을 하여서는 안 됩니다. 이유는 시험관이 지시만 하기 때문에 운전자는 지시를 듣더라도 항상 안전하게 운전을 하여야 할 의무가 있습니다.

## 10. DRIVER TEST(도로 주행 시험) CHECK POINT(채점 방식)

A) Start(출발)

시험관이 "Start"라고 말을 하면 시동을 걸고 Parking Brake를 내리고 기어를 "D"로 놓고 왼쪽 깜빡이를 켜고, 왼쪽에 있는 사이드 미러를 보면서 고개를 120도 정도 왼쪽 어깨 뒤로 돌려 왼쪽 뒤 창문을 통하여 다른 차량이나 자전거 등이 오는지를 확인 한 후에 다른 차량들이 가까이오지 않으면 출발을 합니다. 자동차가 움직이면 약 6초 후에 25마일 정도가 되어야 합니다(너무

느리거나 빠를 경우 2점 감점).

B) INTERSECTION(교차로를 지날 때)

사거리나 삼거리를 지날 때 반드시 고개를 좌우로 60도 정도 돌려서 좌측이나 우측에서 차량이 오는지 확인 하면서 지나가야 합니다(이것은 한국에서 운전을 오래 한 사람 일수록 잘 안 되는 부분이며 한번 불이행시 마다 2점씩 감점입니다.).

사거리나 삼거리의 교차로를 지나 갈 때는 주행 속도 대로 가야하며 이유 없이 속도를 줄이거나 속력을 내면 두 점 감점입니다.

C) 2-WAY STOP

2-Way Stop은 "STOP" 표시판이 나의 진행 방향과 나의 맞은 편 두 곳에만 있고 좌측과 우측에는 "STOP" 표시판 이 없는 곳으로 이곳에서는 좌측이나 우측에서 진행하는 차량이 우선권이 있으며 나에게는 우선권이 없는 비보호 지역 이므로 먼저 "STOP" 표시판 밑의 도로에 표시되어 있는 흰 선 앞(흰 선과 자동차 앞 범퍼와의 간격은 약 50cm 정도임)에 완전히 정차를 한 다음 좌우를 60도 정도 로 고개를 돌려서 살펴보고서 3초 후에 3~5m 앞으로 더 나가서 다시 한 번 더 정차를 하여 좌우측을 살펴보면서 좌우측에서 차량들이 오지 않고 충분히 안전하다고 판단 이 되면 직진이나 좌우회전을 할 수가 있습니다(3~5m 앞으로 나가서 한 번 더 정차하는 이유는 첫 번째 흰 선 앞에 정차하였을 때는 왼쪽 도로에 주차되어 있는 차량들

때문에 시야가 가려서 좌측에서 우측으로 주행하는 차량이 보이지 않기 때문입니다.). 이때 Stop 표지판 앞에서 3초 동안 정차를 하지 않을 경우는 2점 감점 혹은 실격이며 나의 차가 좌우측에서 진행하는 차량에 방해가 되었을 때도 실격입니다.

- "STOP" 표시판이나 빨간 신호등에서 Full Stop(3초 동안 완전 정차)을 하지 않을 경우 $100 이상의 벌금을 내고 8시간의 교통 위반자 교육을 받아야 합니다.

D) 4-WAY STOP

4-Way Stop은 "STOP" 표시판이 사거리 모퉁이에 모두 표시되어 있는 곳으로 이곳에서는 흰 선 앞에 일단 정차 후 약 60도 각도로 고개를 돌려서 좌우를 살피고 3초 후에 "STOP" 표시판 앞에 먼저 도착한 차량 순서대로 직진 혹은 좌우회전을 합니다.

만약 사거리에서 차량들이 동시에 도착을 하였을 경우는 오른쪽 차량이 우선권이 있으나 시험 차량은 양보를 해 주는 것이 좋습니다.

4-Way Stop 표시판에서 출발 순서를 지키지 않을 경우 실격에 해당됩니다.

E) LEFT TURN(좌회전)

시험관이 "Left Turn"이라고 지시하면 좌회전 전용 차선이 있을 경우는 좌회전 신호를 켜고 속도를 최대한으로 줄이면서 좌회전 차선으로 들어가며 좌회전 전용 차선이 없을 경우는 비보호 빨강 신호이면 좌측주행선에

서 좌회전 신호를 켜고 횡단보도 앞 첫 번째 흰 선 앞에
서 완전 정차를 하였다가 초록색 신호로 바뀌면 앞쪽에
서 직진하는 차량도 없고 횡단보도를 건너는 사람도 없
을 경우에는 바로 좌회전을 할 수가 있는데 이 때 반드
시 중앙선 1차선으로 들어가야 합니다. 그러나 초록색
신호에서 앞쪽에 20m 전방에서 자동차가 오던지 횡단
보도에 사람이 건너고 있을 때는 계속 대기를 하고 있
어야 하며, 차량들이 계속 직진하고 있을 때는 노랑 신
호로 바뀌면 그 때 좌회전을 할 수가 있습니다. 노랑 신
호로 바뀌었는데도 좌회전을 못하면 실격입니다. 이유
는 나의 차가 이미 사거리 안쪽에 들어와 있는 상태이
기 때문에 나의 차가 가지 않으면 좌측에서 오는 차량
에게 방해가 되기 때문입니다.

• 나의 차량이 좌회전을 하려고 할 때 초록색 신호에서
  내 앞의 차량이 횡단보도 안쪽으로 진입이 되어 있으
  면 나의 차는 횡단보도 흰 선 안쪽으로 진입을 할 수
  가 없습니다. 일반 운전자들은 좌회전 차량들이 횡단
  보도 안쪽에 2대까지 들어가서 좌회전 대기를 하고
  있는데, 이것은 교통 소통원활을 위해서 경찰이 묵인
  을 해 주는 것입니다. 법으로는 1대만 들어 갈 수 있
  기 때문에 시험 차량은 일반 차량들을 따라 해서는
  안 되는 것입니다.

• 좌회전을 할 때 초록색 신호이고 앞에서 직진하는 차량
  이 없을 경우는 횡단보도 앞 선에서 정지를 하여서는

안 되며(일단 정지할 경우는 실격임) 12마일 정도의 속도로 좌회전을 하여야 합니다(좌회전이 속도가 빨라서 시험관 몸이 기울어지면 2점 감점입니다.).

- 단 화살표 표시가 되어 있는 신호등에서는 비보호 좌회전이 아니기 때문에 빨강 신호와 노랑 신호가 켜져 있을 때는 절대로 차가 움직여서는 안 되며 초록색 신호일 때만 좌회전이나 우회전을 할 수가 있습니다. 이 신호를 어겼을 때는 신호 위반으로 실격을 당합니다.

- 좌회전을 할 때 중앙 노랑선이나 오른쪽 흰 선에 바퀴가 닿으면 2점 감점 내지는 실격을 당합니다.

F) RIGHT TURN(우회전)

비보호 신호등이 있는 사거리에서 시험관이 "Right Turn"이라고 말을 하면 즉시 우회전 깜빡이를 켜고 오른쪽 사이드 미러를 보면서 고개를 오른쪽으로 약 120도 정도로 어깨너머로 돌려서 오른쪽에 주차되어 있는 차량이 출발을 하는지, 자전거 등이 오는지를 확인 한 다음에 속도를 최대한 줄이면서 우회전 차선으로 진입(우회전 전용 차선이 없을 경우는 주행 차선에서 우회전을 합니다)한 다음 빨강 신호일 때는 횡단보도 앞 흰 선 앞에서 완전 정차를 한 다음 좌우를 60도 각도로 살핀 후 3초 후에 4~5m 앞으로 나가서 다시 한 번 더 정차를 해서 좌우를 살펴서 좌측에서 진행하는 차량이 없고 횡단보도에도 건너는 사람이 없을 경우에 안전하다고 판단이 되면 우회전을 할 수가 있습니다.

초록색 신호일 경우는 횡단보도에 사람이 건너고 있지 않으면 정지를 하지 말고 12마일 정도의 속도로 우회전을 합니다(우회전 속도가 빠르든지 느릴 경우 2점 감점임).

- 우회전을 할 때 도로의 오른쪽 끝 차선으로 진입을 하여야 하는데, 만약 오른쪽 끝 차선에 자동차가 주차 되어 있든지, 자전거 전용도로라고 표시되어 있으면 오른쪽에서 2번째 차선으로 바로 진입을 합니다.

- 우회전시 나의 차바퀴와 오른쪽 보도블록과의 거리 는 약 1m 간격을 유지하면서 우회전을 하여야 합니 다(우회전시 간격이 너무 넓거나 좁으면 2점 감점입 니다).

- 우회전시 너무 넓게 돌아서 왼쪽 바퀴가 차선에 닿거 나, 오른쪽 바퀴가 보도블록에 닿게 되면 실격을 당합 니다.

G) 앞차와의 간격(안전거리)

신호 대기나 차량들이 정체되어서 앞 차가 정지하고 있 을 때 앞 차와의 간격은 차 1대 정도가 들어 갈 공간이 있어야 합니다. 그리고 버스나 트럭 등 차량이 있을 때 는 승용차 2대 정도 들어 갈 공간이 필요합니다. 한국 에서는 정차 시 앞차와의 간격이 거의 없도록 운전을 하기 때문에 한국에서 운전을 오래한 사람들은 이 점을 반드시 명심 하여야 합니다. 주행 중 일 때는 앞차가 급 정거를 하여도 사고가 나지 않을 정도로 안전거리를 충 분히 확보하여야 합니다.

안전거리를 충분히 확보하지 않을 경우 2점 감점이며
한국식으로 앞 차와의 간격이 너무 좁으면 실격을 당합
니다.

H) SPEED(속도)

주행 속도는 중앙에 황색선이 없는 주택가는 25마일 이
며 학교 앞의 경우는 25마일 속도 입니다. 그리고 중앙
에 황색 실선이 있는 경우는 지역에 따라 30~40마일
속도인데 일반적으로 신호등이 있는 사거리를 지나면
오른쪽에 "SPEED LIMIT 35 MILE" 등으로 속도제한
표시판이 있으니 항상 사거리를 지날 때 속도 표시판이
어디에 있는지 살펴보면서 주행을 하여야 합니다.

• 일반적으로 25마일 지역에서는 23~25마일 속도로 30
  마일 지역에서는 28~30마일 속도로 35마일 지역에
  서는 33~35마일 정도로 주행하는 것이 좋습니다. 만
  약 이 보다 주행 속도가 빠르거나 느리면 상황에 따
  라 2점 감점 내지는 실격을 당하게 됩니다.

I) LANE CHANGE(차선 변경)

주행 중 시험관이 "Lane Change"(레인 체인지)라고 지
시하면 차선을 변경하는 방향의 깜박이를 켜고 창문 바
깥쪽의 사이드 미러를 보면서 반드시 고개를 120도 정도
로 어깨 너머로 돌려서 다른 차량이 가까이 접근해 오는
지를 확인한 후에 안전하다고 판단이 되면 차선을 변경
합니다. 시험관이 차선 변경을 지시 하였다고 해서 뒤에
서 차들이 가까이 닥아 오는데도 불구하고 무리하게 차

선을 변경하면 실격이 됩니다. 또한 차선을 변경할 때
이유 없이 속도를 줄이거나 속도를 빠르게 해서도 안 됩
니다. 그리고 차선 변경이 핸들을 많이 돌려서 차가 흔들
리면(Steering Control) 2점 감점을 당합니다.

• 차선 변경을 하고나면 즉시 깜빡이를 꺼야 합니다(초보
  자들이나 겁이 많은 경우 깜빡이를 잘 커지 않습니다.).

## J) PARKING AND BACKING(주차와 후진)

주행 중 시험관이 "Parking"(파킹)이라고 말을 하면 오
른쪽 깜빡이 켜고 속도를 최대한 줄이면서 고개를 오른
쪽 뒤 창문을 통하여 자전거나 다른 차량이 접근하는지
를 확인 한 후에 천천히 주차를 하고 깜빡이를 끄고 기
어를 "P"에 놓고 Parking Brake를 당겨 놓습니다.

이 때 자동차의 오른쪽 바퀴와 보도블록과의 거리는 약
30~40cm가 되어야 합니다(간격이 이 보다 넓으면 2점
감점이며 바퀴가 오른쪽 보도블록에 닿으면 실격입니
다.).

주차된 상태에서 시험관이 "Back"(백)이라고 말을 하
면 기어를 "R"에 놓고 오른손으로 조수석 등받이를 잡
고 고개를 오른쪽 어깨 뒤로 돌려서 뒤 창문을 통하여
다른 차량이나 자전거 등이 오는지를 확인하고, 오른쪽
사이드 미러는 자동차 바퀴와 보도블록의 거리를 확인
하기위해 번갈아 보면서 시험관이 "Stop"이라고 말할
때까지 천천히 후진을 합니다.

• 어떤 도시는 자동차와 자동차 사이의 공간을 후진을

해서 주차를 시키는 곳도 있습니다.

- 후진을 할 때 속도는 2~3마일 정도이며 너무 빠르거나 느릴 경우 2점 감점이며 지그재그로 후진을 해도 2점 감점을 당합니다.

K) EMERGENCY 차량(이머젼시 : 긴급차량)

주행 중 소방차나 앰뷸런스, 경찰차 등이 사이렌 소리를 내고 올 때 비록 이 차량들이 보이지 않아도 오른쪽 차선으로 이동하여 정차를 하여야 하나 오른쪽 차선에 다른 차량들이 있을 경우는 제자리에 정차를 하였다가 긴급 차량들이 완전히 지나간 다음에 내 차가 갈 수가 있습니다. 사이렌 소리가 나는데도 불구하고 정차를 하지 않으면 실격을 당합니다.

L) PARKING LOT(주차장)

시험장의 Start Line(출발선)에서 일반 도로로 나가서 좌회전이나 우회전을 시키는데 시험장에서 일반도로로 나갈 때 "STOP" 표시판이 없어도 일단 정지를 하였다가 좌측이나 우측에서 차들이 안 오고 충분히 안전하다고 판단이 될 때에 좌우를 살피면서 좌회전이나 우회전을 하여야 하며 주차되어 있는 차가 후진을 하는 신호가 켜지든지 사람이 지나 갈 때는 반드시 양보를 하여야 합니다.

M) 무단횡단

나의 차가 주행 중에 사람들이나 자전거나 무단으로 횡단을 하고 있을 경우에 반드시 무단 횡단하는 사람이나

자전거가 지나 갈 수 있도록 약 10~15m 전방에 정차
를 하여 기다렸다가 사람이나 자전거가 지나가고 나면
내 차가 갈 수가 있습니다(이것을 어기면 실격입니다.).
이렇게 하여 도로주행 시험이 끝나면 시험관은 즉석에
서 채점표를 작성하여 응시자에게 내어주면서 합격 여
부를 말하여 주는데 합격을 하였을 경우는 채점표 오른
쪽 상단에 있는 EVALUATION RESULT란의(    )
Passing(    )Unsatisfactory 에서 Passing부분에 "×" 표
시를 하고서는 DMV사무실 창구 몇 번으로 가라고 합
니다. 그러나 불합격 시에는 Unsatisfactory 에 "×"표시
를 하고 불합격된 사유를 설명하여 줍니다.
합격 시 채점표를 가지고 지시한 창구로 가서 채점표와
필기시험 합격 시에 받은 "INSTRUCTION PERMIT"
을 제출하면 2~3개월 유효한 임시면허증을 내어주면
서 2~4주 후에 플라스틱으로 된 운전면허증을 보내 준
다고 합니다.

## 11. 플라스틱 면허증이 1개월 내에 도착하지 않을 때

A) 2~3개월이 지나도 플라스틱 면허증이 도착하지 않으
면 집 근처 가까운 DMV에 가서 아직까지 발송하지 않
은 사유를 물어 보고 다시 임시 면허증을 발급받아야
합니다.

B) 유학 비자나 방문비자의 경우 이민국에서의 신분 확인
이 되지 않을 경우 약 1년 동안 플라스틱 면허증이 나

오지 않을 수가 있습니다.

C) 유학비자의 경우 Social(쇼셜) 번호가 없다고 운전면허
증을 보내주지 않는 경우가 많이 있는데 이것은 DMV
직원이 유학생 비자 소지자는 쇼셜 번호가 없다는 것을
모르고 실수를 한 것이기 때문에 DMV의 책임자를 만
나서 반드시 따져야 하며 로스앤젤레스의 경우 이 문제
가 해결되지 않으면 (213)365-1533으로 전화하면 도움
을 받을 수가 있습니다.

D) 주소 표기가 잘못되어 우편물이 돌아 갈 경우도 있으
니, DMV에 확인을 해보아야 합니다.

## 12. 운전면허 취득에 관한 사연들

[사례 1]

미국 Los Angeles에 정착하기 위하여 온 A씨는 53세로 한
국에서 18년간 운전 경험이 있으며 49세 된 부인과 20세
된 딸은 운전 경험이 없고 24세 된 아들은 한국에서 3년간
의 운전경험이 있었습니다.

A씨는 다행히 LA에 누나가 살고 있기 때문에 여러 가지
도움을 받고 또한 누나의 차를 국제운전면허증으로 3개월
정도 운전을 하면서 취업을 하기 위하여 인터뷰를 하러 가
니 회사에서 운전 면허증과 쇼셜 번호를 요구해서 미국 운
전 면허증은 없고 국제 운전 면허증만 있다고 하니, 어떻
게 운전면허증과 쇼셜 번호도 없이 취업을 하려고 하느냐
면서 거절을 당하고 몇 군데를 알아 본 결과 미국에 정착

을 하기 위해서는 가장 먼저 운전 면허증을 취득해야 하며, 다음으로 쇼셜 카드가 있어야 한다는 것을 알았습니다. 더구나 국제운전면허증으로는 렌터카 이외의 차량을 운전할 수 없다는 이야기를 듣고는 우선 A씨 본인과 아들은 운전을 할 줄 알고 또 현지에서 3개월 정도 운전을 하였으니 쉽게 운전면허 시험에 합격을 할 수 있을 것으로 생각하고는 누나에게 운전시험 절차를 물어 보니 누나는 아무리 운전을 잘해도 운전학원에서 몇 시간 연습을 하고 실기 시험을 권유하였으나 A씨는 자신 있으니 시험치는 방법만 가르쳐 달라고 하여 누나의 도움으로 필기시험을 치고 누나의 차량으로 아들과 함께 할리우드 DMV에 가서 실기 시험을 친 결과 두 사람 모두가 불합격이 되었습니다. 채점표에는 불합격 사유가 A씨는 속도가 맞지 않았다는 이유이고 아들은 사람이 횡단보도 상에 있는데도 불구하고 횡단보도를 지나갔다는 것입니다.

그래서 이들은 이 점만 주의하면 합격할 수 있겠다고 생각하고는 예약을 하고 2주일 후에 다시 실기 시험을 치러갔습니다. 그러나 이번 역시 두 사람 모두 불합격이 되었습니다.

이유는 A씨는 사거리를 지날 때 고개를 제대로 돌리지 않았다는 이유이고 아들은 좌회전 시 왼쪽 바퀴가 황색 중앙선을 밟고 지나갔다는 것입니다.

이들 부자는 한국에서 운전을 잘했다고 자부하고 있었는데 운전 실기 시험에서 2번씩 떨어지고 나니 창피하기도 하고 오기가나서 2주 후에 또 시험을 쳤으나 역시 또 떨어지고 말았습니다. 이번에는 A씨는 "STOP" 표시판에서 3초 동안 정차를 하지 않았다는 이유이고 아들은 차선 변경을 위험하게 하였다는 것입니다.

이렇게 되자 A씨는 누나와 상의한 결과 아들과 함께 운전학원에 등록하여 정식으로 운전교육을 받고서야 합격을 할 수가 있었습니다.

이렇게 고생 끝에 A씨와 아들이 합격을 하게 되자, 원래 계획은 A씨가 합격한 후에 부인과 딸을 자신이 직접 가르치려고 하였으나 그렇게 하여서는 안 된다는 것을 깨닫고는 부인과 딸은 운전학원에 등록을 시켜서 정상적으로 운전 교습을 받은 후에 합격이 되었습니다.

[사례 2]

B씨는 46세 된 가정주부로서 미국에 온지 2년이 되었으나 그 동안 운전면허증은 물론이고, 신분증도 발급 받지 않았습니다. 이유는 그동안 식당 주방에서 일을 하였기 때문에 출근은 남편 차를 이용하였고 퇴근 시에는 버스나 택시를 이용하였으며 휴일은 남편의 차를 이용할 수가 있어서 비록 불편은 하였지만 그런대로 지낼 수 있었는데, 어느 날 남편이 병으로 인하여 장기간 병원에 입원을 하게 되어 출퇴근도 문제였지만 저녁마다 남편 간호를 위하여 병원을 다녀야 하는데 저녁에는 버스도 잘 다니지 않고 요금이 비싼 택시를 계속 타고 다닐 수도 없어서 차라리 자신이 운

전을 배워서 남편이 타던 차를 타고 다니면 경비도 절약하고 시간도 절약할 수 있다는 결론을 내리고는 전화번호부에서 운전학원을 찾아서 문의하여 보니 하루 2시간씩 10~14일 정도만 연습하면 운전면허증을 취득할 수 있다고 하여 운전학원에 등록을 하고는 매일 아침 출근 전 2시간 씩 피곤함에도 불구하고 10일 동안 연습을 하였는데도 불구하고 자신이 생각할 때 운전을 하면 할수록 겁만 많아지고 실력은 늘지가 않는 것 같아서 운전을 가르치는 선생에게 약속대로 4일만 더 배우면 합격할 수가 있을까요 하고 물어보자 지금 상태로서는 어려울 것 같다고 하여 생각 끝에 운전 학원을 바꾸고 1주일을 더 연습하고 시험을 쳤으나 불합격 되어 다시 3일을 연습을 하고 시험을 쳤으나 또 떨어지자 자신이 점점 더 없어지면서 스트레스를 받기 시작하였습니다.

B씨는 워낙 답답하여 주위 사람들에게 자신의 처지를 이야기하면서 어떻게 하면 운전 시험에 합격을 할 수가 있는지를 물어보니 경비는 다소 비싸더라도 시골 가서 시험을 치는 것이 좋겠다는 말을 듣고는 또다시 다른 학원에 등록하여 3일간 연습을 하고 시골로 가서 시험을 쳤으나 또 떨어지고 말았습니다.

이렇게 되자 B씨는 스트레스로 인하여 위장병이 생기고 밤에는 불면증에 시달리게 되어 낮에 직장에서 제대로 일을 할 수가 없는 지경에 이르게 되었습니다.

이렇게 몇 달이 지나자 남편은 언제 퇴원할 지도 모르고 병원비를 감당하기도 어렵게 되자 운전면허증을 취득하지 않고는 이 모든 것들이 해결되지 않을 것 같아서 주위에 수소문 한 끝에 책임감 있고 성실하게 가르치는 운전학원을 소개받아서 처음부터 시작하는 마음으로 배울 테니 몇 시간 정도만 연습하면 합격할 수가 있는지 운전학원에 물어보니 운전학원 원장님이 직접 실력을 테스트 해본 후에 정성을 다하여 가르치면 10시간만 배우고 나서 시골 갈 필요도 없이 LA에서 가장 어렵다는 Down Town DMV에서 합격을 시켜주겠다고 장담을 하여 운전학원에 등록을 하고 6시간을 연습하고 나니, 원장님이 더 이상 연습할 필요가 없으니 시험을 치자고 하여 불안한 마음을 떨치지 못한 상태에서 시험을 친 결과 시험관이 "Pass"이라고 말하면서 차에서 내리는데 그 말이 무슨 뜻인지를 몰라 어리둥절하고 있는데 원장님이 오셔서 합격을 축하합니다. 라고 말하자 갑자기 눈물이 쏟아지면서 얼마나 기쁜지 사법고시에 합격을 하여도 이 정도로 기쁘지는 않을 것이라고 하였습니다.

B씨는 차를 타고 집으로 오면서 그동안 스트레스로 인한 위장병과 두통이 깨끗하게 나았다고 말하면서 정말로 기뻐하였습니다. B씨는 차에서 내리면서 예상시간보다도 적게 가르치면서 가장 어려운 곳에서 합격을 시켜주셔서 고맙다면서 팁이 든 봉투를 원장님 손에 쥐어주고는 이 세상에서 가장 행복한 모습으로 직장으로 들어갔습니다.

이 후로 B씨는 주위에 운전을 배우겠다는 사람만 있으면 무조건 자신을 정성들여 가르치고 합격시켜준 학원에 지금까지도 소개를 시켜주고 있습니다.

[사례 3]

Y씨는 26세의 남자로 로스앤젤레스로 유학을 오면서 한국에서 운전을 하였기 때문에 1년짜리 국제운전면허증을 발급 받아 왔습니다. 그는 로스앤젤레스에서 생활을 하다 보니 자동차가 없음으로 인해서 겪는 불편함이 이만 저만이 아니었습니다. Y씨는 캘리포니아에서는 국제운전면허증으로 운전을 하지 못한다는 사실을 알지 못하고 운전면허증은 천천히 취득해도 되겠지 하는 생각을 하고는 가끔 친구의 차를 빌려 탔습니다. 그러던 어느 날 친구의 차를 빌려 타고 가다가 "STOP"표시판 앞에서 완전 정차를 하지 않았다는 이유로 경찰에게 잡혔습니다. 이 때 경찰관이 운전면허증과 자동차 등록증 및 자동차 보험증 제시를 요구하자 국제 면허증을 제시하였더니 무면허 운전이라고 하면서 무전기로 견인차를 불러 Y씨의 차를 견인해 가면서 캘리포니아 운전 면허증을 취득한 후에 자동차를 찾아 가라고 하는 것이었습니다.

결국 Y씨는 무면허 운전으로 벌금을 내고 즉시 운전면허 시험을 치려고 하였으나 예약이 밀려서 결국 15일 만에 운전 면허증을 발급 받았지만, Y씨는 친구에게 자동차 견인비와 보관료 그리고 벌금 등 2,500여 달러를 지불하게 되었습니다. 결론은 미국에서 살려면 법을 제대로 알고 생활을 해야 한다는 것입니다.

# 공립학교 입학 및 영어연수

## 1. 공립학교에 입학하는 방법

미국의 학교들은 한국과 달리 9월 초에 학기가 시작하여 다음 해 6월에 학기가 마칩니다. 그러나 로스앤젤레스 같은 인구 밀집 도시에서는 지역에 따라 년 중 수업을 실시하는 곳도 잇습니다. 공립학교는 거주 지역 주민들은 우선적으로 학교에 입학할 수 있으며 만약 학교에 자리가 없을 경우는 해당 교육국에 등록을 해 놓으면 자리가 날 때까지 기다리든지 아니면, 집에서 가까운 지역의 학교에 입학을 시켜줍니다(해당 교육국 주소는 학교에서 알려줍니다.).

## 2. Daycare Center(유아원)

유아원에 들어 갈 수 있는 연령은 만 3~5세 사이이며, 보통 오전 8시부터 오후 1시까지의 오전반과 오전 8시부터 오후 5(6)시까지 하루 종일 어린이를 돌보아 주는 프로그램이 있으며 정부에서 직접 운영을 하거나, 정부로부터 운영비를 보조받는 경우는 식사와 간식을 포함한 모든 경비가 무료이기 때문에 저소득층 자녀들을 맞기기에 안성맞춤 입니다.

그리고 사립인 경우는 시설이나 시간 및 지역에 따라 다소 차이가 있으며 대략 $300에서 $700 정도를 지불하여야 합니다.

유아원의 경우는 입학 시기가 있는 것은 아니며 자리가 비어 있을 때는 언제든지 아이를 맡길 수가 있으나 공립일 경우는 무료인 관계로 대기자 들이 많아서 대기기간이 길 수도 있습니다.

Daycare Center 는 집 주위에서 쉽게 찾을 수가 있습니다.


## 3. Kindergarten(유치원)

이곳은 한국의 유치원에 해당이 되며 만 5세가 되는 해의 4~5월에 입학 통지가 오게 됩니다. 만약 이 때 입학 통지를 받지 못했을 경우는 집에서 가장 가까운 Kindergarten에 방문을 하여서 입학 관계를 문의하면 상세한 정보를 얻을 수가 있습니다.

공립 초등학교에 부설로 있는 유치원은 같은 공립으로써 학비는 100% 무료입니다.

등하교 시간은 초등학교와 동일하게 오전 8시에 등교하여 오후 2시 45분경에 하교를 합니다.


## 4. Elementary School(초등학교)

미국의 초등학교는 5년제와 6년제가 있으며 지역에 따라서 다르며 만 6세가 되면 입학을 합니다.

초등학교는 보통 집에서 가까운 거리에 위치하여 있으며 수업 시간은 오전 7시 50분까지 학교에 도착을 하면 8시 정각에 담임교사의 인솔 하에 함께 교실로 들어가게 됩니다. 한국처럼 일찍 왔다고 해서 교실에 일찍 들어가는 것이 아닙니다.

또한 학교 공부가 끝나면 학생 혼자서 교문 밖으로 나갈 수가
없으며 반드시 보호자(학교에 등록된 자)가 와서 교사로 부터
학생을 인계받아서 데리고 가게 되어 있습니다.
보호자가 사정이 생겨서 학교에 늦게 도착을 할 경우에는
학생과 교사가 보호자가 올 때 까지 운동장에서 기다리고
있기 때문에 늦게 가서는 안 될 것입니다.

## 5. Junior High(Middle) School : 중학교
### Senior High(High) School : 고등학교

중학교가 6~8학년까지 있는 곳의 고등학교는 9~12학년
으로 4년제이며 중학교가 7~9학년까지 있는 곳의 고등학
교는 10~12학년으로 3년제 입니다.
미국의 공립 고등학교의 경우, 음악이나 미술, 체육 등을
전문적으로 무료로 가르치는 학교들이 있으며 수학이나
영재학교도 많이 있으니 자녀가 초등학교나 중학교에 다
니고 있을 때 이러한 내용을 상세히 알아보아야 하며 이러
한 내용에 대해서 학교 카운슬러와 수시로 상담을 하는 것
도 좋습니다.
고등학교의 경우 대학 진학률이 상당히 중요한 부분을 차
지하기 때문에 학군과 대학 진학률을 미리 알아 본 후에
입학을 시키는 것이 좋으며 이러한 정보를 알 수가 없을
경우는 백인들이 많이 사는 동네의 학교에 입학을 시키면
무난할 것입니다. 그 이유는 백인들은 소수 민족에 비해서
학구열이 높기 때문입니다.

## 6. 미국 공립학교의 특징

A) 학비 : 유아원부터 고등학교 졸업 시까지 공립학교의 학비는 전액 무료입니다.

B) 저소득층(초기 이민자들의 대부분이 해당됨)은 아침과 점심을 무료로 제공받습니다.

C) 한국에서 갓 온 학생들을 학교에 입학을 시킬 때 학생의 영어가 미숙하다고 해서 자신의 학년보다 1~2학년을 낮추어 입학을 시키는 경우가 있는데, 구태여 그렇게 하지 않아도 이민자들이 많이 사는 지역에서는 학교마다 영어를 못하는 학생들을 위해서 ESL과정이 설치되어 있기 때문에 입학 상담 시 ESL과정을 먼저 공부하고 또 방과 후에는 영어미숙자들을 위한 보충수업(무료)을 해서 공부를 하면 보통 6개월 정도만 지나면 대부분 학업을 따라 갈 수가 있습니다. 그러나 고등학교 11학년이나 12학년의 경우는 학년을 낮추어서 입학을 하는 것도 좋습니다. 그 이유는 학점을 따지 못하면 졸업을 할 수가 없기 때문입니다.

D) 미국 학교에서는 학교 운동장이나 교실 청소를 학생들이 하지 않고 청소 대행 회사에서 해줍니다.

E) 초등학교와 중학교의 경우는 학기가 끝날 때쯤이면 학부모를 학교로 오라고 해서 담임선생님이 성적표를 내어주면서(성적표를 학생을 통하여 미리 주는 경우도 있음) 학생의 학교생활에 대해서 상담을 합니다. 이 때 일부 한인 부모들은 영어로 의사소통이 되지 않음을 염

려 하여 학교를 방문하지 않는 경우가 많이 있는데, 이 것은 바람직하지 못하며 자녀들이 학교생활을 6개월 이상만 하면 통역이 가능하니 자녀들이나 영어가 가능 한 사람과 함께라도 학교에 가서 자녀들을 위한 상담을 반드시 하는 것이 자녀들을 위한 것 입니다. 부모가 학 교를 방문할 때 일부 학부모들은 한국식으로 교사에게 돈을 주던 지 아니면 너무 과분한 선물을 하는 경우가 있는데 미국은 선물이나 돈을 주지 않아도 되며, 꼭 성 의를 표시 하고 싶을 때는 꽃 한 송이나 10~20달러 정 도의 선물을 하는 것은 괜찮을 것입니다.

F) 학교의 거리가 멀 경우는 School Bus를 타고 통학을 하 는데 학교 버스를 이용할 경우는 무료입니다.

G) 학교에 입학을 하게 되면 교과서를 학생이 사는 것이 아니라 학교에서 무료로 지급을 하며 학기가 마치면 다 시 학교로 반환을 합니다. 그리고 웬만한 준비물도 학 교에서 제공을 하기 때문에 미국의 공립학교는 유아원 부터 고등학교 졸업 시 까지 돈을 거의 들이지 않고서 도 학교를 다닐 수가 있습니다. 그러나 사립학교 일 경 우는 학비를 매월 5백 달러에서 2천 달러까지 지불을 하여야 합니다.

H) 학교마다 After School(방과 후 프로그램)이 있기 때문 에 방과 후 프로그램을 통하여 영어 보충 및 숙제, 음 악, 미술, 운동 등을 무료로 배울 수가 있습니다.

I) 수업 시간은 오전 8시에 시작하여 오후 2시 45분~3시

30분에 끝나며 토요일과 일요일 및 공휴일은 수업이 없
습니다.

## 7. 공립학교 입학 시 준비하여야 할 서류

A) 여권 및 비자(체류신분 확인을 위한 것임)

B) 현재 거주지 증명서(전기, 전화, GAS 비 영수증)

C) 재학 증명서 및 성적증명서(생활 기록부) : 영문

D) 태어나서 부터 현재까지의 예방접종 증명서(영문) : 학
교 입학이나 전학 때마다 필요하며 예방접종 증명서가
없을 경우는 거주지의 가까운 보건소에 가면 무료로 접
종을 받을 수 있습니다.

E) 입학(전학) 신청서 : 학교 사무실에서 구할 수가 있습니다.

## 8. 공립학교 입학 절차

A) 집에서 가장 가까운 곳의 학교의 사무실을 찾아가서 이
학교에 입학을 원한다고 하면 현재 자리가 있을 때는
Application(입학 신청서)을 내어 주면서 함께 제출하
여야할 서류 목록을 적어 줍니다.

그러나 현재 학교에 자리가 없을 경우는 해당 교육부
주소를 주면서 교육부에 가서 문의를 하라고 합니다.
그러면 교육부로 가서 대기자 등록을 하면 자리가 있는
학교로 배정을 줍니다.

B) 집에 돌아와서 입학 신청서와 학교에서 원하는 서류를
모두 구비하여 학교에 제출을 합니다.

C) 학교 사무실에서 학년과 교실을 알려주고 등교일을 알
려주면 그날부터 학교를 다닐 수가 있습니다.

## 9. 잘못된 조기 유학 사례

"R"군은 서울 강남에서 현직 은행 지점장이며, 강남에 빌
딩도 몇 개 가지고 있는 부유한 집안의 외동아들로 강남의
소위 8학군 학교에 다니고 있었는데, 공부보다는 친구들과
놀기를 더 좋아하여 많은 돈을 들여서 과외 공부를 시켜
보았지만 학업 성적이 오르지 않아서 명문 대학에 입학을
할 수가 없을 것 같았습니다. "R"군의 아버지는 친구 자녀
들은 모두 명문 대학에 입학을 하는데 자신의 아들만 명문
대학에 들어가지 못하면 자신의 체면이 서지 않을 것 같아
서 여러 가지로 방법을 찾다가, 이왕 명문 대학에 들어가
지 못하면 차라리 미국에 유학을 보내서 한국보다 입학이
쉬운 미국의 명문 대학에 입학을 하게 되면 한국의 명문
대학에 입학을 한 친구들 자녀보다 더 떳떳할 수 있다고
생각을 하고는 "R"군이 고등학교 2학년 때 뉴욕으로 홀로
조기 유학을 보냈습니다. 그러나 뉴욕에서 보호자의 통제
가 없는 상황에서 학교생활을 한다는 것은 쉬운 것이 아니
었습니다. 그러던 어느날 "R"군은 자신도 모르는 사이에
같은 학교에 다니는 갱들과 어울려 다니면서 갱들끼리 패
싸움을 하다가 학교에서 퇴학을 당하게 되어 뉴욕에 있는
다른 학교로 전학을 하려고 하였지만 어느 학교도 "R"군
을 받아 주는 곳이 없었습니다. 그래서 "R"군의 아버지는

아들을 로스앤젤레스 근처에 있는 사립 고등학교에 입학
을 시키고 학교에서 자동차로 20분 거리에 있는 가정집에
하숙을 시켰습니다.

"R"군은 등하교를 하숙집 아주머니가 시켜 주었기 때문에
주중에는 학교와 집 이외는 어디든지 갈 수가 없어서 컴퓨터
게임에 몰입을 하다가 토요일은 로스앤젤레스에서의 학원에
서 과외 공부를 하기 때문에 금요일 오후에 수업이 끝나면
로스앤젤레스에서 혼자 생활하는 친구 집으로 가서 남자 및
여자 친구들과 어울려서 놀다가 함께 잠을 자고 토요일은
학원에 갔다가 또 친구들과 어울려 놀다가 일요일 저녁이
되면 하숙집으로 돌아오는 생활을 하다 보니, 하숙집에서는
주말에 LA로 가는 "R"군을 통제를 할 수가 없었습니다. 이런
생활을 하다 보니 "R"군은 자동차가 없는 것이 너무 불편하여
한국에 있는 아버지에게 연락을 하여 열심히 공부해서 꼭
명문대학에 들어 갈 테니 자동차를 사 달라고 사정을 하여
운전 학원에서 운전을 배운 후에 2만 2천 달러를 주고 일제
혼다 어코드를 사서 자동차 보험에 가입을 하는데 "R"군은
17세 미성년자이기 때문에 년 간 보험료를 5천 6백 달러를
지불하게 되었습니다.

"R"군은 새 차에 남자, 여자 친구들을 태우고 신나게 다니
다가 어느 날 고속도로의 시속 65마일(100Km) 지역에서
99마일(160Km)로 달리다가 960달러짜리 티켓을 받고 또
한 교통 위반자 학교에서 8시간의 교통위반자 교육을 받게
되었습니다.

이러한 상황에서도 부모 중 어느 누구도 미성년자 아들이 2년 동안 미국 생활을 하는 동안 처음 뉴욕에 있는 학교에 입학 때 이외는 한 번도 아들에게 와보지 않았다는 것이 이해가 가지 않습니다.

조기 유학에서 가장 중요한 것은 보호자가 항상 같이 있어도 잘못된 길로 갈 수가 있는데 하물며 하숙집에 의뢰를 하는 것은 신중히 생각을 하여야 할 것 입니다.

## 10. 무료 혹은 저렴한 경비로 유학을 하는 방법

미국에 유학이나 영어 연수를 가고 싶어도 많은 학비와 경비 때문에 많은 사람들이 포기를 하거나 캐나다나 호주 및 뉴질랜드 등으로 방향을 바꾸는 경우가 많이 있습니다.

본인이나 부모님이 경제적인 여유가 있고 토플 점수도 좋은 경우는 미국 유학이나 영어 연수에 별로 문제가 없지만, 본인이나 부모님의 경제적인 여건이 미흡하며 토플 점수가 낮든지 없는 경우에도 얼마든지 무료 혹은 저렴한 경비로 영어 연수와 유학을 할 수 있는 방법이 있기 때문에 이 방법을 소개하고자 합니다.

## 11. 무료로 영어를 배우는 방법

A) 미국 전 지역의 어디를 가나 동네마다 시 정부에서 운영하는 무료 영어 학교(Community Adult School)라는 곳이 있습니다.

이곳에서는 체류신분에 상관없이 누구든지 등록을 해

서 영어를 배울 수가 있으며 학비는 전액 무료입니다.

B) 수업 시간은 오전과 오후, 저녁반이 있으며 어떤 곳은 오전 6시 45분부터 오후 9시 15분까지 하루 종일 수업을 하는 곳도 있습니다.

C) 등록 자격은 만 18세 이상이면 누구나 가능합니다.

D) 등록 방법 : Community Adult School 참조

E) 단순히 영어와 컴퓨터 등을 배우기 위한 것이라면 이 방법이 무난합니다.

F) Adult School은 I-20을 발행하지 않습니다.

## 12. 일반 어학원에 대해서

일반 어학원에서 I-20을 발급 받은 후에 한국에서 F-1 비자를 받아서 입국하여 영어 영수를 할 경우, 학비는 월 $300~600정도이며, 로스앤젤레스의 경우는 월 $200~300 전후의 어학원도 있습니다(학비에 대해서 보다 상세한 내용은 이메일migukguide@yahoo.co.kr 로 문의를 하면 도움을 받을 수가 있습니다.).

수업시간은 월요일부터 금요일까지이며, 오전 9시부터 오후 1시까지의 오전반과 오후 6시 30분부터 오후 9시까지 하는 저녁반이 있기 때문에 임의대로 선택을 할 수가 있습니다.

ESL과정의 경우는 대학교 부설 ESL과정이나 2년제 대학 부설 ESL과정이나 어학원의 ESL과정에서 배우는 내용은 거의가 비슷하나, 단지 학비 차이가 많이 나는 것입니다

(학비가 비싸다고 잘 가르치는 것도 아니고, 학비가 싸다고 잘 못 가르치는 것도 아닌 것 입니다.).

예를 들면 로스앤젤레스에 있는 UCLA대학교의 부설 ESL 교육은 수강료가 월 $1,500 전후이나 교육은 UCLA대학교 캠퍼스 내에서 UCLA학생들과 함께 공부하는 것이 아니라 학교 밖에 있는 조그만 건물에서 교육을 받기 때문에 일반 어학원과 유사한 것이며 학비가 비싼 이유는 UCLA라는 이름 때문인 것으로 생각하면 될 것 입니다.

### 13. 토플 점수 없이 4년제 대학교에 입학하는 방법

미국에서 가장 저렴한 경비로 토플 시험을 치지 않고 4년제 대학에 입학하는 방법은 다음과 같습니다.

A) 일반 유학원이나 2년제 대학의 ESL과정에서 9개월 정도 교육을 받은 후에 2년제 Community College(공립대학)의 원하는 학과를 선택하여 입학을 합니다.

B) 2년제 대학에서 2년간 학업(학비는 년 간 $6,000~8,000 정도)을 마치고 4년제 대학의 3학년으로 편입을 하게 되면 처음부터 4년제 대학에 입학을 하는 것 보다 입학이 쉬울 뿐 아니라 학비도 40% 이상 절약할 수가 있습니다.

### 14. 2년제Community College(공립대학)의 입학 및 학비

A) 2년제 대학의 ESL 과정 학비는 월 $500~600정도이며 일반 학과를 공부할 경우는 몇 과목을 하느냐에 따라서 학비가 달라지지만 대략 년 간 $6,000~8,000정도 예상

을 하면 됩니다.

B) 저소득 영주권자나 시민권자의 경우는 학비가 무료이며 성적이 보통 수준만 되어도 장학금을 받아서 용돈으로 사용을 할 수가 있습니다.

C) 고등학생이 방학을 이용하여 Community College에서 공부를 해서 학점을 취득하면 고등학교 학점의 2배를 인정 해 주기 때문에 고등학교를 조기 졸업할 수도 있습니다(고등학생이 Community College에서 수강하는 것은 누구든지 가능합니다.).

D) Community College는 대부분 야간반도 개설되어 있기 때문에 본인의 희망에 따라 야간 수업을 하여도 됩니다.

## 15. 2년제 공립 대학 졸업 시 급여 수준

미국 연방 노동부는 2년제 대학의 졸업장(Associate Degree)을 필요로 하는 일자리는 2010년의 경우 5백만~7백만 개에 달할 것으로 예상하고 있습니다.

미국은 4년제 대학교를 졸업해서 취업을 할 경우 연봉이 5만 달러에서 8만 달러 정도이지만 미국도 대학교 졸업생이 워낙 많아서 취업이 쉬운 편은 아닙니다.

이에 비해서 2년제 대학을 졸업하였을 경우는 연봉은 4년제 대학을 졸업한 것만큼은 못하지만 취업은 4년제 졸업생에 비해서 쉬운 편입니다.

2년제 대학 중에서 가장 인기 있는 학과 15개와 평균 초봉은 다음과 같습니다.

| 순 위 | 학 과 | 평균초봉(년가) |
|---|---|---|
| 1 | 간호학 | $35,000 전후 |
| 2 | 컴퓨터 일반기술 | $37,000 전후 |
| 3 | 컴퓨터 네트워킹 | $40,000 전후 |
| 4 | 전기, 전자공학 | $31,000 전후 |
| 5 | 컴퓨터 테크니션 | $38,000 전후 |
| 6 | 제조기술 | $31,000 전후 |
| 7 | 방사선학 | $34,000 전후 |
| 8 | 디지털미디어 | $36,000 전후 |
| 9 | 컴퓨터프로그래밍 | $32,000 전후 |
| 10 | 일반무역 | $27,000 전후 |
| 11 | 법 집행 | $29,000 전후 |
| 12 | 치과 위생학 | $43,000 전후 |
| 13 | 컴퓨터디자인 | $29,000 전후 |
| 14 | 자동차 | $30,000 전후 |
| 15 | 공중 보건학 | $25,000 전후 |

## 16. 유학을 하면서 자격증을 취득할 수 있는 곳

A) 간호학 : 간호사의 종류는 정식 간호사(RN)와 준 간호
사(LVN)과정이 있으며 유학생이 쉽게 RN자격증을 취
득하기에는 우선 영어가 부족하며 시간도 많이 걸리기
때문에(4년 소요) 우선은 준 간호사(LVN)과정을 학원
이나 Community College(2년 과정)에서 공부를 한 후
에 병원에 취업을 하여 돈을 벌면서 틈틈이 정식 간호
사인 RN공부를 2~3년하고서 RN자격증 시험을 칩니
다. 이렇게 RN자격증을 취득하면 대부분의 병원에서
스폰서가 되어 1~2년 내에 영주권을 취득할 수가 있습

니다.

일반적으로 준 간호사(LVN) 공부를 일반 사설 간호 학원에서 하게 되면 학비가 약 2만~3만 달러 정도 있어야 되며, 2년제 공립 대학에서 공부를 하게 되면 이보다 저렴한 편이며 영주권자는 100% 무료로 학교를 다닐 수가 있습니다.

준 간호사(LVN) 시험이 어렵다고 생각이 되며 학비도 부담이 될 경우에는 보조 간호사(CNN)(일반 간호학원 2개월 과정은 $3,500 전후, 2년제 공립 대학의 경우는 6개월 과정에 $2,000 전후의 학비가 듭니다.) 자격증을 취득(월 급여는 $1,500~2,000)하여서 어느 정도 학비를 저축한 다음에 LVN과정을 공부하면 됩니다.

B) 한의과 대학 : 한의과 대학은 자체에서 I-20을 발행하며 교육 기간은 Full Time으로 공부를 하였을 경우 3년 과정이며 한국에서 해당 과목을 이수 하였을 경우는 학점을 인정받아서 2년 정도만 공부를 하면 졸업이 가능하고 한의사 시험은 한국에 비해서 쉬운 편입니다. 학비는 년 간 $7,000~10,000입니다.

대부분의 한의과 대학은 로스앤젤레스 인근에 있으며, 한의사 자격증을 취득한 후의 취업은 상당히 어려운 편이며 개업을 하여도 일부를 제외하고는 6개월에서 1년 사이에 문을 닫는 경우가 많이 있습니다. 그 이유는 대부분의 한인들은 미국에서 한의사 자격증을 취득한 것을 신뢰를 하지 않기 때문에 수많은 한의사 자격 소지자들이 많은 학비를 들여서 공부를 하고서도 마켓이나 청소 등 어려운 생활을 해 나가고 있는 형편입니다. 그리고 백인이나 히스패닉을 상대로 치료를 할 경우는 언어 소통에 문제가 많이 있는 편입니다.

미국에서는 한의사를 메디컬 Doctor처럼 Doctor(의사)라고 부르지 않고 Acupuncturist(침술사)라고 칭하며 한의원은 Acupuncture(침술원)이라고 표기를 합니다.

C) 공인 회계사(CPA) : 한국의 대학에서 회계학이나 통계학 등을 전공한 사람과 실무 경험자는 2년 정도 공부를 하면 합격이 가능하며 비전공자는 4년 전후의 공부를 하여야 자격시험에 합격을 할 수가 있을 것입니다. 공인 회계사 자격증을 취득하면 공인 회계사나 공인 세무사 사무실에 취업을 한 후에 스폰서를 구하여 취업 이민을 신청할 수가 있습니다(속성으로 공인 회계사 시험을 치기 위해서는 1~2년 정도 회계사 전문 학원에서 공부를 하면 합격을 할 수가 있습니다.).

CPA 시험에 합격을 하면 졸업생의 진로를 PSU Networking을 통하여 학교에서 도와줍니다.

D) 공인 세무사(Enrolled Agent) : 공인 세무사는 대학에서 경영학이나 경제학 또는 회계학을 전공하였거나 회사에서 회계나 세무 실무 경력이 있는 경우에 공인 세무사 전문 학원에서 6개월 정도 공부하면 1~2년 내에 공인 세무사 자격증을 취득할 수가 있습니다.

D) L.A "F.I.D.M" 패션 디자인 대학 : LA 지역에서 유명한

패션 디자인 전문대학으로서 I-20을 발행하는 2년제 학교이며 졸업 후 취업이 비교적 무난한 편입니다.
학비는 1년에 2만 달러 전후입니다.

E) 유아 교육학 : I-20을 발행하는 학원이 많이 있으며 한국의 문교부가 인정하는 학점을 취득케 하여 유학생들이 귀국 시 한국에 있는 대학교나 대학원으로 편입이 가능합니다.

교육기간은 2학기(6개월)이며, 이 동안 총 24학점을 취득합니다. 2학기를 이수하면 Preschool(취학 전 아동 교육센터) 또는 Day Care Center(유아원)의 교사 및 원장 자격증을 취득할 수가 있습니다.

F) 신학 대학(원) : 미국에는 수많은 신학 대학들이 있으며 많은 학교가 I-20을 발행하며 신학 대학에 소속된 교회에 출석을 하면 학비의 50~80% 정도를 감면 받는 곳도 있습니다. 신학 대학교는 Full Time 및 Part Time 또는 통신으로 공부를 할 수가 있으며 석사나 박사학위를 가지고 교회에 취업을 하게 되면 1~2년 만에 취업 영주권(종교 이민과 다른 것임)을 취득할 수가 있습니다.

G) 치과 기공 대학 : 치과 기공대학은 6개월 및 10개월 코스가 있으며, 오전, 오후, 저녁 및 속성반 코스가 있으며, 치과 기공자 자격증을 취득하면 취업은 가능하나 처음 1~3년 동안은 월수입은 $1,200 전후이므로 4~5년 동안은 돈을 벌지 않아도 되는 사람이 배우는 것이 좋습니다. 소문에는 치과 기공을 배우면 월 $7,000~10,000 정도의

수입이 된다고 하는데 이 경우는 조각을 전공하고 치과 기공이 적성에 맞으며 나이는 35세 미만인 사람이 5~8년 이상의 경력이 있을 경우이며, 이러한 경우는 100명 중 1~2명에 불과하며 대다수 사람들은 자격증만 취득하고는 중도에 포기하는 경우가 많이 있습니다. 특히 40세가 넘어서 치과 기공을 배우는 것은 취업이 상당히 어렵다고 봅니다.

H) 미용사, 전기 기술자, 건축 : 일반 유학원의 ESL 과정에 있으면서도 쇼셜 번호(Social Number)만 있으면 자격증을 취득할 수가 있습니다.

• 학교에 대해서 보다 더 상세한 내용을 알기를 원하시면 이메일 migukguide@yahoo.co.kr로 문의를 하시면 도움을 받을 수가 있습니다.

## 17. 유학에 관한 사례

Q씨는 29세로 한국에서 대학을 졸업하고 취업을 하기 위하여 대기업에 여러 차례 응시를 하였으나 워낙 경쟁률이 치열하여 제대로 뜻을 이루지 못하자 중소기업에 취업을 하였으나 자신의 적성과 맞지가 않아 고민을 하던 중 미국에 가서 공부를 조금 더 한 후에 미국에서 취업을 하여서 살기로 하고 이때부터 학비를 마련하기 위하여 그렇게 좋아하던 술도 끊고 3년 동안 돈을 모은 후에 LA에 살고 있는 친구의 도움을 받아서 2년제 Santa Monica City College에 입학을 하였습니다.

Q씨는 원래 UCLA대학교에 진학을 하려고 하였으나 영어
연수 및 대학 4년 동안의 학비가 부담이 되어서 2년 동안은
학비가 적게 드는 2년제 대학에 입학을 하였던 것입니다.
Q씨는 1년이 지나자 가지고 온 돈도 거의 바닥이 나서 아
르바이트를 해서 학비를 모으기로 결심을 하고는 밤 청소,
주유소, 노래방, 카페 등에서 일을 하였으나 돈을 별로 모
을 수가 없어서 봉사센터의 소개로 1,500달러를 주고 스시
학원에서 스시 만드는 기술은 익힌 뒤 스시 학원의 소개로
취업을 하게 되었습니다.

Q씨는 방학 동안에는 스시집에서 풀타임으로 학기 중에는
오전에 학교를 다니고, 오후 3시부터 10시까지는 스시집에
서 일을 하다 보니 매월 2~3천 달러의 수입이 생기게 되어
비록 피곤은 하였지만 열심히 공부를 할 수가 있었습니다.
Q씨는 돈 버는 재미 때문에 2년제 대학을 3년 만에 마치고
그렇게도 원하던 UCLA대학교 3학년에 편입을 하게 되었
습니다.

그는 UCLA대학교를 다니면서도 계속 스시집에서 일을 하
였기 때문에 부모로 부터 도움을 받지 않고도 3년 후에 대
학교를 졸업과 동시에 미국 굴지의 대기업에 취업도 하고
또한 회사에서 스폰서를 서 주어서 취업이민으로 영주권
도 취득하게 되었습니다.

## 18. COMMUNITY ADULT SCHOOL(성인 영어 학교)란?

영어를 할 줄 모르는 상태에서 미국에서 성공하기가 쉽다
는 생각이 드십니까?

미국에서 생활함에 있어서 직장을 구하거나 사업을 할 경
우에 영어를 제대로 구사하지 못하면 안정된 미국인 회사
에 취업을 하기가 어려울 뿐 아니라 급여도 제대로 받을
수가 없으며 주류사회의 미국인들을 상대로 하는 사업을
하기가 매우 어렵기 때문에 미국 주류사회와는 가까이에
있으면서도 무척이나 멀리 느껴지게 됩니다.

그래서 결국은 한인들이 모여 사는 한인 타운에서 제살 깎
아먹기 식으로 한정된 직업과 한정된 사람들을 상대로 힘
들게 살 수 밖에 없습니다.

어떤 이유에서든지 미국에서 제대로 정착하기 위해서는
취업보다도 더 시급한 것이 영어를 습득하는 것입니다.

미국에 도착해서 6개월 정도의 생활비만 있다면 미국에 도
착 즉시 운전면허증을 취득하고는 Adult School(성인 영어
학교)에 등록하여 6~12개월 정도 기본적인 영어를 배운
후에 취업을 하든지 사업을 하면 미국 생활에 많은 도움이
될 것입니다.

Adult School은 미국 정부에서 미국에서 생활하기를 원하는
사람들이 언어 소통을 제대로 할 수 있도록 정부 재정으로
무료로 영어 교육 및 기술 교육을 시켜주는 학교입니다.

만약 생활비를 꼭 벌어야 할 경우는 부부 중 한 사람만이
라도 반드시 Adult School에 다니는 것이 자녀들 숙제도

도와 줄 수 있고 미국생활을 보다 더 잘할 수가 있는 것입니다.

어떤 사람들은 직장을 다니면서 Adult School을 다니면 되지 않느냐고 질문을 하는 경우가 있습니다. 물론 시간이 없을 때는 직장을 다니면서 영어공부를 할 수도 있지만, 이럴 경우는 상당히 피곤한 것을 감수해야 할 것입니다. 이러한 과정을 거치지 않고 귀찮다고 해서 안일하게 미국에서 5~10년 정도를 생활하다 보면 대부분의 사람들이 영어를 배우지 않은 것을 후회하게 되는 것입니다.

## 19. Adult School 등록 시 참고 상항

무료로 영어를 배운다고 해서 가르치는 학교나 교사들이 성의가 없는 것이 아닌가 하고 걱정을 하는 경우가 있는데, Adult School은 교사 및 직원들 급여를 포함한 일체의 경비를 정부가 지불을 하기 때문에 이에 대한 감사가 아주 심한 편이며 어떤 학교는 오히려 일반 사설 어학원 보다 더 잘 가르치기 때문에 어학원에 등록된 많은 학생들이 오전에는 어학원에서 공부를 하고 오후에는 Adult School에서 공부를 하는 경우도 많이 있습니다.

영어를 배움에 있어서 가장 명심하여야 할 사항은 가능한 한 학교 내에서는 수업시간 이든지, 휴식시간에 한국 사람들과는 대화를 하지 말고 말이 잘 통하지 않아도 외국 사람들과 대화를 하여야만 영어를 빨리 배울 수가 있습니다. 비록 영어를 한 마디라도 못할 지라도 상대방의 얼굴 표정과

몸짓을 보면 무슨 뜻인지 반드시 알게 되어 있습니다.
만약 영어를 알아듣기 어렵다고 하여 수업 시간에 한국 사
람들에게 서로 물어 본다든지 휴식 시간에 한국 사람들 끼
리 대화를 하다 보면 그만큼 영어 습득이 늦어진다는 것을
명심하여야 할 것입니다.
부부가 함께 영어 학교에 갈 지라도 학교에 도착해서 집에
돌아올 때까지는 대화를 하지도 말고 만나지도 않는 것이
한 시간이라도 빨리 영어를 배울 수 있는 지름길이라는 것
을 명심하시기 바랍니다.

## 20. Adult School 등록 절차

A) 집에서 가까운 영어 학교의 사무실을 찾아가서Applica-
tion(신청서)을 작성합니다.
B) 순서가 되면 영어로 인터뷰를 하고 문법 시험을 통하여
실력에 맞는 학급을 안내하여 줍니다.
C) 인터뷰 시 영어를 전혀 알아듣지 못하는 경우는 기초반
에 가도록하지만 문법시험을 칠 경우는 한국 사람들 대
부분이 한국에서 중고등학교 시절에 문법을 배웠기 때
문에 대부분 높은 점수가 나오게 되지만, 대화가 되지
않기 때문에 처음에는 수준을 조금 낮추어 달라고 하는
것이 좋습니다.

## 21. Adult School에서 배울 수 있는 것들

Adult School은 영어만 가르치는 곳도 있고 영어와 함께
역사, 수학, 컴퓨터 및 각종 기술을 함께 가르치는 곳도 있
으니, 학교에 등록 시 어떠한 프로그램들이 있는지 학교
측에 물어 보는 것이 좋습니다.

가능하면 컴퓨터나 기술 교육을 함께 받아 두면 취업이나
사업을 할 때 많은 도움이 될 것입니다.

## 22. Adult School의 학비 및 등록자격

Adult School의 학비는 전액 무료이며, 교재는 본인이 구입을
하면 됩니다(등록비는 $5~10, 교재비는 $10~20 정도임).
등록 자격은 특별한 제한이 없으며 18세 이상 성인이면 누
구나 가능합니다. 그러나 저소득 영주권자나 시민권자는
구태여 Adult School에 다니지 않아도 정부에서 교육비 전
액을 지불해 주는 사립 영어 및 기술학교에 다니면 학급당
학생 수가 10명 전후이기 때문에 개인지도를 받을 수가 있
어서 영어를 습득하고 각종 기술을 배우기가 Adult School
보다 유리한 편입니다.

## 23. Adult School 소재지는 어떻게 찾나요?

야간반 Adult School은 보통 공립 고등학교 내에 부설로
있는 곳이 많으며 주간반은 중고등학교 내에 부설로 된 곳
도 있으며 따로 독립된 건물에 위치하고 있습니다.

소재지는 집근처 고등학교나 영어 학원 또는 주위 사람들

에게 물어보면 쉽게 찾을 수가 있습니다.

## 24. Adult School 수업시간

수업 시간은 학교마다 다르며 오전 9시부터 오후 1시까지
하는 곳과 오전 9시부터 오후 3시까지 하는 곳 또는 오전
5시 45분부터 오후 9시 15분까지 하루 종일하는 학교도 있으
며 한 과목당 수업 시간은 2시간 40분 정도 입니다.

시간적인 여유가 있을 경우는 하루 종일 수강을 하여도 됩
니다.

## 25. LA 한인 타운 근처의 Adult School

로스앤젤레스의 한인 타운에는 10여개의 크고 작은 Adult
School들이 있지만 대부분 한국 사람들이 많아서 영어가
쉽게 늘지가 않는 편이기 때문에 한인 타운에서 10분 거리
에 있는 Down Town 내에 있는 LA에서 가장 규모가 크고
(재학생수가 10,000명 이상임) 잘 가르치는 Adult School
을 소개하겠습니다.

• 학교 이름 : "EVANS" Community Adult School(www.
evansla.org)

• 주소 : 717 N. Figueroa St. Los Angeles, CA 90012

• 전화번호 : (213)626-7151

• 수업 시간 : 오전 5시 45분부터 오후 9시 20분까지(월~금요
일 과정, 토요일 및 일요일 과정이 있음)

• 교육과목 ESL Beginning Literacy, ESL Beginning Low,

ESL Beginning High, ESL Intermediate Low, ESL Advanced, ESL Intermediate High/A, ESL Intermediate High/B, ESL/Citizenship, Distance Learning, Basic Language Arts, Basic Reading, Speech, English 1, English 2, English 3, English Review, English Composition, General Science, Economics, U.S Government, U.S History/1, U.S History/2, World History/1, Social Science Lab, Adult Independent Study, Computer Operator/Literacy, Computer Operator/Software Applications, Algebra 1A, Algebra 1B, Math Review A/B, Mathmetics Laboratory, Individual Instruction Laboratory, Pharmacy Technician, Early Childhood Education Assistant, Clinical Medical Assistant, General Clerk/Office Assistant

• LA 한인 타운(Western+Olympic)에서 버스로 갈 경우 : 한인 타운의 올림픽 길에서 다운타운(동쪽)쪽으로 가는 28번 버스를 타고 25분정도 가서 Down Town 입구인 Figueroa 입구에서 내려서 Figueroa 길을 건너서 왼쪽으로 가는 버스를 갈아타서 1st St 을 지나서 Figueroa와 Sunset이 만나는 곳에서 내리면 사거리 코너에 "EVANS"라는 학교 사인판이 보입니다(길을 찾기가 어려울 때는 운전기사에게 학교 주소와 학교 이름을 적은 쪽지를 보여주면 학교 앞에서 내려줍니다.).

# APARTMENT(아파트) 혹은
# HOUSE(단독주택) 입주에 대하여

미국에서의 아파트는 한국의 아파트와는 개념이 조금 다르다고
볼 수 있겠습니다. 미국에서는 돈을 지불하고 산 아파트는 "콘
도미니엄"이라고 부르고 매월 월세를 지불하고 임대하여 사는
곳을 아파트라고 부릅니다. 그리고 일반 단독 주택은 HOUSE
(하우스)라고 부릅니다. 미국에서 생활을 시작할 때 대부분 4 인
가족 이하일 경우는 아파트에서 생활을 시작하는데, 아파트는
건축한지 몇 년이 되는지, 지역이 어디인지(고급 생활지역, 학
교, 또는 우범지역 인지 등), 어떤 시설이 되어 있는지(에어컨,
히터, 냉장고, 식기세척기, 오븐, 전자레인지, 수영장, 헬스클럽,
서파 등등)에 따라 가격이 상당히 차이가 있기 때문에 미국에
도착하면 최소한 3~4주는 임시로 거처할 장소를 구하든지 아
니면 조금 비싸더라도 Month To Month(월별 계약)로 계약을
한 후에 시간적인 여유를 가지고 자녀들의 학교와의 거리, 직장
과의 거리, 주위 환경, 수입 등을 충분히 고려한 후에 아파트를
결정하는 것이 좋습니다.

그 이유는 아파트나 단독주택을 임대할 때 대부분 1년 단위(혹
은 6개월)로 리스(임대)를 하기 때문에 계약 기간을 채우지 못
하고 이사를 하게 되면, 잔여 임대 기간의 임대료를 지불 하든
지 Deposit(보증금)을 돌려받을 수가 없기 때문입니다.

미국의 아파트는 임대료를 결정할 때 한국처럼 몇 평짜리 아파트
인가 하지 않고 One Bedroom 혹은 Two Bedroom식으로 침실이

몇 개 인가에 따라 가격이 결정됩니다. 그리고 아파트를 말할 때 한인들이 많이 사는 곳에서는 아파트라고 말을 하면 상대방이 알아듣지만 미국 사람과 대화할 때는 아파트먼트(Apartment)라고 말해야만 상대방이 알아들을 수가 있습니다.

## 1. 아파트의 종류
A) Single : 싱글(혹은 Studio : 스튜디오라고도 함) : 이것은 한국의 원룸처럼 방 1칸에 부엌과 욕실이 붙어 있는 것으로 약 15~20평 정도의 크기 입니다.

B) One Bedroom(원 베드룸) : 이것은 침실 1개, 거실, 부엌, 욕실이 있는 것으로 약 20~25평 정도의 크기 입니다.

C) Two Bedroom : 이것은 침실이 2개, 거실, 부엌, 욕실 2개(혹은 1개)가 있는 것으로 약 25~32평 정도의 크기 입니다.

대체로 건축한지 20년 이상 된 아파트는 면적이 넓은 반면 방마다 에어컨이나 히터 및 각종 위락 시설이 잘되어 있지 않는 곳이 많으며, 10년 이내에 지은 아파트는 냉난방 및 기타 위락시설은 잘되어 있으나 면적이 대체로 작은 편입니다.

## 2. 아파트 및 단독주택 임대가격(부동산 시세에 따라 달라 질 수가 있습니다)
(로스앤젤레스 한인 타운의 경우)
• Single(Studio) : $800~1,000

- One Bedroom : $1,000~1,800
- Two Bedroom : $1,500~2,500
- 단독 주택(3 Bedroom) : $1,700~3,000
- 계약 입주 시 보증금은 Social Card가 있을 경우는 1개월 치 임대료와 이사할 때 청소비 및 수리비($300-$600) 등을 요구하며 쇼셜 카드가 없을 경우는 미국인 아파트에는 입주 하기가 어려우며 입주를 한다고 하여도 2~3개월 치 아파트 비를 미리 내어야 합니다.

  계약 기간이 끝나고 이사를 하게 되면 실제 경비를 제외한 나머지 금액은 돌려받는 것 입니다
- 관리비 : 아파트의 경우 전기료는 월 $20~40, 가스비는 월 $10~20정도이며 대부분의 아파트는 수돗물 사용료는 내지 않습니다. 그러나 단독주택일 경우는 잔디에 매일 물을 주어야 하며, 냉난방비도 아파트에 비해서 훨씬 많이 들기 때문에, 일반 아파트에 비해서 전기세나 가스비가 2~5배 정도 더 지출하여야 합니다. 또한 정원이 있을 경우는 정원 관리를 위하여 매주 정원사를 부르는 비용(월 $200~300)이 추가가 됩니다. 다시 말해서 단독 주택은 아파트에 비해서 냉난방비용 등 유지비가 많이 들기 때문에 이 모든 점을 감안하여서 심사숙고 한 후에 결정을 하는 것이 좋겠습니다 (New York이나 시카고 같은 곳은 여름에는 덥고 겨울에는 춥기 때문에 냉난방을 위한 전기료나 가스비가 캘리포니아 나 남부 지방에 비해서 지출이 많이 됩니다.).

## 3. 아파트 입주 시 꼭 알아 두어야 할 상항

A) 처음 입주 계약 시 아파트 관리회사나 아파트 매니저와 리스 계약을 체결하기 전에 입주자의 신용 상태를 알아 보기 위해 쇼셜 번호가 있는 경우에 크레디트 확인 비용 $20~40정도를 요구합니다.

이유는 입주자의 신용 상태를 먼저 확인하여 크레디트가 없거나 나쁠 경우에 입주를 거부당하든지 아니면, 보증금으로 몇 개월 치의 렌트비를 선불로 지급해 줄 것을 요구합니다.

만약 쇼셜 카드가 없을 경우는 쇼셜 카드가 있는 현지인이 Co-Sign(보증)을 하면 입주가 쉽게 될 수 있습니다.

B) 아파트 계약 기간은 1년 리스일 경우 1달 Free Rent(무료 렌트)를 주는 곳도 있으니 입주 상담 시에 물어 보는 것이 좋습니다(미국 아파트는 전세 제도가 없으며 모두가 월세 제도이기 때문에 매월 월세 납부에 대해서 부담을 느낄 수가 있습니다.).

C) 미국은 월세를 제 때에 내지 않을 경우 퇴거 조치를 당할 수가 있으며 또한 크레디트가 나빠지기 때문에 월세는 항상 제 날짜에 내는 것이 좋습니다. 그렇게 하여야만 다른 곳으로 이사를 갈 때 불이익을 당하지 않습니다(다른 곳으로 이사를 갈 때, 새로 입주할 아파트에서 전에 살던 아파트 매니저나 관리 사무소에 렌트비를 제 때 지불을 하였는지, 말썽은 없었는지 등을 물어 볼 수 있기 때문입니다.).

D) 아파트나 단독 주택으로 이사를 갈 경우에 New York
   이나, 시카고 같은 추운 지방은 별로 문제가 없지만 로스앤
   젤레스 같이 따뜻한 곳은 입주를 할 때 반드시 지붕 바로
   밑의 층은 피하는 것이 좋습니다. 이유는 따뜻한 지역의
   아파트나 단독 주택은 대부분 목재로 지어져 있으며, 추운
   지방에 비해서 방한이나 방음시설이 제대로 되어있지
   않아서 지붕 바로 밑의 층은 여름에는 매우 덥고, 겨울에는
   매우 춥기 때문에 이러한 특성을 모르고 입주를 하게
   되면 다른 층에 비해서 상당히 고생을 하게 되어 있습니다
   (미국의 아파트는 땅이 넓기 때문에 1~4층으로 된 목조
   건물이 대부분입니다.).

E) 아파트 주위에 히스패닉(남미 계통) 사람들이 살고 있
   는지 확인을 하여야 하며, 특히 주말에 이들이 파티를
   자주 여는지 주위 사람들에게 알아보아야 합니다. 이유
   는 남미 사람들은 노는 것을 좋아해서 주말 저녁만 되
   면 새벽 3~4시까지 음악을 크게 틀어 놓고 주위를 아
   랑곳 하지 않고 소리를 지르며 놀기 때문에 잠을 제대
   로 잘 수가 없기 때문입니다.

F) 아파트에 입주하기 전에 중앙 집중식 가스를 사용하는
   지 아니면 단독 보일러를 사용하는지, 그리고 주방에
   있는 스토브가 가스로 된 것인지, 아니면 전기로 된 것
   인지도 반드시 확인을 하여야 합니다. 그 이유는 단독
   보일러를 사용 하든지, 전기로 취사를 할 경우에 일반
   아파트의 전기 요금이나 가스비의 3~5배 이상을 더 지

불하여야 하기 때문입니다(일반 아파트보다 월세가 몇 십 달러 싸다고 해서 이런 집을 계약을 해서 입주를 하게 되면 계약 기간이 끝날 때 까지 전기, 가스비로 상당한 금액을 손해 볼 수가 있습니다.).

G) 임대 아파트를 찾는 방법은 한인들이 많이 거주하는 뉴욕, 로스앤젤레스, 시카고 등에서는 중앙일보나 한국일보 같은 일간지나 교차로 같은 주간지를 보면 쉽게 찾을 수가 있으며 한국인이 별로 거주하지 않는 곳에서는 지역 신문을 보거나 마켓이나 주유소 등에 가면 아파트 임대 전문잡지를 무료로 얻을 수가 있으니, 이것을 이용하면 됩니다(뉴욕은 New York Times, 로스앤젤레스는 LA Times를 보면 쉽게 찾을 수가 있습니다.). 또한 자신이 거주하는 동네의 아파트를 직접 방문하는 것도 좋습니다. 이런 경우는 아파트 입구에 "Leasing Now"나 "For Rent" "Move In Now" 또는 "Vacancy" 같은 사인판이 걸려 있으면 사인판에 있는 전화번호를 보고 전화를 하든지 아니면 아파트 입구에서 매니저를 찾아서 상담을 하는 것도 좋습니다.

H) 아파트에 따라서는 애완동물을 키우지 못하는 곳도 있고 어린이가 있을 경우 입주를 거부하는 곳도 있으니, 입주 계약을 하기 전에 이러한 사항들을 반드시 확인을 하는 것이 좋습니다.

I) 아파트에서 이사를 할 경우에 보증금(Security Deposit)을 제대로 돌려받지 못하여서 분쟁이 일어나는 경우가 많이

있습니다. 집 주인은 이사를 가는 세입자에게 20일 이내에 보증금을 반환하여야 하며, 또한 낡아서 벗겨진 페인트나 수명이 다한 카펫의 교체 비용을 세입자에게 청구를 할 수가 없으며 페인트의 수명은 보통 2년으로 간주하므로 2년 이상 거주한 세입자가 이사를 나갈 경우에 보증금에서 페인트 비용을 공제할 수가 없도록 되어 있습니다.

이사를 할 경우에 분쟁에 대해서 도움을 받기를 원하시면 로스앤젤레스의 경우에 "한인 타운 세입자 보호 네트워크"(213-640-3814)로 전화를 하여서 상담을 하시면 도움을 받을 수가 있습니다.

## 4. 룸메이트

독신으로 미국에 온 경우에 경비를 절약하기 위하여 신문 광고 등을 통하여 2명 혹은 3명의 서로 모르는 사람들이 모여서 룸메이트를 하는 경우가 많은데, 이럴 경우에 신분이 확실한 사람이 아니면 가능한 한 룸메이트를 피하는 것이 좋습니다. 이유는 서로가 신분을 모르는 상태이기 때문에 도난을 당하였을 경우, 도망간 사람을 찾을 수도 없을 뿐더러 여권 등 중요한 서류를 분실하게 되면 미국생활에 치명적인 문제가 발생하기 때문입니다.

## 5. 가재도구 구입

미국에서 생활할 때는 처음 1~2년 동안은 경비를 절약하기 위하여 중고 가구나 Sale하는 저렴한 가구를 사는 것이

좋습니다. 물론 새 가구가 깨끗하고 좋지만 대부분 1~3년
이 지나면 미국 실정을 어느 정도 알게 되어 이사를 하여
야 하는 경우가 많이 생깁니다. 그렇게 되면 대부분 새로
운 집에 맞는 가구를 구입하여야 하기 때문에 기존에 가지
고 있던 가구는 버리게 됩니다. 그렇게 되면 이중으로 경
비를 지출하게 되니, 처음에는 저렴한 가구나 생활용품을
구입하는 것이 좋겠습니다.

중고 가구를 구입하는 방법은 한인들이 많이 살고 있는 지역에서는
교차로 등 주간지 신문을 보든지 중앙일보(www.koreadaily.com)나
라디오코리아(www.radiokorea.com)를 이용할 수도 있으며 미국
지방지 신문의 중고물품 매매란을 이용하여도 됩니다. 그리고
웬만한 생활용품은 거주지 근처의 "$0.99 STORE"에 가면 대부
분의 상품을 $0.99에 살 수가 있습니다.

# 미국에서의 생활비 내역

## 1. 미국에서의 최초 생활비 내역(3-4인 가족 기준)

미국에서 생활하기 위해서는 먼저 자신이 거주할 지역이 어디인지를 먼저 정하고 나서 거주지에 도착하기 전에 최초로 들어가는 경비와 월 예상 지출경비를 산출한 다음 거기에 알 맞는 예산을 책정한 후에 자금을 준비하는 것이 경비절약에 많은 도움이 될 것입니다.

일반적으로 미국에 도착을 해서 2~3년 정도 지나면 대부분 미국생활에 익숙해지므로 그 때에 좋은 학군이나 직장을 따라 또는 형편에 맞는 곳으로 이사를 하게 되므로 처음부터 새 가구나 새 차를 구입하면 후회하기가 쉽기 때문입니다.

- 아파트 보증금 : 약 $3,900(2베드룸 아파트일 경우)
  (첫 달 및 마지막 달 렌트비 $3,400＋보증금(Deposit) $500)
- 중고 가구 구입비 : 약 $2,000(식탁 및 의자 $100, 침대 2개 $200, TV및 비디오 $300, 컴퓨터 및 책상, 의자 $800, 식기 및 생활 용품 $600)
- 중고 자동차(등록비 포함) : $5,000
- 자동차 보험료(종합 보험) : $200
- 전화 가설, 전기 신청 보증금 및 가스 신청비 : $400
- 운전 교습비 : $700(운전 경험자 2명×$350)
- 방문자가 학생으로 체류신분 변경 경비 : $2,000
- 예비비 : $2,000
- 합계 : $16,200

## 2. 월 최저 생활비 내역(3~4인 가족 기준)

- 아파트 렌트비(2베드 룸) : $1,500
- 자동차 보험료 : $70(책임 보험료)
- 자동차 Gas(휘발유)비 : $100
- 전기, 전화, 인터넷, 가스비 : $110
- 핸드폰(1대) : $50
- 학비(ESL 과정 학생 신분일 경우) : $300
- 예비비 : $200
- 합계 : $2,880

## 3. 월 중류가정 생활비 내역(3~4인 가족 기준)

- 아파트 렌트비 : $1,800
- 자동차 할부금(Payment)(리스 기준) : $600
- 자동차(2대) 보험료(종합보험) : $280
- 생명 보험료 : $300
- 자동차 gas 비 : $200
- 생활비 : $500
- 자녀 용돈 : $200
- 전기, 전화, 가스비 : $80
- 인터넷 및 케이블 TV 시청료 : $60
- 핸드폰 사용료(2~3대) : $100
- 남편 용돈 : $300
- 자녀 과외비(2명×$400)＝$800
- 정수기 사용료 : $22

- 예비비 : $300
- 합계 : $5,542

## 4.하숙비(독신일 경우)

독신일 경우에는 정착을 할 때까지 하숙을 하는 경우가 많이 있으며, 하숙비는 LA 한인 타운의 경우에 1인 1실(아침 및 저녁 제공)일 경우에 시설에 따라서 월 $500~800 사이입니다.

상기 금액들은 로스앤젤레스 한인 타운 지역을 기준으로 한 것이며 뉴욕이나 고급 동네는 20~30% 추가가 되며 중소도시는 20~40%정도 감소가 됩니다(가장 많이 차이가 나는 부분은 아파트 렌트비입니다.).

## 1. 취업을 하는 방법

미국에 도착해서 필요한 자격증을 취득하고, 자녀들도 학
교에 입학을 시키고 나면, 부부 중 한사람이나 또는 부부
가 함께 취업을 하여야 하는데, 한국에서 배우고 사용한
특별한 기술이 있을 경우는 비교적 취업이 쉽게 되지만,
한국에서 가정주부로만 있어서 직장 생활을 해본 경험이
없던지 아니면 사무직 계통에서만 일을 하여서 가진 기술
이 없을 경우에는 취업 선택의 폭이 좁다고 봅니다.

취업을 할 때 업종과 장래성 및 급여 등을 신중하게 고려
하지 않고 취업을 하게 되면 직장을 자주 옮겨야 하는데,
그렇게 되면 처음부터 새로 시작을 하여야 하기 때문에 직
업을 구할 때 자신의 적성에 맞을 것 인지를 생각하고 집
에서 직장까지의 거리, 급여 및 장래에 이 일을 배워서 사
업을 할 수 있을 것인지 등을 고려하여서 취업을 하는 것
이 바람직하다고 하겠습니다.

세계적으로 경기가 침체되고 있는 상황에서도 어느 나라
보다도 미국은 취업하기가 쉬운 편이라 하겠습니다.
미국에 갓 와서 영어를 할 줄 모르고 특별한 기술이 없을
경우에는 본인이 거주하는 지역의 중앙일보(www.koreadaily)
나 한국일보 등 일간지 신문이나 교차로 등 주간지 또는 라디오

코리아(www.radiokorea.com)의 구인 광고란을 보면 일자리
가 많이 나와 있습니다.

만약 원하는 직종의 구인 광고가 나와 있지 않을 경우에는
한인 전화번호부 책에 나와 있는 업소 중 자신이 일을 하
고 싶은 직종의 업소 전화번호와 주소를 모두 메모를 하여
두었다가, 그 업소에 직접 찾아 가서(전화를 하는 것 보다
직접 찾아 가는 것이 훨씬 효과가 있기 때문입니다.) 이 업
소에서 꼭 일을 하고 싶은데 일을 할 수 있도록 해 달라고
요청을 합니다. 그러면 업소 주인은 사람이 필요할 경우에
는 즉석에서 인터뷰를 하고 채용을 할 수도 있으며 현재
일할 사람이 필요하지 않을 경우에는 채용 계획이 없다고
말을 할 것입니다.
이럴 때 그냥 나와서는 안 되며 필히 본인의 이름과 전화
번호를 적어 주면서 본인은 이 업소가 마음에 들어서 꼭
이 곳에서 일을 하고 싶으니 언제라도 연락을 해 주시면,
다른 곳에서 임시로 일을 하다가도 이곳으로 오겠다고 하
면 언젠가는 연락이 올 확률이 높습니다. 그래도 연락이
안 올 경우가 있으니 한 달에 한 번씩 그 업소에 전화를 하
여서 본인의 이름을 이야기하고 안부 전화를 하면 취업에
많은 도움이 될 것입니다.

영어가 가능하며 영주권이 있는 사람은 뉴욕 타임스나 LA
타임스 같은 일간지나 도심지 버스 정류장 근처의 신문 판

매소 옆에 있는 "구인 잡지 Box"에서 일자리를 구할 수 있는 정보를 얻을 수가 있습니다.

근무 중 특별히 명심을 하여야 할 것은 미국 내의 소규모 업소들 대부분은 연봉제가 아닌 시간당 임금을 지불하는 경우가 많이 있는데, 시간당 임금을 지불받을 경우는 1주일에 한 번씩 주급을 받게 됩니다. 그리고 봉급을 받는 경우는 한 달에 두 번 급여를 받습니다.
봉급을 받는 경우는 별 문제가 없지만 시간제로 근무를 할 경우는 노동법에 의한 법정 휴식시간과 식사 시간 이외에 종업원들이 근무 시간에 개인의 볼일을 보러 간다든지 아니면 잠시 밖에 나가서 담배를 피우고 커피를 마시면서 시간을 낭비할 경우에 임금에서 공제를 할 수가 있으며, 해고의 사유가 될 수도 있습니다(대부분의 업소에서는 시간제로 일을 할 경우에 근무시간에 차를 마시며, 담배를 피울 시간적인 여유를 주지 않는다는 것 또한 알고 있어야 할 것입니다.).

일반적으로 주급을 받을 경우에 하루에 8시간을 근무하게 되면, 점심시간(30분~1시간)은 급여를 지불하지 않으며, 8시간 중 30분은 유급 휴식을 갖도록 법으로 규정되어 있습니다. 그러나 봉급자는 이 규정의 적용을 받지 않습니다.

갓 미국에 온 사람들 중 로스앤젤레스나 뉴욕 등 한인들이

많이 사는 곳에서는 여성의 경우에 70세 이상이 되어도 돈을
벌 기회가 있지만 남성의 경우는 40세 이상으로써 특별한
기술이 없을 경우에는 여성에 비해서 취업문이 상당히 좁으
며 일을 할 수 있는 직종도 한정이 되어 있다고 봅니다.

## 2. 특별한 기술도 없고 영어도 미숙 할 경우 취업할 수 있는 곳

① 식당 주방

한식, 중식, 일식, 뷔페식당의 경우에 업소의 규모에 따
라 다르기는 하지만, 보통 주방장의 경우는 월 3천 달러
에서 6천 달러 사이이며, 주방의 헬프로 일을 할 경우
월 2천 달러에서 2천 5백 달러 사이입니다. 주방 헬프의
경우 대부분 40대 후반 부터 60대 초반의 여성이며 다
른 직종에 비해서 텃세가 아주 심한 편이기 때문에 상
당한 안내심이 필요하다고 봅니다(기술이 없는 50대 이
상 여성들이 가장 손쉽게 취업할 수 있는 곳이기도 합
니다.).

② 식당 웨이츄레스 및 웨이터

식당 웨이츄레스는 보통 20~40대까지의 여성이 대부
분 이며, 웨이터는 20대 남성이 대부분입니다.
급여는 기본급＋팁으로써 월 2천 달러에서 4천 달러 사
이입니다.
근무 시간은 Full Time일 경우에 점심시간에 일을 하고
오후 2시부터 5시 사이는 집에 돌아갔다가 오후 5시에
와서 저녁 근무를 하라고 하는데 이렇게 되면 중간의 3

시간이 어정쩡하게 될 것입니다.

이 경우보다는 한 업소에서 낮 근무를 하고 다른 업소에서 밤 근무를 하게 되면 더 많은 수입을 올릴 수도 있습니다.

③ 일식 스시 맨

일식의 경우 스시 맨 부족한 탓으로 스시학원에서 4주 정도 교육(학원비 : 약 2천 달러 전후)을 받으면, 대부분 학원에서 취업을 시켜줍니다. 급여는 경력에 따라 월 2천 달러 에서 3천 달러 사이이며 한국에서 경력이 있을 경우는 경력에 따라 6천 달러까지 받을 수가 있습니다. 스시 맨 으로 몇 년간 일을 하면서 틈틈이 영어를 배워두면, 백인들이 많이 사는 동네에서 개업을 할 경우에 안정된 생활을 할 수가 있습니다. 20~30대의 여성이 스시를 배워서 백인지역에서 일을 하게 되면 상당한 인기를 얻을 수가 있습니다.

그러나 어떤 직종이나 마찬가지이지만, 어느 단계에 도달하기까지는 상당한 역경을 감수하여야 한다는 것을 명심하여야 합니다.

• 식당(한식, 일식, 중국식, 뷔페 포함) 수는 뉴욕(뉴저지 포함)의 경우 약 500곳이며 로스앤젤레스의 경우는 약 1,000곳이고 시카고의 경우는 약 200곳이 있습니다.

④ 리커 스토어

리커 스토어는 한국의 편의점과 비슷한 것으로 술을 함

께 파는 곳 입니다. 이곳은 한국처럼 주 7일을 영업하며
흑인 지역이나 남미 사람들이 많이 사는 곳이 위험부담
은 있으나 장사가 잘되기 때문에 한인들은 이들의 지역
에서 주로 장사를 하는 편입니다.

급여는 월 1천 5백~2천 달러정도이며, 때때로 위험한
경우가 발생될 수 있으며 40~50대 남성들이 주로 일을
하는 곳입니다.

⑤ 자동차 Sales

주로 30~40대 남성들이 대부분이며, 주 6일 근무를 하
나 일요일은 직원들이 교대로 근무를 합니다. 급여는
기본급(1,000달러 전후)+커미션의 경우와 100% 커미
션만 지급하는 경우가 있으며, 미 경력자는 기본급+커
미션을 선호하며 Sales경력이 많은 사람은 기본급 없이
커미션만 받는 것을 원하는 편입니다. 초보자인 경우
월수입은 1,500달러 전후이며, 경력이 오래된 사람은 월
5천~7천 달러까지 되지만, 경제가 어려운 상황이 되면
자동차 판매가 많이 줄기 때문에 실제로 자동차 세일즈
가 쉬운 직업은 아닙니다.

자동차 판매를 함에 있어서 새 차보다는 중고차를 파는
것이 수입이 많은 편입니다.

한인이 운영하는 자동차 딜러는 뉴욕(뉴저지 포함)의
경우 약 150군데이며, LA(LA County 포함)의 경우는
약 200군데가 있으며 시카고의 경우는 약 80군데가 있
습니다.

⑥ 보험 에이전트

보험 에이전트로 일하는 사람은 남성이 70~80%, 여성
이 20~30% 전후이며 보험 업무를 배워서 보험 브로커
시험에 합격하면 독자적으로 보험(브로커) 회사를 운영
할 수가 있습니다.

나이는 30~50대이며, 급여는 1,300~4,000달러이고 토
요일과 일요일은 휴무입니다(토요일 영업을 하는 곳도
있습니다.).

한인이 운영하는 보험 업소(브로커 및 에이전트)는 뉴욕
(뉴저지 포함)의 경우 약 500군데이며, LA(LA County
포함)의 경우는 약 300여 곳이고 시카고의 경우는 약 200
군데가 있습니다.

⑦ 봉제 공장

의류 봉제 기술이 있으면 누구나 취업은 쉬운 편입니
다. 여성의 경우, 봉제 경험이 있어서 샘플 메이커로 일
을 하면 월 2천 달러 전후의 급여를 받을 수 있으나, 무
경험자는 월 1,000달러 전후의 급여를 받습니다. 다시
말해서 무경험자는 미국의 최저 임금도 받지 못한다는
것입니다. 그래서 초보자의 경우는 봉제공장에서 2~3
개월을 버티기가 어려운 실정입니다.

업주의 입장에서 보면 경험이 없는 한국사람 보다는 경
험이 있는 인건비가 싼 남미 계통의 사람을 선호하는
편입니다.

남성의 경우는 봉제공장을 직접 운영을 해 보았든지,

또는 봉제공장에서 매니저로 일을 한 경험이 있을 경우에 매니저로 일을 하면 급여는 2,400~3,600달러 정도입니다(매니저는 봉제기계가 고장이 났을 경우에 웬만한 것은 직접 수리를 할 수 있어야 합니다. 그리고 급여 책정은 봉재기가 몇 대 인가에 따라서 결정이 됩니다.). 초보자 남성의 경우 40~50대가 많으며 주로 뒷일과 납품을 담당하며 급여는 월 1,200~1,800달러 수준입니다. 경력이 많은 나이 드신 여성의 경우에 집에 봉제기계 1~2대를 구비하여 소일거리로 봉제 공장에서 하청을 받아서 일을 하는 경우도 있습니다.

3~5년 정도 봉제공장에서 경험을 얻은 후에 직접 봉제공장을 운영할 수가 있으며, 이 때 창업비용은 3만~5만 달러 정도의 자금으로 시작할 수가 있습니다.

근무 시간은 월요일부터 금요일까지는 오전 8시부터 오후 6시 전후까지이며 토요일은 오전 8시부터 오후 1시까지입니다.

LA의 경우 봉제 공장이 약 1,000(봉제협회 등록 업체는 약 400여 곳)여 곳이 있으나 요즈음 중국산 완제품 수입이 늘어나면서 경기가 어려워지고 있는데다가 이민국에서 불법체류자 단속을 가장 많이 하는 업종이기 때문에 경영하기가 점점 어려워지고 있는 실정입니다.

⑧ 경비원(Security Guards : 시큐리티 가드)

시큐리티 가드가 되기 위해서는 시큐리티 가드학원에
등록을 해서 일정 기간 교육을 받으면 시큐리티 가드
라이센스를 발급 받게 되며 보통 학원에서 취업을 시켜
줍니다.

일반적으로 50대부터 70대 중반의 은퇴한 남성들이 이
일을 하고 있으며, 1일 8시간 근무기준으로 급여는 월
1,500달러에서 2,000달러 사이입니다.

⑨ 밤 청소

청소일은 낮 보다는 일과가 끝나는 오후 5시부터 아침
5시 사이에 사무실 빌딩이나 관공서, 학교, 은행 등을
청소하는 것인데, 시간당 얼마를 주는 것이 아니라 구
역을 정해 주어서 시간이 얼마가 걸리던지 출근시간 전
에 청소를 끝내 놓으면 되는 것인데 보통 하루에 2~3
곳의 빌딩을 청소하러 다니는 편입니다.

일을 빨리 끝내기 위해서 보통 부부가 함께 일을 하는
경우가 많이 있으며, 급여는 최저 임금 수준입니다.

청소는 본 직업을 구할 때 까지 임시로 하는 경우가 많
이 있으며, 경력을 쌓아서 빌딩의 청소권을 획득하면
월수입이 3,000~5,000달러는 됩니다.

주로 40~60대 남성이 위주이나 부부가 함께 일을 하는
경우도 많이 있습니다.

⑩ 마켓

일반 대행 마켓에서는 캐쉬어, 정육부, 생선부, 야채부,

과일부, 반찬부 및 기타 부서에서 수시로 직원을 모집하고 있으며, 보통 마켓 입구에 직원 모집 안내 광고가 붙어 있습니다.

캐쉬어는 30~40대 남,여, 반찬부는 50~60대 여성, 정육부 및 생선부는 50대 남성, 과일부는 40~50대 남성들이 주로 일을 하고 있습니다.

급여는 월 1,300달러에서 2,000달러정도이며 주말은 바쁘기 때문에 보통 월요일부터 목요일 사이에 교대로 휴무를 하고 있습니다. 방학 때는 아르바이트 학생들이 파트타임으로 일을 하기도 합니다.

⑪ 의류 도매업소

의류 도매 업소는 20~40대 여성 및 남성들이 주로 일을 하며, 급여는 월 1,500~3,000달러 정도이나, 영어나 스페니쉬를 할 줄 알면 더 많은 급여를 받을 수가 있습니다.

근무 시간은 평일은 오전 8시부터 오후 6시까지이며 토요일은 오전 8시부터 오후 3시까지 영업을 하는 곳도 있거나, 문을 닫는 곳도 있으며 일요일은 문을 닫습니다. 이곳은 매장 앞에 구인광고를 붙여 놓는 경우도 있고 신문에 구인광고를 내는 경우도 있으며, 업무내용은 제품판매, 제품 입출고 관리, 생산관리 등 입니다.

이곳에서 몇 년간 일을 배워서 의류도매업을 직접 경영할 수가 있습니다.

로스앤젤레스 다운타운 근처에 있는 자바시장(한국의

동대문 의류 도매 상가 같은 곳)에 1,000여개의 한인 도
매 의류 업소가 있습니다.

⑫ 의류 및 각종 소매업 점원

소매업 매장 직원은 주로 20~30대 여성의 비율이 70%
이상이며, 급여는 초임이 월 1,500~2,000달러 정도이며
경력이 많을 경우에 월 3,000~4,000달러 수준입니다.
쉬는 날은 매장의 사정에 따라 다르나, 보통 평일날 교
대로 쉬는 편입니다.

⑬ 세탁소

세탁소에서의 업무는 카운터 담당과 옷 수선이 있으며
카운트 담당은 보통 40~50대 남여 모두 가능하며 파트
타임도 가능합니다.

급여는 풀타임의 경우 월 1,300~1,800달러 정도이나 상당
히 힘이 드는 직종입니다. 그리고 옷 수선은 봉제 기술이
있는 40~50대 여성이 주로하며 급여는 월 1,600~2,500달
러 정도입니다. 휴무는 매주 일요일입니다.

한인들이 운영하는 세탁소는 뉴욕(뉴저지 포함)의 경우
약 200군데가 있으며 LA의 경우는 약 250군데이며 시
카고의 경우 약 100여 곳이 있습니다.

⑭ 미용실

미용실에는 헤어 디자이너와 헬프의 2종류가 있으며 헤
어 디자이너의 경우 한국에서 10년 이상 경력 소지자의
경우, 월수입은 3,000~5,000달러수준이며, 고급 미용실
에서는 인기가 있을 경우의 월수입은 월 1만 달러 전후

가 됩니다.

초보자나 경력이 짧은 경우는 월 1,300~2,000달러 수준
이며 헬프의 경우는 미용 기술을 배우는 입장이기 때문
에 월 1,000~1,500달러 수준입니다.

근무 시간은 보통 오전 9시부터 오후 7~8시까지입니다.
미국의 미용학원에서 미용기술을 익혀서 미용사자격증
을 취득하게 되면 미용실을 직접 운영할 수가 있습니다.
초보자가 미용학원에서 미용 기술을 배우기 위해서 필
요한 학원비는 약 8,000~9,500달러 정도이며 한국에서
미용 학원을 다녔을 경우는 경력을 인정받을 수가 있어
서 그만큼 학비를 절감할 수가 있습니다.

현재 로스앤젤레스의 한인 타운의 경우는 다른 분야도
비슷하지만 미용실도 과포화 상태라고 할 수가 있습니다.

⑮ 스킨케어

스킨케어는 20~40대 여성이 주로하며 급여는 경력과
지역에 따라서 월 2,500~5,000달러 수준입니다.

영어가 가능할 경우는 스킨케어 라이센스를 취득하여
백인들을 상대로 하면 한인들을 상대로 영업을 하는 것
보다 더 많은 수입이 보장됩니다.

스킨케어도 경제가 어려울 때는 수입이 많이 감소하는
직종입니다.

⑯ 페인트 헬프

페인트 헬프는 누구든지 할 수는 있지만 상당히 힘이 드는
직업임을 알고 시작을 하여야 합니다. 때로는 사다리나

지붕 위해서 떨어져서 몸을 다칠 경우도 있습니다.

2000년 초반까지만 하여도 한인들이 페인트 일을 많이 하였으나, 요즈음은 남미 사람들의 인건비가 워낙 싸기 때문에 한인들이 이 업종에서 많이 떠나고 있는 실정입니다.

연령층은 40~60대 남성들이 주로 하며 급여는 월 1,500~2,000 정도이나 일거리가 없을 경우는 수입이 줄어듭니다.

페인트 일을 배워서 공사를 직접할 경우에는 부인이 헬프를 하면서 같이 일을 하게 되면 월 5,000달러 전후의 수입은 됩니다.

⑰ 수영장 청소

수영장 청소는 수영장이 있는 집들을 찾아다니면서 정기적으로 수영장을 청소를 하는 것이며, 주로 30~50대 남성들이 일을 하고 있습니다. 급여는 월 2,000달러 전후이며 청소하는 일을 배워서 본인이 직접 수영장 청소를 맡아서하면 월 5,000달러 전후의 수입은 됩니다.

⑲ 은행원

은행 직원은 영주권이나 일을 할 수 있는 워킹 퍼밋이 있어야 하며 결원이 있을 때 마다 수시로 채용을 하며 아는 사람들의 소개로 주로 취업을 하고 있습니다.

급여는 초보자의 경우 월 1,300~1,700달러 정도로 임금이 높은 것은 아니나 의료 보험이 잘 되어 있기 때문에 임산부들이 선호하는 직업입니다.

근무시간은 월요일에서 금요일까지는 오전 9시부터 오

후 5~6시까지이며 예금 출납 관계 부서는 토요일 오전 9시부터 오후 1시까지 근무를 합니다(기타 부서는 휴무임). 그리고 일요일과 공휴일은 휴무입니다.

미국에 있는 한국계 은행 직원은 지점장을 비롯하여 80% 이상이 여성들로 구성되어 있으며 연령층은 주로 20~40대 입니다. 남성들의 경우는 급여가 낮아서 별로 선호를 하지 않으며, 남성들의 업무는 주로 융자 부서에서 일을 하는 경우가 많이 있습니다.

취업을 원할 경우 은행에 직접 문의를 하면, 인터뷰 후에 취업이 결정됩니다.

한국계 은행 지점은 뉴욕(뉴저지 포함)이 약 50군데, 시카고에 약 40군데, LA(LA County 포함)의 경우 약 100여 군데가 있습니다.

⑳ Secretary(사무직원)

사무실에서 일하는 직원은 주로 여성들이 많으며, 연령층은 20~30대가 전체 직원의 80%정도 됩니다.

업무내용은 컴퓨터, 서류 정리, 장부 정리, 전화 받는 일 등이며 근무할 수 있는 곳은 무역회사, 병원, 부동산 회사, 보험회사, 회계 사무실, 변호사 사무실, 자동차 딜러, 여행사, 공장, 원단회사 등에서 일을 할 수가 있으며, 근무 시간은 오전 9시부터 오후 6시 전후이고 대부분 토요일과 일요일은 휴무입니다.

급여는 월 1,400부터 2,000달러 사이이며 경력이 많은 사람은 월 2,000~3,500달러 수준입니다.

㉑ 원단 및 의류 부속품 세일즈

의류산업이 활발할 때는 LA 자바 시장에서 원단 Sales
를 할 경우에 주 5일 근무에 월수입이 4,000~8,000달러
정도이었으며, 일부는 월 10,000달러 이상의 수입이 보
장되었으며, 의류 부속품 Sales의 경우 월 평균 수입이
2,000~4,000달러 수준이었으나 요즈음은 중국산 완제
품이 많이 수입되는 탓에 원단 Sales의 경우 월수입은
1,500~3,000달러 수준이며, 원단 부속품 Sales의 경우
는 월 1,500~2,500달러 수준이며 경력이 많을수록 수입
은 증가 됩니다.

원단이나 원단 부속품 Sales를 할 경우에 가장 명심을
하여야 할 것은 대부분 외상으로 물건을 납품을 하여서
3~4개월 후에 수금을 하여야 만 커미션이 지급되기 때
문에 처음 3~4개월 동안은 수입이 없다고 생각을 하여
야 합니다.

만약 물건을 납품한 업소가 어느 날 문을 닫고 잠적을
하든지, 파산을 할 경우에는 납품 대금을 받을 수가 없
어서 원단회사나 원단 부품회사에서 커미션을 지급할
시에 회사에서 손해 본 금액 중 일정 금액을 공제를 하
는 경우가 있는데, 특별히 명심을 하여야 할 것은 납품
시에 거래처의 도주나 파산으로 인하여 납품 대금을 받
지 못할 경우에 Sales를 한 사람이 책임을 지지 않는다
는 내용을 반드시 계약서에 명시를 해 놓아야만 나중에
불이익을 당하지 않을 것입니다.

원단 Sales의 경우 LA Downtown에 위치한 자바 시장에 가면, 수백 곳의 유대인이 운영하는 원단회사도 있으며 한국 사람이 운영하는 원단회사를 쉽게 찾을 수가 있습니다. 그리고 원단 부속품회사는 대부분 한국인이 운영을 합니다.

영어를 잘하지 못하여도 기본적인 단어만 조금 알면 원단회사에 들어가서 당신들 원단을 Sales하고 싶다고 하면 웬만하면 일을 할 수 있게 하여 줍니다.

원단 Sales의 경우 30~40대 남성이 70%전후, 30~40대 여성이 30%전후이며, 원단 부속품 Sales의 경우는 30~40대 여성이 대부분 입니다.

근무시간은 월요일부터 금요일까지는 오전 9시부터 오후 6시까지이며, 토요일과 일요일 그리고 유대인 공휴일은 휴무이고 100% 커미션 조건일 경우는 출퇴근 시간의 제약이 없습니다.

㉒ 여행 가이드

LA와 뉴욕에는 한인이 운영하는 여행사가 많이 있으나 하와이, 알레스카, 마이애미, 샌프란시스코 같은 곳은 한인여행사가 별로 없어서 LA나 뉴욕 및 한국의 여행사들과 독자적으로 계약을 하여서 자신의 차를 가지고 가이드를 하는 경우가 많이 있으며, 특히 하와이에는 유학생들이 파트타임으로 여행 가이드를 많이 하는 편입니다.

여행 가이드의 주 수입원은 팁입니다. 팁은 여행객 한

사람당 하루에 일정 금액을 계산하여 받도록 되어 있습
니다.

여행 가이드는 여행을 좋아하는 20~30대 남성들이 주로
많으며 경력이 많고 해외여행에 결격 사유가 없는 경우는
유럽, 남미를 비롯한 해외여행과 크루즈 여행에 동행을
하게 되며 이 경우는 더 많은 수입이 보장됩니다.

월수입은 여행 가이드를 얼마나 많이 하느냐에 따라 수
입이 결정되며 대체로 수입은 1일 100~300달러 수준입
니다.

㉓ 가사 도우미

가정 일을 돌보아 주는 도우미의 역할은 식사준비, 청
소, 아기를 돌보아 주는 것 등이며, 입주를 해서 24시간
함께 생활하는 경우는 월요일에서 토요일까지 입주 가
정에서 일을 하고 토요일 오후부터 일요일 저녁까지 자
유 시간을 가지고 일요일 저녁에 다시 일을 하러 가는
것입니다. 그리고 출퇴근을 할 경우는 월요일부터 금요
일이나 토요일까지 오전 8~9시부터 오후 6~7시까지
일을 하고는 집으로 돌아가는 경우입니다.

보통 50~60대 여성들이 대부분이며 급여 책정은 식구
수와 젖먹이 아기가 있는지 등에 따라 차이가 있으며
월 급여는 1,600~2,000달러 정도입니다.

한국의 많은 60대 여성분들이 6개월짜리 방문비자로 입
국을 하여서 6개월 동안 입주 가정도우미를 하고 한국
에 돌아 갈 때 10,000~12,000달러 정도를 벌어서 갔다

가 6개월 정도 지나면 또다시 방문을 하여서 6개월간
돈을 벌어서 가는 경우가 많이 있습니다.

도우미는 지역신문이나 직업소개소를 통하면 어렵지
않게 일자리를 구할 수가 있습니다.

㉔ 베이비시터

베이비시터는 자신이 거주 하는 집에서 남의 아이들을
돌보아 주는 것이며 일반적으로 아이들 부모가 출근을
하면서 아이들을 맡겼다가 퇴근을 하면서 아이들을 데
려가는 것입니다.

보통 월요일에서 금요일(또는 토요일)까지 아이들을 돌
보아주며 아이 1명당 월 600~800달러 정도를 받습니다.
연령층은 주로 60~70대의 여성들이며 손자나 손녀들
을 돌보면서 베이비시터를 함께하는 경우도 있습니다.

㉕ 패션 디자이너 및 패턴 메이커

패션 디자이너는 주로 의류 도매업소에서 일을 하는데,
LA의 자바시장에 있는 의류업체에서 일을 할 경우 초
봉은 월 1,700~2,000달러 정도이며 경력이 많을 경우는
월 5,000~8,000달러로 디자이너의 경력 및 실력에 따라
급여 차이가 많은 편입니다.

나이는 20~30대의 여성이 대부분 입니다.

자신이 디자인 한 옷이 잘 팔릴 경우는 좋은 대우를 받
지만 옷이 잘 팔리지 않을 경우는 한 업소에서 오랫동
안 일 하기가 어려운 실정입니다.

디자이너가 패턴과 샘플 만드는 것을 함께 배워두면 취

업도 쉬울 뿐 아니라 급여도 높게 책정이 됩니다.

또한 디자이너가 퍼스트샘플을 만들 줄 알면, 본인이 디자인 한 것이 본인이 의도한 대로 잘 나올 수가 있으나 본인이 디자인 한 것을 남이 샘플을 만들었을 때는 본인이 의도한 대로 나오지 않아서 샘플메이커와 의견이 충돌하는 경우가 가끔 있습니다.

근무조건은 월요일부터 금요일까지이며 오전 9시에 출근을 해서 오후 5시 30분 전후에 퇴근을 합니다.

엄격히 말해서 LA의 자바시장의 디자이너는 패션디자이너라고 하기보다는 백화점이나 패션 잡지 및 다른 업체에서 나온 디자인을 모방하는 것이 대부분이기 때문에 Copy메이커라고도 부릅니다. 그래서 패션디자이너들의 꿈은 누구든지 뉴욕에서 High Fashion디자이너가 되는 것인데, 그렇게 되기 위해서는 영어가 능숙하여야 되며 뉴욕에 있는 High Fashion School에서 공부를 다시 하여서 의류 업체에서 일을 시작하면 급여는 초봉이 보통 8,000달러 이상이며 의류 업체에서 경력을 인정하게 되면 급여는 2~3만 달러가 됩니다.

뉴욕은 패션의 선구적인 역할을 하는 곳이기 때문에 LA나 샌프란시스코 등 타주에서 패션 디자인을 공부한 사람들은 거의 대부분 학력이나 실력을 인정하여 주지 않기 때문에 뉴욕으로 꼭 진출을 하고 싶을 경우는 LA 등에서 몇 년 동안 열심히 돈을 모아서 그 돈으로 뉴욕에서 다시 패션디자인 공부를 하는 과정을 거치는 것입니다.

LA 자바시장의 경우 패션디자이너들이 취업을 할 수 있는 업소는 대략 500군데 전후입니다.

패턴메이커의 경우 급여는 월 1,700달러부터 경력에 따라 5,000달러 수준입니다. 패턴메이커의 경우에 수작업과 컴퓨터작업을 함께할 수 있으면 취업이 보다 쉬운 편입니다.

㉖ 아파트 매니저

뉴욕이나 LA, 시카고 등 한인들이 많이 거주하는 한인타운에는 한인들만 사는 아파트들이 많이 있는데, 보통 한 아파트에 10~100유닛(가구)이 입주해 있으며, 40유닛 이하의 아파트는 매니저의 역할이 렌트(리스) 계약, 렌트비 수금, 간단한 고장 수리, 청소 및 아파트 관리 등이며 40유닛 이상 아파트의 매니저 역할은 렌트(리스) 계약과 렌트비 수금 및 아파트 관리만 하며, 고장 수리나 청소는 전담 직원이 따로 입주를 하여서 일을 합니다. 보수는 1~2베드룸을 무료로 사용하며 월 300~1,500달러 정도를 받습니다.

일반적으로 50~60대 남성들이 아파트매니저를 많이 하며 50대의 여성들도 있습니다. 여성의 경우는 고장난 곳을 수리를 하지 못하기 때문에 입주 계약과 렌트비 수금만 하는 경우가 대부분 입니다.

수리나 청소가 분리되어 있지 않은 소규모 아파트에서는 입주자가 이사를 갈 경우에 페인트하는 사람을 불러

서 돈을 주고 페인트와 청소를 시키는데, 매니저가 페
인트와 청소를 직접해주고 그 돈을 본인이 갖게 되면
그 만큼 수입이 늘어나게 됩니다.

㉗ 주유소(Gas Station : 가스 스테이션)

미국에서는 주유소를 가스 스테이션이라고 부르며, 휘
발유를 "Gas"(가스)라고 부릅니다. 한국에서 갓 온 사
람들은 가스가 휘발유를 의미하는 것을 모르는 경우가
많이 있으니, 이점을 주의하시기 바랍니다. 대부분의 주
유소는 가스를 판매하면서 담배, 음료수와 간단히 먹을
것 등을 함께 판매를 하며, 24시간 영업을 하기 때문에
주간근무와 야간근무 중 본인의 형편에 따라 일을 하면
됩니다.

주유소는 한인이 운영하는 곳이 많지 않지만, 물건을
팔고 돈만 받으면 되는 곳이기 때문에 영어가 미숙해도
일을 할 수가 있으나, 보수는 최저 임금 수준이기 때문
에 오래 일을 할 수 있는 곳은 아닙니다.

주로 20~40대의 한국에서 갓 온 남성들과 유학생들이
대부분 일을 합니다.

㉘ 자동차 정비공장

한국에서 자동차 정비 일을 해본 경험이 있을 경우는
취업이 쉬운 편이며, 주로 30~40대 남성들이 일을 합
니다.

근무 시간은 평일은 오전 8시부터 오후 6시까지이며,
토요일은 오전 8시부터 오후 3시까지이고 일요일은 휴

무입니다.

급여는 월 1,700~3,500달러 정도이며, 업주가 스폰서를
서 줄 경우에 취업이민이 가능한 곳입니다.

업주가 스폰서를 서주어서 영주권을 신청할 경우 약
5~6년이 소요가 되는데, 이 동안은 급여를 잘 올려 주
지 않는 단점이 있습니다.

㉙ 하숙

하숙은 방이 6~20개 정도 되는 하우스를 사든지 임대
를 하여서 하숙을 하게 되는데, 주로 40~60대 여성이
한인들이 많이 사는 곳에서 하숙을 합니다.

식사는 아침과 저녁을 뷔페식으로 제공하며 하숙비는
LA 한인 타운의 경우 한사람이 독방을 사용할 경우에
500~800달러 정도입니다.

㉚ 비디오 가게

전에는 한인들이 많이 사는 곳에는 한국 드라마가 인기
가 있어서 한국 비디오를 빌려보는 사람이 많아 비디오
가게 장사가 잘 되는 편이었지만 요즈음은 인터넷과 위
성방송이 발달하면서 비디오를 빌려보는 것이 줄어드
는 현상입니다.

비디오 가게는 오전 9~10시에 영업을 시작하여서 오후
10시 경에 문을 닫는데, 파트타임이나 풀타임이 가능
합니다.

20~40대 남여가 모두 일을 할 수 있는 곳으로 급여는
최저 임금 수준 입니다.

일을 배워서 비디오 가게를 직접 운영을 하고자 하는 경우가 아니면 급여가 낮기 때문에 오래 일을 할 수 있는 곳은 아닙니다.

한인들이 운영하는 비디오 가게는 뉴욕(뉴저지 포함)의 경우 약 70여 곳, 시카고에 약 20여 곳이 있으며 LA(LA County 포함)의 경우 약 150여 곳이 있습니다.

㉛ 전기 수리 및 플러밍(배관 수리공)

전기 수리 및 배관수리공은 한국에서 기술을 배워오면 하루 일당이 $100 전후이며, 초보자가 기술을 배우면서 일을 할 경우는 하루 일당이 $60~80정도입니다.

㉜ 에어컨(냉동) 기술자

에어컨(냉동) 기술자는 텍사스 같은 여름에는 상당히 덥고, 겨울에는 많이 추운지역이 일감이 많으며(여름에는 에어컨공사가 많고, 겨울에는 난방공사가 많기 때문입니다.) 기술자의 급여는 하루 일당이 $100~200달러 정도입니다.

㉝ 산후조리원

무비자가 시행된 이후 무비자로 입국을 하여서 미국에서 출산만하고 돌아가는 경우가 점점 많아지고 있기 때문에 특히 로스앤젤레스 지역은 산후 조리원이 많이 생기고 있는 실정입니다. 이곳은 물론 라이선스(자격증)가 있는 것이 좋지만 자격증이 없어도 취업을 많이들 하고 있습니다. 급여는 하루 일당이 $60~100달러 정도입니다.

㉞ 기타

주간지나 일간지의 광고직, 신문 배달, 베이커리, 음악
강사, 지압사, 택시 운전, 배달, 샌드위치 가게, 꽃집, 가드
너, 세차장 등 일을 할 수 있는 업종은 다양한 편입니다.
그러나 앞에서도 언급하였다 시피 당분간 고생을 하더
라도 필수적으로 생활 영어를 어느 정도 배워서 미국인
을 상대로 하는 직업을 선택하는 것이 한인 사회에 비
해서 경쟁도 심하지 않으며 보다 많은 수입을 올릴 수
가 있습니다.

## 2. 직장에서 급여를 제대로 받는 방법

미국 이민법에는 방문, 상용, 유학비자 소지자나 배우자,
또는 종교비자 소지자의 배우자등 워킹 퍼밋이 없는 사람
들은 취업을 할 수가 없다고 되어 있습니다.

그러나 현실적으로 서류 미비자를 포함한 대다수의 비 취
업 비자 소지자들이 취업을 하고 있으며, 업주들도 이러한
신분을 알면서도 채용을 하고 있는 실정입니다.

그 이유는 영주권자나 시민권자를 채용할 경우에 일을 할
수 있는 사람 구하기가 어려우며, 법의 규정에 어긋나지 않
게 임금을 지불해야 하는 부담감 때문에 비합법 체류 신분인
사람도 급여를 적게 주기 위해서 채용을 하는 것입니다.
특히 한국이나 다른 나라에서 갓 온 사람들은 미국의 법
규정에 맞는 인건비를 제대로 계산을 할 줄도 모를 뿐 더
러, 자신의 체류 신분 문제로 업주가 주는 대로 급여를 받

는 경우가 많이 있습니다.

더욱이 요즈음은 이민국과 노동청에서 불법 채용에 단속이 갈수록 심해지고 있는 입장이어서 취업 자체가 점점 어려워지고 있는 실정이기도 합니다.

규모가 큰 회사인 경우에는 대체로 법에 정해진 대로 급여를 지불하고 있지만 종업원이 5명 이하이든지 봉제공장처럼 노동 집약 산업체일 경우에는 인건비를 미국법대로 다 지불 하고 나면, 남는 것이 없다는 업주의 변명으로 자신도 모르게 임금을 착취당하는 경우가 많기 때문에 급여를 받을 때 임금 계산이 제대로 되었는지를 반드시 확인을 해 보아야 할 것입니다.

예를 들면 캘리포니아의 경우 주당 40시간을 기준으로 합니다.

그러나 1주일에 4일 동안 일을 해서 주 40시간을 일을 하였을 경우는 급여가 많이 차이가 나게 되어 있습니다.

근로 기준법에 의하면

A) 주 40시간을 초과한 시간은 기존 임금의 1.5배를 지급하여야 합니다.

B) 주 40시간을 일하지 않아도 하루에 8시간을 초과한 시간에 대해서는 1.5배의 임금을 지불하여야 합니다.

C) 일요일은 1.5~2배의 임금을 지불하여야 합니다.

D) 업소는 반드시 타임카드를 설치하여야 합니다. 만약 타임카드가 없을 경우는 매일 출퇴근 시간과 점심 식사 시간을 기록해 두어야 합니다.

만약 상기의 내용이 제대로 지켜지지 않아서 급여를 제대로 지급 받지 못하였을 경우는 거주지에서 가까운 노동청에 신고를 하면, 체류 신분에 관계없이 밀린 임금을 모두 소급해서 받을 수가 있습니다.

비록 업소에 취업을 하기위해서 상담을 할 때에 업소의 주인은 법에 정해진 규정을 말하지 않고, 요일에 상관없이 시간당 몇 달러를 지불한다고 하던지, 아니면 평일날 하루를 쉬고 하루 12시간씩 일을 해서 한 달에 봉급으로 얼마를 주겠다는 식으로 말을 하면 대부분 한국에서 갓 온 사람들은 내용도 모른 채 동의를 하는 경우가 많습니다. 그러나 비록 업주와 약속을 하였다고 할 지언 정 임금이 근로 기준법에 어긋나면 정당하게 업소에 추가 임금을 요청할 수가 있습니다.

이렇게 되면 업소 주인과의 마찰로 인하여 더 이상 일을 할 수가 없는 경우도 있고 업소 주인이 일을 할 수 없는 신분임에도 불구하고 불쌍해서 채용을 해 주었는데 이제 와서 업주를 협박을 하느냐 하면서 이민국에 신고를 하겠다고 엄포를 놓습니다.

하지만 이런 것에 개의치 마시고 노동청의 지역 사무소에 신고를 하면, 체류 신분에 관계없이 밀린 임금을 받아 줄 뿐만 아니라, 비록 불법체류자라고 할지라도 노동청에서 이민국으로 신고를 하지 못하게 되어 있습니다. 다시 말해서 의뢰인의 신분을 보호해 주는 것입니다.

이렇게 되면 업소 측은 밀린 임금을 모두 지급하여야 하며 타임카드를 설치하지 않았을 경우 추가 벌금이 나오면 일을 할 수 없는 신분의 사람을 채용한 벌금을 또 내어야 합니다. 이럴 경우는 업소 측의 손실이 훨씬 크기 때문에 웬만하면 타협을 하려고 할 것입니다.

[사례 1]

"P"씨는 가족들과 함께 방문비자로 입국 시 6개월간의 체류를 허락받았습니다.

그는 한 달 동안 부인과 함께 운전면허증을 취득하고 아파트도 구하고 자녀들도 공립학교에 입학을 시킨 후에 부인은 성인 영어 학교에 다니기로 하고 자신은 실크 프린트 공장에 취직을 하게 되었는데, 인터뷰 시 근무 조건은 주 6일 근무에 오전 8시에 출근을 해서 오후 6시에 퇴근을 하며, 점심시간은 30분간이고 토요일은 오전 8시에 출근해서 오후 3시에 퇴근을 하기로 하였으며 일요일 근무 시는 월요일 쉬기로 하였습니다.

급여는 시간 당 $9.00 을 받기로 하고 일을 시작하였습니다. "P"씨는 1년 2개월 동안 이 공장에서 열심히 일을 하던 중, 우연히 세금 납부 관계로 상담을 하면서 자신이 그동안 Over Time(초과 근무) 수당을 전혀 받지 못하였다는 사실을 알고는 지난 1년 2개월 동안 미지급된 임금을 청구하였습니다.

그러자 사장은 영주권도 없는 사람을 같은 한국 사람이라

고 해서 동정을 하는 의미에서 취직을 시켜 주었는데, 이
제 와서 이렇게 배은망덕하게 은혜를 저버릴 수가 있느냐
고 하면서, 당신은 현재 불법 체류 신분인 것을 알고 있으
니 이민국에 고발하여 당장 추방을 시키겠다고 협박을 하
였습니다.

이 소리를 듣자 "P"씨는 추방이 두려워서 며칠간 고심을
하다가 같은 교회에 다니는 영어를 잘하는 대학생과 함께
지역 노동청을 찾아가서 자신의 처지를 상담하였습니다.
그러자 노동청의 상담원이 노동청에서 밀린 임금을 받아
주도록 하겠으며, 노동청에서는 상담원이 불법체류자라고
할지라도 이민국에 고발을 하지 않는다고 설명을 하였습
니다.

"P"씨는 이 말에 용기를 가지고 변호사를 찾아가서 상담을
해 보았으나 받을 금액이 얼마가 되지를 않아서 자기는 이
일을 해 줄 수가 없으니 차라리 봉사센터를 찾아가보는 것
이 좋겠다는 말을 듣고는 수소문 끝에 봉사센터를 소개받
아 찾아가서 사정 이야기를 하니 흔쾌히 도와주겠다고 하
여서 이 봉사센터에 의뢰를 하였습니다.

(미지급 Over Time 명세표)

• 1년 2개월 동안 회사로부터 지급받은 급여 : $27,540
• $9×9시간/day×5일/주=$405
• $9×6시간/day×1일(토요일)=$54
• Total : $459/1주일×60주(1년 2개월)=$27,540
• 1년 2개월 동안 실제로 받아야 할 임금 : $31,612

- $9×8시간/day×5일/주×55주간＝$19,800
- $9×1시간/day×1.5배×5일/주×55주간＝$3,712
- $9×6시간(토요일)×1.5배×60주간＝$4,860
- 1년 2개월 동안 일요일 근무한 횟수 : 20회
- $9×9시간(일요일)×2배×20주간＝$3,240

1년 2개월 동안 미지급 임금 : $31,612～27,540 ＝ $4,072

"P"씨는 상기의 명세를 가지고 자신이 근무하던 업체의 사장과 상담을 한 결과 상호 고발은 안하는 조건으로 하고, 밀린 Over Time 금액 $4,072 전액을 받을 수가 있었습니다.
"P"씨는 바쁜 와중에서도 자신을 위하여 도움을 준 교회의 대학생과 봉사센터에 진정으로 감사를 하였습니다.

[사례 2]
"Y"씨와 여동생인 "K"씨는 함께 같은 봉제공장에 취업이 되었습니다. "Y"씨는 한국에서 8년간 봉제공장에서 일을 한 경력이 있었지만, 동생은 봉제 경험이 전혀 없었기 때문에 봉제 기술을 배운다는 생각으로 일을 하기로 하였습니다.
임금 지불 조건은 오전 8시부터 봉제 일감 1,000개를 8시간 만에 모두 끝을 내면 $70을 받기로 하고 일을 시작하였습니다.
그런데 "Y"씨는 숙달된 솜씨로 7시간 만에 일을 다 끝을 내어서 추가로 150개를 더 만들었지만, 동생은 8시간 동안

에 600개 밖에 작업을 못하여서 약정 금액 $70의 60% 인
$42 밖에 받지를 못하였습니다.

이 경우 "K"씨의 임금은 정당한 것인가요?

"K"씨는 8시간 동안 약속한 일감을 모두 끝을 내지를 못하
였지만 $42를 8시간으로 나누면 시간당 임금이 $5.25 밖에
되지 않기 때문에 업주는 "K"씨에게 정부에서 정한 최저
임금을 맞추어서 지불을 하여야 합니다.

이렇게 되면 비숙련공을 채용하게 되면 업주가 손해를 보
기 때문에 가급적 비숙련공을 채용하지 않으려고 합니다.

# 사업체 운영 시 꼭 알아야 할 사항

미국에서 사업체를 운영할 경우에는 사업체의 규모가 크거나 작던지, 영업 대상이 한국인이든지, 외국인이든지를 막론하고 한국에서 사업체를 운영하던 방식으로 경영을 하여서는 성공하기가 매우 어렵다는 것을 미리 말해 두고자 합니다.

사람 사는 곳이라고 해서 사업도 비슷하다고 생각할 수도 있지만 실제는 나라마다 외국인이 사업을 할 때 미처 알지 못하는 일이 많이 발생할 수가 있습니다.

미국 현지 사정을 제대로 알지를 못하고, 자신이 운영하고자 하는 업종에서 최소한 2~3년 동안 실무 경험도 쌓지 않은 상태에서 남의 말만 듣던지, 아니면 많은 돈을 들여서 E-2(소액 투자) 비자를 발급 받아서 사업체를 운영하였을 경우, 1~2년 사이에 70% 이상이 문을 닫을 수밖에 없는데 나의 경우는 문을 안 닫는 30%에 속한다는 보장이 있겠습니까?

만약에 사업체 규모에 관계없이 사업을 할 경우에 사업을 하는 방법이 2가지가 있는데, 첫째는 기존 사업체를 인수하는 방법이며, 둘째는 직접 창업을 하는 방법입니다.

다음의 사항을 잘 살피고 연구를 하여서 확신이 선후에 사업을 시작하면 상당한 도움이 될 것입니다.

## 1. 창업을 할 경우의 장점
    A) 권리금을 주지 않아도 됩니다.
    B) 재고 물품을 인수하지 않아도 됩니다.

C) 자신의 취향에 맞는 실내외 장식을 할 수 있어서 이중 경비를 지출하지 않아도 됩니다.

## 2. 창업을 할 경우의 단점

A) 기존 고객이 없기 때문에 고객 확보를 위한 광고비가 많이 들어갑니다.

B) 고정 고객이 생길 때까지 시간이 많이 소요되기 때문에 운영자금이 기존 사업체를 인수하였을 때 보다 더 많이 들어 갈 수가 있습니다.

C) 식당의 경우 시공업체에게 시공 및 인허가 관계를 모두 맡기는 경우가 많이 있는데, 시공업체에서는 3개월 후면 영업을 시작할 수 있다고 하여 거기에 맞추어서 예산을 준비해 두었는데, 막상 공사가 시작되면 공사의 일정 부분이 끝날 때 마다 검사를 받아야 하는데, 만약 검사에서 통과를 하지 못하면 관공서 직원에게 뇌물을 주고서 해결할 수가 없기 때문에 공사를 다시 시작을 하여야 합니다.

이럴 경우에 예상치도 못한 추가 경비를 지출하게 되고 식당의 경우 예기치 못한 인허가 문제나 공사 지연 등으로 3~8개월 정도 개업일이 늦어지게 됩니다. 그렇게 되면 영업도 못하면서 업소의 렌트비만 지출하게 됩니다. 이렇게 되면 권리금을 아끼려고 하다가 자금부족으로 개업도 하기 전에 사업을 포기하는 수도 있습니다.

## 3. 기존 업소를 인수하는 경우

기존 업체를 인수하는 방법은 매수자와 매도자가 부동산 중개업소에 지불하는 경비를 줄이기 위하여 당사자들 끼리 직접 계약을 체결하는 방법이 있으며, 부동산 중개인을 통하여 계약을 체결하는 방법이 있습니다.

캘리포니아에서는 한국과는 달리 사업체나 부동산 매매 시 중개인 수수료는 파는 측이 지불하도록 되어 있습니다.

그러니 매수자 입장에서는 부동산 중개인을 통해서 구입하는 것이 유리하며, 매도자 입장에서는 매수자와 직접 거래를 하는 것이 유리하다고 볼 수가 있습니다.

미국에서 사업체를 매입할 경우에 여기는 한국도 아닌데 뭘 그렇게 꼼꼼하게 따지느냐 하면서 나를 믿고 인수를 하라는 말을 절대로 믿어서는 안 되며, 반드시 다음의 사항을 부동산 중개인을 통해서 알아보든지, 아니면 본인이 직접 알아 본 후에 결정을 하여야 합니다.

이유는 만약에 E-2비자를 통해서 사업체를 인수할 경우에, 이민 업체와 부동산 중개업자는 일단 거래가 성사되어 자신들의 수수료만 받으면 되기 때문에 대충 넘어가려고 하는 경향이 있으므로 보다 세밀한 내용은 매수자가 직접 확인을 하여야 하는 것입니다.

## 4. 기존 업소를 인수할 때의 장점

A) 즉시 영업을 개시할 수가 있습니다(내부수리가 필요한

경우는 예외임).

B) 계약에 의해서 전 주인의 거래처를 모두 인계받을 수
있을 경우면, 창업에 비해서 영업하기가 쉬우며 광고비
가 적게 듭니다.

C) 예상치 못한 공사지연 등으로 인한 추가 비용이 창업에
비해서 적게 듭니다.

## 5. 기존 업소를 인수할 때의 단점

A) 순이익 및 장소에 따라 권리금을 지불하여야 합니다.

B) 팔리지 않는 악성 재고 상품도 인수를 받아야 합니다.

C) 계절상품일 경우에 성수기와 비수기의 매상 확인이 어
렵습니다.

## 6. 기존 업소를 인수할 때 반드시 확인 하여야 할 사항들

A) 지난 3년간의 매출액(실제 장부 및 크레디트 카드 매출
과 세금 보고서를 확인하여야 합니다.)

B) 지난 3년간의 월별 지출 명세서 및 인건비 지불 명세서와
구매한 물품의 영수증과 장부를 확인하여야 합니다.

C) 지난 3년간의 월별 순이익 명세서를 확인합니다.

D) 지난 3년간 밀린 급여로 인한 분쟁이나 밀린 세금은 없
는지를 확인합니다(에스커로 회사에 의뢰를 하는 것이
좋습니다.).

E) 가능하면 1~2개월 정도 직접 업소에 출근을 해서 매입
과 매출을 확인합니다.

F) 계절이나 날씨 및 경기에 미치는 상품 인가를 확인합니다. 만약 계절에 영향이 있는 상품일 경우에는 영업이 잘 될 때 매물이 나오기 때문입니다.

G) 계약 조건에 업소를 인수 한 후 2~3개월 정도는 전 주인이 함께 일을 도와주면서 기존 거래처를 자연스럽게 인수하도록 합니다. 이유는 업소주인이 바뀌면 거래처가 떨어져 나갈 수가 있기 때문입니다.

H) 경비가 다소 들더라도 에스크로 회사와 상담을 하여 에스크로를 열어서 업소의 채무 및 세금 미납 등을 확인하는 것이 좋습니다.

I) 전 주인이 동일 업종의 사업을 향후 2년간 현재의 영업장에서 30마일 반경(합의에 의하여 조건이 바뀔 수 있음)내에서 영업을 할 수 없다는 내용이 계약서에 삽입되는 것이 좋습니다.

## 7. 사업을 시작하기 전에 반드시 알아야 할 사항들

A) 임금을 지불할 때 주 정부에서 정한 최저 임금에 미달되게 지급을 한다던 지 Over Time(시간 외 수당)을 지불하지 않거나 타임카드를 설치하지 않을 경우와 종업원 상해 보험에 가입되어 있지 않은 경우 및 임금 지불 시 서류미비자라도 반드시 항목별 세금 내역서는 주어야 하는데도 불구하고, 이것을 준수하지 않아서 노동청에 고발을 당하게 되면 밀린 임금을 지불하여야 하는 것은 물론이거니와 추가로 많은 벌금을 내야 하는 경우

가 생깁니다.

인건비로 공장을 운영하는 경우(봉제공장 같은 경우)에 급여를 법대로 다 지급하고 나면 사장은 남는 것이 없어서 어떻게 운영을 할 수가 있느냐고들 합니다. 그러나 임금을 제대로 지불하지 않아서 문제가 발생되면 더 많은 손실이 발생된다는 것을 감안하여야 할 것입니다.

B) 순 이익금을 계산할 때 종업원에게 지불하여야 할 임금을 제대로 지불하지 않고 미지급 임금을 순 이익에 포함시켜서는 안 되는 것입니다.

C) 몇 년 후에 사업이 잘되고 은행에 신용이 좋아지게 되면, 은행에서 많은 금액을 융자 받아서 사업체를 몇 배로 확정을 시킬 수 있는 기회가 올 수 있습니다. 이럴 때 세금 보고를 제대로 해 놓지 않으면 주어진 기회를 놓칠 수밖에 없습니다.

많은 한인들이 당장 세금 내는 것이 아까워서 세금 보고를 실제보다 줄여서 하는 경우가 많이 있는데, 이럴 경우는 당장은 세금을 절약해서 좋은 것 같으나, 융자를 받을 경우와 사업체를 팔 경우에 불이익을 당하게 됩니다.

D) 처음 사업을 시작해서 최소 3개월간은 매출이 전혀 없어도 사업체를 운영할 수 있는 운영 자금이 확보되어 있어야 합니다. 운영 자금이 확보되어 있지 않은 상태에서 사업을 하다보면 자금이 부족할 경우에 2차나 3차 융자를 하고 융자 한도가 찾을 경우에는 크레디트

카드를 사용하게 되고 크레디트 카드의 한도가 찾을 경
우에는 결국 사채까지 쓰게 됩니다.

E) 사업체 규모에 상관없이 사업체 운영시에 종업원을 채
용할 경우에는 반드시 종업원 상해 보험에 가입을 하여
야 하는데, 업종에 따라서는 상해 보험료가 부담이 될
수 있으므로 사업을 시작하기 전에 상해 보험에 대해서
미리 알아보는 것이 좋습니다. 종업원 상해 보험에 가
입하지 않은 상태에서 직장 내에서 종업원이나 손님이
상해를 당했을 경우에 합의금 및 치료비 명목으로 몇
천 달러에서 몇 만 달러까지 지불해야 하는 경우가 있
기 때문입니다.

F) 가능한 한 친척이나 친구 또는 같은 교인들 간에 동업
을 하여서는 안 됩니다. 동업을 할 경우에 90% 이상이
문제가 발생되어 많은 손실을 보게 되는데, 문제는 돈
만 손해를 보는 것이 아니라 사람까지 잃게 된다는 것
을 명심하여야 합니다.

## 8. 한인들 간에 매매가 잘 이루어지는 사업체들

식당, 마켓, 래커 스토어(술을 파는 편의점), 세탁소, 패스
트푸드, 커피점, 샌드위치, 비디오, 코인 라운드라(세탁장),
자동차 정비소, 햄버그, 카워시(세차장), 제과점, 미용실,
뷰티 서플라이(미용 자료상), 도넛 가게, 피자, Water(물),
아이스크림, 99센트 디스카운트 스토어, 쥬스바, 선물점,
의류, 카페, 꽃집, 약국, 도매업, 주유소 등의 순서 입니다.

## 9. 외국인을 상대로 하는 사업체

미국은 전 세계 사람들이 거의 대부분 모여 사는 이민자들의 나라이지만, 이민자들 중에서도 미국 정부의 공식적인 집계로 3,600만 명이 넘는 라틴(맥시코를 중심으로 한 남미)계가 한인들과 밀접한 관계가 있습니다.

특히 라틴계 사람들이 많이 사는 LA, 뉴욕, 시카고, 마이애미, 텍사스 같은 도시는 영어는 몰라도 라틴계 언어인 스페니쉬는 알아야만 사업을 할 수가 있습니다.

이유는 라틴계 사람들은 인건비가 싸기 때문에 사업체를 운영할 경우에 이들을 고용해야 하기 때문입니다.

또한 이들을 상대로 하는 사업이 백인들이나 한인들을 상대로 하는 사업보다 쉬운 편이며 경쟁도 그다지 치열하지 않다고 볼 수 있습니다.

그래서 미국에서 생활하기 위해서는 영어는 당연히 배워야 하지만, 미국에서 자신이 거주하고자 하는 곳이 라틴계 사람들이 많이 사는 곳이라면 미리 스페니쉬를 배워두면 미국 생활에 많은 도움이 될 것입니다.

## 10. 라틴계 사람들이 많이 거주하는 10대 도시

| 도시이름 | 라틴계인구 | 전체인구대비 |
|---|---|---|
| 로스앤젤레스 | 약 4,350,000명 | 45% |
| 뉴욕 | 약 2,450,000명 | 25% |
| 시카고 | 약 1,550,000명 | 17% |
| 마이애미 | 약 1,350,000명 | 57% |
| 휴스턴 | 약 1,340,000명 | 30% |
| 리버사이드/샌버나디노 | 약 1,320,000명 | 38% |
| 오렌지카운티 | 약 950,000명 | 31% |

|  |  |  |
|---|---|---|
| 피닉스 | 약 880,000명 | 25% |
| 샌안토니오 | 약 840,000명 | 51% |
| 댈러스 | 약 830,000명 | 23% |

## 11. 사업체를 잘못 인수한 사례

B씨는 한국에서 공무원 생활을 하던 중 친척에게 보증을 서 주었다가 친척이 사업 부진으로 부도를 내는 바람에 채권자들에게 시달리게 되고 살고 있는 집마저 차압을 당할 위기에 몰리게 되자 부인과 의논을 한 끝에 이 기회에 차라리 집을 정리하고 직장을 퇴직하고 자녀들이라도 제대로 공부를 시키기 위해서 미국에 가서 살기로 결심을 하고는 집을 팔아서 빚을 갚고 남은 돈 일부와 퇴직금 등 14만 달러를 가지고 공무원 재직 시에 받아둔 미국 방문 비자로 44세 된 부인과 16세 된 아들 및 12세 된 딸과 함께 친구가 살고 있는 버지니아에 도착을 하였습니다.

B씨는 친구의 도움으로 아들과 딸을 학교에 입학을 시킨 후에 일을 하기 위해서 친구를 통해서 이곳저곳을 알아보았지만 마땅한 일자리를 구할 수가 없었습니다.

버지니아는 호수와 숲이 많고 도시가 깨끗하여 미국 같은 느낌이 드는 곳이었지만, 영어도 못하고 영주권도 없는 상태이기 때문에 취업도 안 되고 함부로 사업도 할 수가 없는 처지에서 이러지도 저러지도 못한 상태에서 걱정만 하다 보니 어느새 4개월이라는 기간이 지나가면서 한국에서 가지고 온 지참금을 절약하면서 생활을 하였음에도 불구하고 2만 달러를 쓰고 나니 더 이상 이곳에 머물러 있다가

는 남은 돈 마저 모조리 탕진을 할 것 같아서 차라리 말이
나 통하는 LA로 이사를 하기로 결심을 하고는 2주일 후에
LA로 이사를 하였습니다.

B씨는 LA의 한인 타운에 와보니 말은 통해서 좋지만 자신
의 살아갈 앞날을 누구와 의논을 하여야 할지를 몰라서 매
일같이 신문의 광고란만 뒤적이다가 작은 식당이라도 나
의 사업을 하기로 결정을 하고는 광고를 보고 이민 변호사
를 찾아가서 상담을 한 결과 변호사의 권유로 신분 유지도
하면서 사업도 할 수 있는 한인 타운 근처의 조그만 식당
을 10만 달러를 주고 인수를 하면서 E-2 비자를 함께 신청
을 하였습니다.

B씨는 식당을 잘 운영하여서 돈이 잘 벌리면 규모가 좀 더
큰 곳으로 옮기고 투자이민을 신청하여 영주권을 취득하
면 미국에 온 보람이 있을 것 같아서 밤마다 잠을 설치곤
하였습니다.

그러나 이러한 꿈도 얼마가지를 못하였습니다.

이유는 식당을 개업한지 6개월이 지나도록 손님들이 늘기
는커녕 점점 줄어들기만 하여 이익은 고사하고 매월 4~5
천 달러씩 적자를 보게 되었습니다.

이렇게 되다 보니 전 주인에게 속았다는 생각이 들어서 변
호사를 찾아가서 의논을 해보니, 소송은 할 수 있지만 소
송비용이 1~2만 달러가 들것이라는 이야기를 듣고는 지
금 수중에 1~2천 달러도 없는데 어떻게 소송비용을 감당
하며 또 설사 소송에서 승소를 한다고 하여도 식당을 판

전 주인이 돈을 다 쓰고 없을 경우에는 어떻게 할 것인지를 생각해 보니 소송을 포기하는 수밖에 없었습니다.

그러는 동안 적자는 계속되고 돈을 빌릴 곳은 없고 식당을 다시 팔려고 하니, E-2 비자 갱신이 되지 않으면 많은 경비를 들여서 E-2 비자를 신청한 의미가 없어지기 때문에 이러지도 못하고 저러지도 못하는 상태에서 매일 걱정만 하면서 세월을 보내다 보니 자신이 점점 더 초라해지는 것 같아서 E-2 비자도 포기하기로 하고 B씨는 이 식당을 부동산을 통하여 8만 달러에 매물로 내놓았습니다. 그러나 4개월이 지나도록 식당은 팔리지는 않고 손실은 점점 많아지자 더 이상 버틸 힘이 없어지고 말았습니다. 결국 B씨는 식당을 6만 달러에 팔아서 부채를 갚고 나니, 남은 돈이라고는 1만 4천 달러가 전부였습니다.

B씨 가족은 14만 달러를 가지고 미국에 온지 1년 6개월 만에 재산이 10분의 1로 줄어들고 말았습니다.

B씨는 땅을 치며 통곡을 하였지만 이미 물은 엎질러지고 말았습니다. B씨는 자신이 왜 미국에서 실패를 하였는지를 생각해본 결과 지구상에서 가장 잘사는 나라를 너무 얕보았다는 것입니다. 둘째는 말도 통하지 않는 나라에서 해당분야에서 2~3년의 경험도 없이 한국식으로 사업을 하겠다고 덤벼든 것입니다. 셋째는 크레디트가 없기 때문에 운영 자금이 부족할 시 대출을 받을 곳이 없다는 것이었습니다. 넷째는 사업체를 구입할 때 부동산 중개인의 말만 듣고 자신이 좀 더 신중하지 못하였습니다. 다섯째는 누구

든지 조언을 구하기 위하여 의논을 하면 대부분이 자신들
의 이익을 챙기기에 급급하여 장래는 생각하지 않고 무조
건 매매를 성사시키는 쪽으로 유도를 하였던 것입니다.
결론은 이러한 모든 것들이 낯선 이국땅에서 정확한 조언
을 해 줄 수 있는 사람을 만나지 못하였다는 것입니다.
B씨 부부는 2개월 동안 방황을 하다가 지나간 모든 악몽은
잊어버리고 자식들 뒷바라지라도 잘하기 위하여 마음을
가다듬고 부인은 식당 경험을 살려 식당 주방에서 월 2천
달러를 받기로 하고 취업을 하고 B씨는 배워둔 기술도 없
고 나이가 많아서 취업이 쉽지가 않아서 안정된 직장을 구
할 때까지 불법 택시 운전을 하기로 하였습니다.

## 12. 동업을 잘못한 사례

W씨는 한국에서 직장도 확실하지 않고 가지고 있는 재산
도 별로 없어서 한국보다는 차라리 미국에 가서 사는 것이
나을 것 같아서 서울에 있는 친구를 통하여 이민 브로커를
소개받고 부부의 미국 방문비자를 받아 주는 조건으로 1천
3백만 원을 주기로 하였는데, 브로커가 착수금 400만원을
주어야만 일을 시작할 수 있다고 하여 처음에는 의심을 하
였습니다. 이유는 보통 이민 브로커들은 부부일 경우에는
착수금을 100~120만 원 정도만 주고 비자가 나오면 그때
나머지 금액을 지불하는 것으로 알고 있는데 착수금을 400
만원이나 달라고 하는 것이 의심스러웠지만 다른 선택의
여지가 없어서 하는 수 없이 착수금 400만원을 주었으나,

결국은 돈을 떼이고 수소문 끝에 다른 브로커를 통하여 방
문비자를 받아서 미국에 들어오게 되었습니다.

W씨는 막상 미국에 들어오기는 하였지만 56세나 되었기
때문에 취업을 하려고 해도 나이가 많다는 이유로 취업이
잘되지 않고, 사업을 하려고 하니 가진 돈은 3만 달러 밖에
되지가 않아 막상 미국에 오기는 하였지만 어떻게 할지를
모르는 상태에서 이들 부부가 다니는 교회 교인의 소개로
다행히 부인은 취업을 하여서 생계는 해결을 할 수가 있었
지만 W씨 자신은 답답한 마음을 달래보려고 같은 교회에
다니는 Q집사님에게 여러 차례에 걸쳐서 하소연을 하였습
니다.

W씨의 하소연을 들어주던 Q집사님은 의류 계통의 일과
실크프린트 공장 동업을 10년 동안 7번 실패를 하고는 현
재 놀고 있는 상태였습니다.

Q집사는 워낙 화술이 뛰어나서 어떤 경우이든지 동업을
할 경우에 자신은 자금을 전혀 투자하지 않고 상대방만 투
자를 하게하여서 사업이 실패를 하게 되어도 자신은 손해
를 보지 않는 사람이었습니다.

Q집사는 W씨에게 접근을 하여 나는 의류 계통에서 10년
간 사업을 하였기 때문에 아는 거래처가 많아서 L씨가 3
만 달러만 투자를 하여서 봉제공장을 차리면 W씨는 크레
디트가 없어서 공장 임대가 어려우니 Q씨 이름으로 봉제
공장을 임대하고 전기, 수도 등도 신청을 하며 Q씨 자신이
영업과 관리를 책임지고 경영을 하면 한 달에 순 이익금이

1만 4천 달러 정도가 되는데, 이것을 2분의 1씩 나누면 각자 7천 달러씩 가질 수가 있으니, 3만 달러를 투자해서 월 7천 달러를 벌 수 있다면 이보다 더 좋은 사업이 어디에 있겠느냐고 하자, L씨는 귀가 솔깃하여 함께 봉제공장을 동업하기로 하고, 전 재산 3만 달러를 투자하여 Q집사와 함께 소규모 봉제공장을 차렸습니다.

봉제공장에 시설이 끝나자 목사님을 모시고 교인들을 초대하여 거창하게 창업 예배까지 드렸습니다.

그러나 봉제 공장을 창업한지 첫 달 부터 예상했던 주문이 제대로 들어오지를 않고 그나마 제품을 만들어서 납품을 하면 1주일 만에 수금을 하여야 하는데 수금은 고사하고 제품을 샘플대로 만들지 못하였다는 이유로 재작업을 하든지 아니면 변상을 하라는 통보를 받게 되어, 재작업을 하다 보니 이익은 고사하고 매달 적자가 나는 것을 감당할 수가 없었습니다.

L씨는 봉제 공장을 해본 경험도 없는데다가 종업원 대부분이 남미 사람들이기 때문에 대화도 되지 않으며 여유자금 마저 없는 상태가 되어 더 이상 버틸 수가 없는 상황이 되었습니다.

L씨는 같은 교회의 교인인데 설마 자신을 곤경에 처하게 할 것인가 하고 Q씨말만 듣고 경솔하게 사업을 시작한 것을 후회하였지만 계속해서 적자에 시달리다가 결국 6개월 만에 문을 닫게 되었습니다. 이때 봉제공장을 정리하고 L씨 손에 돈은 모두 2천 달러 정도였습니다.

## 13. 사업에 실패한 사례

M씨는 8년 전에 미국에 사는 시민권자인 장인의 기혼자녀 초청으로 처가가 있는 시카고에 정착을 하게 되었습니다. M씨와 부인은 장인의 소개로 의류 소매점에서 1년 6개월 동안 일을 하면서 그동안의 경험을 바탕으로 남미 사람들을 대상으로 하는 여성의류 소매점을 인수하여 장사를 하게 되었는데, 남미 사람들을 대상으로 판매하는 여성의류는 LA 다운타운의 의류 도매업소가 밀집되어 있는 자바시장에 부인이 2~3주에 한 번씩 출장을 가서 새로 유행하는 디자인과 상품에 대한 정보도 얻고 물건을 직접 사오기도 하며, 재주문의 경우는 전화를 하면 UPS로 배달이 되었습니다.

이렇게 해서 3년이 지나자 그 동안 생활을 하고도 10만 달러 정도를 저축할 수가 있었습니다. 그러던 어느 날 M씨 부부는 이왕 미국에 왔으니 많은 돈을 벌어야겠다는 욕심이 생기기 시작하였습니다.

이유는 M씨 부인이 LA에 있는 의류 도매점들을 거래하다 보니 의류 소매점을 하다가 도매업으로 바꾼 사람들이 많았으며 같은 노력을 하였을 경우에 도매점이 훨씬 많은 돈을 벌 수 있다는 이야기를 여러 사람들로 부터 들었으며 자신도 3년 동안의 의류 소매점 영업을 한 경험을 바탕으로 일을 하면 충분히 승산이 있다고 생각을 하고는 나름대로 시장 조사를 한 결과, 150,000달러를 투자하면 매월 2~3만 달러의 순이익이 생긴다는 결론을 내리고는 자신이 운영하던 가게를 처분하고 LA로 이사를 가려고 하니, 장인과 장모님이 욕심을 부리지 말고 현재 생활이 안정되어 있으니 여기서 지금대로 사는 것이 좋겠다고 적극적으로 만류를 하였지만 이미 LA에서 의류 도매업을 하면 더 많은 돈을 벌수 있다는 생각을 바꿀 수는 없었습니다.

그래서 M씨 부부는 운영하던 의류 소매점을 6만 달러에 매도를 하고는 그동안 저축을 하였던 10만 달러 등 16만 달러를 가지고 LA로 이사를 하여 아파트를 구하고 두 자녀는 학교에 입학을 시키고는 의류도매 사업을 하기 위하여 장소를 물색하다 보니 위치가 좋은 곳은 권리금만 10만 달러 이상이며 월 임대료 또한 1만 달러 이상이니, 이런 곳은 자신의 자본금으로는 감당할 수가 없기 때문에 처음부터 포기를 하고 권리금이 없고 임대료가 싼 곳은 아무리 생각을 하여도 장사가 될 것 같지가 않고 자신의 자본금을 생각하여 C급에 해당하는 장소를 계약하게 되었습니다.

M씨는 경비를 절약하기 위해서 Cutting(재단) 시설은 가게 내의 뒤쪽에 하기로 하고 봉제는 하청을 주기로 하였습니다.

또한 자금이 가장 많이 필요한 원단 구입은 처음에 2~3번만 현금을 주고 구매를 하면 그 다음 부터는 3개월 외상을 하기로 하고 부자재는 1~2개월 외상을 하며 봉제비는 2주일 후에 지불하기로 거래처와 합의를 하였습니다.

그리고 처음 시작을 하는 것이니 다소 경비가 들더라도 디자이너를 채용해서 새로운 디자인의 옷을 만들기로 하였습니다.

이렇게 되면 제품이 나와서 판매를 할 경우에 30%는 현금을 받고 50%는 UPS로 발송을 하면 10일 이내에 수금이 되며 20%는 외상을 주어도 1개월 내에는 수금이 되기 때문에 외상으로 구매하여 제품을 팔아서 외상값을 갚을 수 있다고 생각을 하니 LA로 이사를 온 것이 너무나 잘한 것 같았고 사업이 시작되면 얼마가지 않아서 부자가 될 것 같았습니다. 또 주위에 그렇게 해서 몇 백만 달러를 번 사람으로부터 직접 경험담을 들으니 더욱 더 용기가 나는 것이었습니다.

M씨는 초기 투자비용을 계산해 보니 다음과 같았습니다.

- 가게 권리금 : $50,000
- 가게 임대 계약금 : $12,000(3개월 임대료)
- 내부 수리비 : $12,000
- 시설비 : $15,000(재단대, 재단기, 봉제기 1대, 컴퓨터 1대 포함)

  합계 : $89,000

- 매월 경비 : 임건비 $9,800(디자이너 $4,000, Sample Maker : $2,000, 점원 급여 1,600, 재단사 $2,200)
- 임대료 $4,000, 공과금 $450

  합계 : $14,250(원단 값, 부자재 비용, 봉제비는 별도 계산)

- 월별 예상 매출액 : $100,000(처음 6개월간 평균 매출액) $130,000(6개월 이후 1년 간 평균 매출액)
- 월별 예상 순이익 : $30,000(처음 6개월 간 평균 순이익금) $39,000(6 개월 이후 1년 간 평균 순이익금)

이렇게 M씨는 나름대로 가을 시즌을 대비하여서 6월부터 장사를 시작하였습니다. 그런데 장사를 시작한지 한 달이 지나면서 부터 이상한 예감이 들기 시작하였습니다. 이유는 생각한 만큼 제품이 팔리지 않는 것이었습니다. 그것뿐이 아니었습니다. 8월이 되니 한가하던 봉제공장들이 바빠지기 시작하자 제품이 약속한 날짜에 나오지 않는 것은 물론이며 약속날짜 보다 3주 이상 늦어지기 시작하였으며 봉제비를 납품받고 2주일 후에 결재하기로 계약을 하였는데도 불구하고 봉제공장 측에서는 인건비가 부족하니 제품을 납품과 동시에 결재해 주지 않으면 납품을 할 수가 없다고 하며 때로는 선불을 요구하기도 하는 것이었습니다.

돈이 많고 물량이 큰 곳은 고정적으로 납품하는 봉제공장이 있어서 괜찮지만 신설업체다 보니 봉제공장들이 비수기에는 외상도 마다 않고 거래를 하지만 성수기가 되면 거래 조건을 마음대로 바꾼다는 것을 몰랐던 것입니다.

그렇게 해서 몇 달이 지나다 보니 봉제공장에서 물건이 늦게 나오는 바람에 판매시기를 놓치는 경우도 있고 디자인이 좋지 않아서 안 팔리는 경우도 있으며 판매가 제대로 되지 않으니 외상을 주게 되고 외상 대금은 수금이 제때되지가 않아서 자금 압박을 받기 시작하니 원단과 부자재의 결재도 미루게 되는 것이었습니다.

이렇게 되니 원단회사에서는 새로운 원단을 보여 주지를 않게 되어 우선 경비를 절약하기 위하여 디자이너를 해고시키고 M씨 부인이 직접 백화점을 다니면서 샘플을 사와

서 나름대로 디자인을 변형시켜서 옷을 만들어 보았으나
별로 신통하지가 않았습니다.

이렇게 자금 압박이 계속되자 은행에서 대출도 하고 크레
디트 카드는 한도대로 모두 사용을 하였지만 그래도 자금
이 모자라서 처가 집에서 3만 달러를 빌리고 나중에는 일
수돈까지 쓰게 되었지만 결국은 이자도 갚지 못하는 상황
이 되었습니다.

M씨는 마지못해서 안 팔리는 옷들은 제품 가격의 20%도
안 되는 가격으로 처분하면서 나름대로 버티어 보려고 안
간힘을 써 보았지만 결국은 17개월 만에 파산을 하게 되었
습니다.

이렇게 해서 17개월 동안 자신의 돈 16만 달러와 빌린 돈
7만 달러 등 합계 23만 달러를 순식간에 날려버린 M씨는
처가 집과 사이가 나빠지고 크레디트는 망가져서 더 이상
은행과는 거래를 할 수 없는 상태가 되고 말았습니다.

상기 내용은 자세히 분석하여 보면 M씨가 실패를 할 수
밖에 없는 몇 가지 이유를 발견할 수가 있습니다.

첫째, 의류 도매업의 실상을 모르고 시작을 하였던 것입니
다. 식당을 운영하려면 식당에서 일을 해 본 경험이 있어
야 하듯이 의류 도매업도 마찬가지로 의류 도매업소에 먼
저 취업을 하여서 몇 년간 경험을 쌓은 후에 사업을 시작
하여야 함에도 불구하고 한국 사람들은 대체로 성격이 급
하기 때문에 이런 절차를 무시하든지 생략을 해 버리기 때

문에 실패를 한 것입니다.

둘째, 의류 소매는 현금거래이지만 의류 도매업은 현금거래인 것처럼 보이지만 시간이 지날수록 외상거래로 바뀔 수밖에 없다는 사실을 몰랐던 것입니다.

셋째, 봉제공장의 생태를 잘 알지 못하였던 것입니다.

넷째, 구체적인 사업계획서 없이 주먹구구식으로 업무를 진행한 것입니다.

예를 들면, 한 달에 1만 달러를 벌려고 하면

• 마진은 몇 %인가?(예를 들어 20%이면)

• 매월 1만 달러를 벌려면 매출이 얼마가 되어야 하는가? (5만 달러)

• 초기 원자재 구매에서 제품을 판매 한 후 수금까지 걸리는 기간이 어느 정도인가?(예상 수금기간＋최소한 1~2개월)

• 매월 매출 원가는 얼마인가?(5만 달러×80%＝4만 달러)

• 최소한 몇 개월간의 운영 자금이 있어야 하는가?(4만 달러×3개월＝12만 달러)

• 월 1만 달러를 벌기 위하여 자본금이 얼마나 있어야 하는가?(초기 투자비용＋권리금＋12만 달러)

• 예상치 못한 경기 부진이나 손해배상 및 수금의 차질로 인하여 추가 자금이 필요할 경우, 어떠한 얼마까지 자금을 마련할 수 있는가?(은행 융자 및 크레디트 카드 한도) 만약 상기의 내용대로 진행을 하였다면 적어도 17개월 만에 파산을 하는 경우는 없었을 것입니다.

# 미국 생활에서 크레디트 (Credit)가 중요한 이유

## 1. 크레디트(Credit)가 좋으면 어떤 혜택이 있는가?

한국에서는 신용이 좋아도 은행에서 대출을 할 경우에 대부분 담보물이나 보증인을 세워야 합니다. 그러나 미국의 경우는 한국과 달리 신용만 좋으면 담보물이나 보증인이 없어도 얼마든지 융자기관에서 무담보 무보증으로 사업자금이나 개인 용도의 자금을 낮은 이자율로 융자를 받을 수가 있으나, 크레디트(신용)가 좋지 않으면 융자를 받기가 어려울 뿐 아니라 비록 융자를 받는다고 하여도 융자 금액이 적으며 높은 금리의 이자를 지불하여야 하기 때문에 미국에서 사업을 하기가 매우 어렵다고 하겠습니다(그러나 경기가 어려울 때는 크레디트가 좋아도 무담보로 융자 받기가 어려울 때도 있습니다.). 일반적으로 미국에 도착해서 몇 년 동안 심지어는 10년이 넘도록 크레디트의 의미를 잘 알지 못할 뿐더러 왜 크레디트가 좋아야 하는지, 또 크레디트가 좋을 때 어떻게 크레디트를 관리를 하여야 하며, 어떻게 크레디트를 활용하여야 하는지를 잘 알지를 못합니다.

이렇게 크레디트의 중요성을 인식하지 못하여 자신에게 주어진 기회를 활용하지 못하고 놓치는 경우나 활용을 제대로 할 줄을 몰라서 자신에게 주어진 기회를 알지를 못해서, 어렵게 살아가는 경우가 우리 주위에 너무나 많이 있습니다. 실제로 미국에서 살고 있는 한국 교민들 중에 크레디트 점수가 730점 이상이 되는 사람들이 그렇게 많지 않다는 것은 참으로 안타까운 일이라 하겠습니다.

그러면 크레디트 점수를 730점을 만드는 것이 그렇게 어려운 것인가 하면 그렇지가 않습니다. 누구든지 조금만 관심을 가지고 노력을 하면 누구든지 금전의 낭비없이 2~4년 후에는 720점 이상을 만들 수가 있습니다.

그래서 누구든지 미국에 도착을 하면 장래를 대비해서 크레디트 쌓는 방법을 숙지하고 실행하는 것이 일을 해서 돈을 버는 것 보다 더 큰 재산이 될 수가 있는 것입니다.

## 2. 크레디트가 좋은 경우와 없거나 나쁜 경우의 차이점

크레디트가 좋을 경우는 융자를 받을 때 가장 낮은 이자율을 적용받을 수가 있으며, 고급 아파트에 입주도 할 수가 있으며, 크레디트 카드를 발급 받을 때 회비 면제, 낮은 이자율, 높은 한도액을 받을 수 있으며, 사업을 할 경우에 물건을 외상으로 구매하기가 쉬운 방면에 크레디트 점수가 없거나 낮을 경우에는 이러한 최상의 혜택을 받을 수가 없습니다.

예를 들면 집을 사기 위하여 은행에서 30만 달러를 30년 만기 조건으로 융자를 할 경우, 크레디트가 750점 이상인 사람의 이자율이 년 간 5.89%로 정했을 경우에 30년간 납부하는 이자의 총액은 약 339,620달러(월 평균1,776달러)인 반면, 한국에서 온지 얼마 되지 않아서 크레디트 점수가 없든지, 아니면 크레디트 점수가 600점 이하로 낮은 경우

는 융자가 거부당하든지 아니면 융자를 받아도 최고 약
9.29%의 이자율이 적용되어 30년간 납부하는 이자의 총액
은 591,544달러(월 평균 2,476달러)를 지불하게 되어, 크레
디트가 좋은 사람보다 무려 251,924달러(일반적으로 3.4%
차이가 남)를 더 지불하게 되는 것입니다.

다시 말해서, 크레디트 점수가 750점 이상인 사람이 300,000
달러를 지불하고 살 수 있는 동일한 집을 크레디트가 없거나
낮은 사람의 경우는 551,924달러를 지불하고 산다는 의미이
기도 합니다(자동차 융자의 경우는 크레디트가 좋은 사람과
나쁜 사람의 이자 차이가 5% 이상 나기도 합니다.).

이렇게 되면 한국에서 갓 온 크레디트가 없는 사람이거나,
미국에 오래 살아도 크레디트가 낮은 사람이 집이나 자동
차 또는 사업체등을 구입하기 위하여 융자를 할 경우에 많
은 이자를 더 지불하고서라도 지금 융자를 하여야 할 것인
지, 아니면 현재의 크레디트 형편을 고려하여 3~5년 정도
크레디트를 쌓은 후에 융자를 하는 것이 유리한지를 반드
시 심사숙고 하여 계산을 한 다음에 결정을 하는 것이 좋
을 것입니다. 다시 말해서 한국에서 갓 온 크레디트가 없
는 사람들은 서둘러서 부동산이나 자동차를 사는 경우에
손해를 본다는 것을 일깨워 드리고 싶습니다.

## 3. 크레디트 점수 분포는 어떻게 되나요?

일반적으로 크레디트 점수는 300점부터 시작해서 850점
이상까지 있으며 은행, 자동차, 크레디트 카드 등 융자금을

갚은 기록이 많은 상태에서 크레디트 점수가 800점 이상이면 최고의 신용등급이 되며, 740점 이상이면 어떠한 융자도 무난하게 받을 수 있는 좋은 신용등급이고, 680~740점 사이는 보통 수준이나 융자 한도가 줄어들며 이자는 다소 올라갑니다. 600~680점 사이는 융자가 쉽지 않으며 융자가 된다고 하여도 이자가 비싼 편입니다.

그리고 600점 이하는 융자 받기가 어렵다고 보면 되겠습니다. 이 때 주의하여야 할 점은 아무리 크레디트 점수가 700점 이상이 되어도, 융자금을 갚은 기록이 많이 없을 경우는 부동산이나 사업자금 융자 시 융자가 어렵다는 것을 알고 있어야 하겠습니다.

### 4. 크레디트 쌓는 방법

A) 자신의 명의로 된 집 전화번호가 있어야 합니다(핸드폰은 크레디트 점수가 올라가지 않습니다.).

B) 은행에 Checking Account(보통예금) 및 Saving Account(정기예금) 계좌를 개설합니다.

C) 크레디트카드 발급(크레디트 카드는 3개 정도가 무난하며 Bank of America나 City Bank등 미국계 큰 은행에서 크레디트 카드를 발급 받은 후 1년 마다 크레디트 한도액을 올려달라고 전화를 하면, 은행에서 자동으로 한도액을 올려주는 것 보다 더 많은 한도액을 받을 수가 있습니다.)

D) 여러 개의 백화점 카드, 주유소 카드 등을 만들어 둡니다.

E) 부부일 경우 크레디트 카드 발급이나 자동차 융자나 부

동산 융자 등을 받을 시 부부 공동 명의로 융자를 받으면 부부가 똑같이 크레디트 점수가 올라갑니다.

그러나 사업을 하다 보면 크레디트가 나빠질 경우가 있는데, 크레디트가 나빠질 조짐이 보이게 되면, 미리 부부 공동으로 되어 있는 융자 부분을 분리를 해두는 것이 좋습니다. 그렇게 하여야 만 최악의 상태에 부부 중 한사람의 크레디트가 나빠지더라도 배우자의 좋은 크레디트로 재기하기가 쉽기 때문입니다.

F) 자동차나 가구, 전자제품 등을 할부로 구매할 경우에 보증인을 세워서 Co-Sign(보증)을 하게 되면 두 사람이 동시에 크레디트가 올라가게 됩니다.

G) 제품을 구입할 때 가능하면 12개월 이상 할부로 구입을 하는 것이 좋습니다.

H) 은행에 정기예금(CD)이 있을 경우에 정기 예금을 담보로 1년 이상 융자를 하게 되면 크레디트 점수가 많이 올라갑니다.

I) 이런 방법으로 2~3년 정도 지나면 크레디트 점수가 700점 이상 올라가는데, 이 경우 믿을 만한 사람이 자동차나 가구 등을 할부로 사기 위해서 융자를 신청할 때 보증을 서게 되면 역시 크레디트가 올라갑니다(그러나 보증을 선 상태에서 융자를 받은 사람이 융자금을 제때 갚지 못하면 두 사람 모두가 크레디트가 나빠지므로 보증을 설 때는 상당히 신중을 기하여야 합니다.).

J) 물건을 구입할 때 현금보다는 가급적 크레디트 카드를

사용 하는 것이 좋으며, 이번 달에 구매한 금액은 다음
달에 모두 지불하는 것이 좋습니다.

크레디트 한도액에서 갚아야 할 금액이 30% 이상 남아
있으면 크레디트 점수가 낮아지기 때문입니다.

K) 임대료와 공공요금(전기, 전화, Gas비 등)을 제 때 내어
야 합니다.

L) 한 곳의 거주지에서 오래(5년 이상) 거주할수록 크레디
트가 올라갑니다.

M) 연간 수입이 많을수록(5만 달러 이상) 크레디트가 올
라갑니다.

N) 기혼자가 미혼자보다 크레디트가 올라갑니다(약 10점).

O) 주택 소유자는 비 소유자에 비해 약 70점정도 올라갑니다.


## 5. 크레디트 점수 관리사 유의 사항

크레디트 점수 조회는 1년에 1번 정도가 무난하며, 자주
조회를 하게 되면 크레디트 점수가 많이 내려갑니다(1회
조회지 마다 3점 씩 감점). 예를 들어서 자동차를 살 때 여
러 딜러에 가서 상담을 할 때마다 크레디트부터 조회를 하
자고 합니다. 이럴 경우는 처음 방문하는 딜러에서 조회한
크레디트 리포트를 복사를 하여서 다른 딜러에 가서 상담
을 한 다음 최종적으로 자동차 구매 계약을 하는 곳에서
크레디트 조회를 정식으로 하는 것이 크레디트 점수를 내
려가지 않게 하는 방법입니다.

## 6. 크레디트 카드를 만드는 방법

A) 크레디트 카드를 만들기 위해서는 Social Card(쇼셜 카드)가 있어야 합니다.

B) 자신이 거주하는 도시에서 가장 큰 미국계 은행에 가서 Checking Account(보통예금 계좌)를 개설합니다(한인 타운에 있는 Bank of America 같은 곳은 한국말을 할 줄 아는 직원들이 있으니 한국 직원이 있는 지점이 어디에 있는지 은행 측에 물어 보는 것이 좋습니다.).

C) 쇼셜 카드를 발급 받은 지 얼마 되지 않은 경우에는 은행에서 정기예금에 가입을 하라고 합니다. 이 경우에 300달러를 정기예금하면 300달러짜리 크레디트 카드가 발행되며 1,000 달러를 정기예금하면 1,000달러짜리 크레디트 카드가 발행됩니다.

D) 가장 큰 은행에서 크레디트 카드를 만들고 나서 3~6개월 정도 지나면, 다른 은행에서 정기예금을 하지 않아도 크레디트 카드를 발급해 주겠다는 편지들이 많이 옵니다. 이럴 때 년 회비를 지불하지 않고 이자도 낮으며 한도액을 많이 주는 크레디트 카드 2개 정도를 추가로 만듭니다. 이렇게 해서 만든 크레디트 카드를 그냥 내버려 두면 안 되고 8개월에서 1년 사이에 크레디트카드 회사에 전화를 하여서 크레디트 한도액이 적어서 사용을 할 수가 없으니 크레디트 한도액을 올려달라고 요청을 하면 크레디트 한도액을 많이 올릴 수가 있습니다. 처음 크레디트 카드를 발급받기 위해서 가입한 정기예

금은 1년 후면 찾을 수가 있습니다.

E) 크레디트 카드를 만들 때, 은행에서 요구하는 서류는 쇼셜 번호, 소속회사 및 년 간 수입을 토대로 크레디트 한도액을 책정합니다.

F) 한국계 은행에서도 크레디트 카드를 만들어 주지만 크레디트 한도액을 잘 올려주지 않기 때문에 주로 미국계 큰 은행들을 통해서 크레디트카드를 발급받고 있는 실정입니다.

# 자동차를 구입하는 방법

미국에서 자동차를 구입할 때 다음과 같은 방법으로 구입을 한다면 후회 없이 자동차를 기분 좋게 타고 다닐 수가 있을 것입니다.

1. 새 차나 중고차를 살 경우에 융자를 받아야 할 상황에서 한국에서 갓 온 사람들은 크레디트가 없기 때문에 크레디트가 좋은 사람보다 3~8%정도의 이자를 더 지불해야 한다는 것을 알고 있어야 할 것입니다.

   예를 들면 2만 달러짜리 새 차를 60개월 할부로 구입할 경우에, 크레디트 접수가 720점 이상일 때는 보증금 없이 0~5.9%의 이자율을 적용하며, 한국에서 갓 온 상태에서 쇼셜 카드가 없을 때는 50%의 보증금을 내어야 하며, 이자는 7~13%입니다. 그리고 중고차를 할부로 살 경우는 새 차에 비해서 3~5% 정도 이자를 더 지불하여야 합니다.

2. 쇼셜 번호가 없을 경우는 융자를 받더라도 크레디트 점수가 올라가지 않습니다.

3. 쇼셜 번호가 있으나, 크레디트 점수가 낮을 경우는 친척이나 주위 사람이 Co-Sign(보증)을 해주면, 보증해 준 사람의 크레디트 점수가 적용되어 낮은 이자를 내게 되며, 또한 아울러 본인도 보증인과 함께 크레디트 점수가 올라가게 됩니다.

   그러나 자동차를 산 사람이 할부금을 제때에 납부하지 않을 경우는 보증을 해준 사람이 대신 납부를 하여야 하며, 보증인이 제때 할부금을 납부하지 않을 경우는 자동차를 산 사람이나 보증인 모두의 크레디트 점수가 낮아지기 때문에 보증을 함부로 서주지 않으려고 들 합니다.

4. 새 차를 살 경우에 동종 차량임에도 불구하고 자동차 딜러 마다 가격이 2만 달러짜리 자동차일 경우에 2천 달러까지 차이가 날수가 있으므로 적어도 3~4곳의 딜러 가격을 비교 검토한 후에 결정을 하는 것이 좋습니다.

미국 딜러의 경우는 처음에는 가격을 높게 부르고 나서, 자동차 가격을 많이 깎을 경우에는 담당자에서 매니저로 또다시 슈퍼바이저(책임자)로 사람을 바꿔가면서 가격을 조금씩 깎아주면서 자동차를 사도록 유도를 합니다.

5. 자동차 가격을 홍정하는 것도 중요하지만, 더 중요한 것은 이자율 입니다. 이자는 0.5%만 차이가 나도 몇 백 달러 차이가 나기 때문에 경제적으로 여유가 있는 사람은 자동차 딜러도 사업이기 때문에 서로 적당한 선에서 합의를 보아도 되지만, 경제적으로 여유가 없는 경우에는 여러 은행에 직접 전화를 하여서, 이자율을 확인한 다음에 결정을 하는 것이 가격을 낮출 수 있는 방법입니다.

6. 쇼셜 번호가 있는 사람은 딜러를 방문할 때 마다 딜러 측에서 크레디트를 확인부터 하자고 합니다. 이럴 경우에 크레디트 조회를 한번 할 때 마다 3점씩 감점이 되니, 처음 방문하는 딜러(가능한 한국 딜러)에게 솔직히 몇 군데서 가격을 알아보고, 같은 가격이면 이곳에서 자동차를 구입할 테니 크레디트 리포트 사본을 달라고 하여서 자동차 딜러를 다니면서 이 크레디트 리포트를 가지고 가격을 홍정하는 것이 가격을 깎는데 도움이 될 것입니다.

7. 가끔 신문에 새 차 가격을 아주 싸게 세일한다는 광고를 보고 (보통 아주 작은 글씨로 2대 한정 판매라고 쓰여 있음) 전화를 해보면 지금 오면 살 수 있다고 해서 불과 30분 후에 도착해서 세일하는 모델을 보자고 하면 2대만 세일하는데 10분전에 다 팔렸으니 대신 비슷하면서 더 좋은 모델을 보여주겠다고 해서 구경해 보면, 이런저런 옵션이 붙어서 가격이 상당히 올라가는 경우를 많이 경험하게 될 것입니다. 이런 경우는 시간만 낭비하고 우롱당하는 느낌이 들 수 있으니 참고하시기 바랍니다.

8. 중고차를 전액 현금을 지불하고 딜러나 개인에게서 살 경우 다음 사항을 참고하면 많은 도움이 될 것입니다.

- 중고차는 현금을 지불하고 자동차를 인수하면 그 때부터 발생하는 문제는 판 사람이 책임을 지려고 하지 않기 때문에 자동차 인수 시에 이러한 문제가 발생하면 어떻게 할 것인지를 상호협의를 하여야 합니다.

- 중고차를 사기 전에 시운전을 하면서 가까운 정비 공장에 가서 이 자동차를 살려고 하는데 수리를 하여야 할 곳이 있는지 점검을 해 달라고 하면 대부분 무료로 점검을 해 줍니다. 이 때 반드시 확인을 하여야 할 부분은 엔진 오일이 새는지, 사고 난 흔적이 있는지(자세히 보면 페인트 색상이 다릅니다.), 만약 수리를 하게 되면 수리비용은 얼마나 드는지, 마일리지, 트랜스미션, 에어컨 등은 특별히 확인을 하여야 하며, 일본차는 미국차나 한국차에 비해서 중고 시세가 높은 편이지만, 몇 년 후에 다시 팔 때에 높은 가격을 받을 수

가 있는 반면에 미국차나 한국차는 일본차에 비해서 중고
시세가 낮은 편이지만, 몇 년 후에 다시 팔 경우에는 자동차
가격이 많이 떨어진다는 점을 감안하여서 결정을 하는 것이
좋습니다.

• 새 차나 중고차 시세를 알아보시려면 www.kbb.com을 클
릭하시면 Kelley Blue Book에서 새 차나 중고차 시세를 정
확하게 알아 볼 수가 있습니다.

• 크레디트 점수를 빨리 쌓기 위해서는 경제적인 여유가 된
다면 융자기간을 2~3년 정도로 짧게 하는 것이 좋습니다.

# 보험 가입에 대하여

미국에서 살아가는데 있어서 보험은 항상 필요하며 또한 밀접한 관계가 있습니다. 그러나 미국에 있는 수많은 보험 회사들이 항상 똑같은 조건이 아니며, 보험 가입자가 보험에 대한 상식을 알고 보험에 가입을 하였을 경우와 그렇지 않을 경우에 상당한 금전적인 차이가 있기 때문에 항상 보험에 가입하기 전에 충분한 보험 상식을 습득한 후에 보험에 가입을 하게 되면, 적게는 몇 백 달러에서 많게는 몇 천 달러까지 보험료를 절약할 수가 있습니다.

특히 미국에는 믿을 수 없는 보험회사들이 있기 때문에 무조건 보험 에이전트의 말만 믿어서도 안 되며, 보험료가 싸다고 좋은 것도 아니니 자신의 형편과 조건에 맞는 좋은 보험회사를 선택할 수 있는 지혜가 필요한 것입니다.

이민 초기에는 영어가 서툴기 때문에 보통 한인들이 운영하는 보험 에이전트나 브로커들을 상대하게 되는데, 가끔 일부의 브로커와 에이전트들이 보험가입자들이 납입한 보험료를 보험회사에 보내지 않고 잠적을 하는 바람에 사고가 났을 경우에 보험회사로부터 보상을 받지 못하는 경우가 있으니, 보험료를 지불할 때는 가급적 보험회사 앞으로 수표를 써서 지불을 하는 것이 좋겠습니다.

보험의 종류는 자동차 보험, 생명 보험, 건강 보험, 상해 보험, 화재 보험, 도난 보험, 사업체 보험, 주택 보험에 기타 많은 보험들이 있습니다.

# 1. 자동차 보험

자동차 보험은 미국에서 생활함에 있어서 가장 먼저 접촉
하게 되는 보험입니다. 이민 초기에는 미국에 대해서 아는
바가 없기 때문에 얼떨결에 보험에 가입을 하다보면 손해
를 볼 수가 있는데, 보험을 가입하기 전에 반드시 다음 사
항을 확인한 후에 가입을 하면 좋을 것입니다.

A) 보험회사가 좋은 것과 나쁜 것을 어떻게 구분합니까?

보험 가입을 하기 전에 반드시 보험회사 이름이 무엇인
지를 물어보고 또한 그 보험회사의 등급이 어느 정도인
지를 물어 보는 것이 좋습니다(보통 A+이상이면 무난
합니다.). 등급이 낮은 회사는 보험료가 싼 반면자동차
사고가 났을 경우에 자동차 수리를 하는데 2~3개월씩
소요가 되기도 합니다. 이럴 때 나의 잘못으로 사고가
났을 경우는 종합보험에 렌터카 혜택이 있어도 1달 이상
사용할 수가 없으며 그 이후는 본인이 렌터카 비용을 지
불해야 합니다. 또 어떤 보험회사는 결재가 좋지 않아서
정비공장들이 수리를 기피하는 곳도 있습니다.

이러한 보험회사는 보험회사의 지정된 정비공장에서만
수리를 하여야 하기 때문에 불편한 점이 많이 있습니
다.

본인이 가입한 보험회사가 좋은 것인지를 알아보는 다
른 방법은 자동차 정비공장에 가서 물어보면 알 수가
있습니다.

B) 보험료와 브로커 수수료가 보험회사마다 동일합니까?

보험료는 보험회사에 따라 차이가 있기 때문에 전화번호부에 있는 보험 에이전트 3~5곳에 전화를 하여 보험료를 비교한 후에 결정을 하는 것이 좋습니다. 이때 반드시 확인을 하여야 할 것은 어떤 보험회사는 종합보험을 6개월 계약 시에 5회 분할로 보험료를 납입하되 브로커 수수료나 이자를 별도로 받지 않는 곳도 있는 반면에, 어떤 브로커는 별도의 수수료로 100~200달러를 추가로 받는 경우도 있으며 심지어는 주정부 책임보험을 가입할 경우에 브로커 수수료를 별도로 받을 수 없음에도 불구하고 보험에이전트들이 수수료를 $50~100씩 요구하는 경우가 있으니 이러한 것들을 꼼꼼히 확인을 한 후에 보험계약을 하는 것이 좋겠습니다.

C) 책임 보험료를 싸게 가입하는 방법이 있나요?

로스앤젤레스와 샌프란시스코에 거주하는 주민 중 연소득이 2인 가족일 경우에 3만 3천 달러, 4인 가족일 경우에 4만 6천 달러 미만이며, 현재 자동차 시세가 1만 2천 달러 미만 이고, 19세 이상으로 미국에서 3년 이상 운전 경력이 있으며, 지난 3년 동안 운전자의 잘못으로 발생한 교통사고는 한 건, 교통위반 포인트가 1점 까지 이면 주정부 책임보험에 가입할 수가 있습니다.

보험 내용은 상대방 차량과 인명피해만 보상해 주는 책임보험에만 가입이 되며 종합 보험은 별도로 가입을 하여야 합니다.

보험료는 로스앤젤레스에 거주하는 경우의 년 간 보험료는 347달러이며 샌프란시스코에 거주하는 경우는 년 간 보험료가 315달러로 일반 보험회사에 비해 매우 저렴한 편입니다.

일반 보험회사도 이 보험을 취급하는 곳도 있으나 수수료가 낮은 관계로 취급을 안 하는 곳이 많으니, 가급적이면 영어를 할 줄 아는 사람의 도움을 받아서 주정부에 직접 신청(1-800-622-0954)을 하는 것이 좋습니다.

타 주에 거주하시는 주민은 가까운 곳에 있는 보험회사에 "주 정부에서 취급하는 저비용 보험"에 대해서 문의를 하시기 바랍니다.

D) 한 가정에 자동차가 여러 대 있는 경우의 보험료는?

한 가정에 자동차가 2~3대가 필요한 경우에는 자동차 명의를 남편, 부인, 아들(혹은 딸) 이름으로 따로따로 하였을 때 보다 자동차 3대를 사고나 티켓 받은 적이 없고 운전 경력이 오래된 사람 명의로 하고 나머지 가족은 공동 운전자로 하게 되면 보험료를 훨씬 절감할 수가 있습니다. 예를 들면 20,000달러짜리 자동차 3대를 3사람 명의로 종합 보험에 가입을 하였을 경우의 보험료는 약 $2,000×3대=$6,000(한인 타운 기준)이지만, 자동차 3대를 한사람 명의로 하였을 경우는 첫 번째 차량 보험료 $1,800+2번째 차량 보험료 $1,200+3번째 차량 보험료 $700 = $3,700 정도가 되는 것입니다.

E) 운전 경력에 따라 보험료 차이가 납니까?

　미국에서 운전면허를 취득한지 3년 미만일 경우는 "Century 21" 같은 메이저 보험 회사에 보험 가입을 하면, 다른 보험회사에 비해서 보험료가 비싼 반면에 미국에서 운전면허를 취득한지 5년이 지나고 최근 3년 내에 사고도 없고, 최근 1년 6개월 내에 벌점이 없을 경우는 메이저 보험 회사에 보험을 가입하면 다른 보험 회사에 비해서 보험료도 상담이 저렴할 뿐 아니라, 교통사고 발생 시에도 서비스가 신속하고 좋은 이점이 있습니다.

　참고로 어떤 보험회사는 한국 운전 경력을 인정해 주는 곳도 있으며 미국에서는 16세가 되면 운전면허를 취득할 수가 있기 때문에 비록 운전은 하지 않더라도 가급적 운전면허를 빨리 취득을 해두는 것이 좋습니다.

F) 실제로 도심지에 살고 있지만 주소를 변두리 지역으로 할 경우, 보험료가 내려갑니까?

　일반적으로 뉴욕, LA, 시카고 같이 복잡하고 사고가 많이 발생하는 지역은 변두리 지역에 비해서 보험료가 10~40% 정도 비싼 편이기 때문에 보험료를 적게 내기 위해서, 가끔 변두리 지역에 사는 친척이나 친구 집에 사는 것처럼 해서 보험 가입을 하는 경우가 있는데, 사고가 났을 때 보험회사에서 사고 경위를 조사하다가 위장 전입을 한 의심이 가면 현재 주소지에서 본인이 살

고 있다는 증명서(전기, 전화, Gas비 납부 영수증 등)를
제출하라고 합니다.

이때 변두리 지역에 살고 있다는 사실을 입증하지 못하
면 보험혜택을 전혀 받을 수 없다는 것을 알고 있어야
합니다.

G) 자동차 보험의 종류

자동차 보험은 책임보험과 종합보험의 2종류가 있으며
새 차를 사거나 리스를 하는 경우와 현재의 차량 시세가
5천 달러 이상이면 종합 보험에 가입을 하는 것이 좋으며
차량 시세가 3천 달러 이하이고 운전을 잘할 경우에는
상대방 차량과 인명 피해에 대해서만 보상을 해주는 책임
보험에 가입을 하여도 되는데, 종합 보험료는 책임 보험료
보다 2~3배 정도 비싸다고 보면 되겠습니다.

자동차 보험료는 보험회사 마다 동일한 조건에서도 차
이가 나기 때문에 적어도 4~5곳의 보험 회사에 문의를
한 후에 보험가입을 결정 하는 것이 좋겠습니다.

## 2. 생명 보험

미국에서는 본인이 사망할 당시에 배우자나 자식들에게
남겨 줄 재산이 몇 십만 달러가 있는 사람이 별로 없습니
다. 왜냐하면 미국은 사회생활 구조가 많이 벌면 많이 버
는 대로, 적게 벌면 적게 버는 대로 모두 쓰도록 되어 있습
니다. 그래서 미국에서는 현금을 모으기가 상당히 어렵기

때문에 미국인들은 유산을 상속하는 최상의 방법으로 대부분 생명보험에 가입을 하고 있습니다.

생명 보험은 기간성 보험(Term life Insurance)과 평생 생명 보험(Whole Life Insurance)등 2가지로 구분을 할 수가 있는데, 기간성 생명 보험은 10년, 20년, 30년 등 기간을 정해 놓은 것으로서, 보험료는 평생 생명보다 싼 편이나 기간 내에 사망하지 않으면 납입한 보험료를 돌려받지 못합니다.

평생 생명 보험은 보통 99세까지로 보험료는 기간 생명보험보다 비싸나 99세 이상까지 사는 경우가 거의 없기 때문에 유족들이 보험금을 탈 수가 있으며, 보험료 납입 기간이 길수록 본인이 사망 전에 현금을 찾을 수 있는 금액도 많아집니다. 최근에는 기간성 생명 보험과 평생 생명 보험의 중간 형태인 기간성 생명 보험 이면서도 만기일에 납입한 보험료를 돌려받을 수 있는 프로그램도 있으니, 생명 보험 가입 시 여러 가지 보험을 충분히 비교 검토를 한 후에 보험 가입을 하는 것이 좋겠습니다.

현재 미국에서 Top 10에 해당하는 생명 보험회사는 다음과 같습니다.

| 보험회사 이름 | 등 급 |
|---|---|
| 스테이트 팜 | A+ |
| 티쳐스인 슈런스 | A+ |
| 아메리칸 패밀리 라이프 | A+ |
| 컨트리 라이프 | A+ |
| 노스웨스트 뮤추얼 라이프 | A |

| | |
|---|---|
| 뉴욕 라이프 | A |
| 메사츄세츠 뮤추얼 라이프 | A |
| 가디언 라이프 | A |
| 아메리칸 피델리티 | A |
| USAA Life | A- |

※ 등급은 바뀔 수가 있습니다.

생명보험에 대해서 보다 상세한 내용을 알고 싶으시면, 이 메일 migukguide@yahoo.co.kr로 문의를 하시면 무료로 상세한 설명을 들을 수가 있습니다.

## 3. 자동차 사고 시 처리 방법

A) 자동차 사고가 나면 누구의 잘 잘못을 따지면서 언성을 높여서 싸워서는 안 되며 일단 사고가 나면 서로의 운 전면허증과 보험증서를 보여 달라고 해서 운전면허 번 호, 이름, 주소, 생년월일, 보험회사 이름, 보험증서 번 호, 보험회사 전화번호 등을 적은 후에 경찰이 오지 않 고 상대방이 잘못 했다고 생각이 들면 상대방이 나의 차를 받았다는 내용을 적은 후에 사인을 받아두거나, 주위에 목격자가 있으면 목격자의 전화번호와 이름을 적어 두는 것이 좋습니다.

또한 사고 지점의 주소를 기록하고 사고 당시 차량 위 치를 그려 둡니다.

B) 설사 내가 실수를 하였더라도 잘못했다는 말을 상대방 이나 경찰관에게 하여서는 안 되며, 나의 변호사에게

물어보라고 하는 것이 좋습니다.

C) 상대방이 잘못이라고 생각하면 911(긴급전화)로 전화를 하여 경찰에 사고 신고를 하는 것이 좋으며 영어가 미숙할 경우에는 지나가는 사람에게 911로 전화를 해 달라고 부탁을 하면 됩니다. 911로 전화를 할 때 911의 전화를 받는 사람이 인명 피해가 있는지를 물어봅니다. 이 때 인명 피해가 있다고 하면 경찰이 빨리 도착을 하지만, 인명피해가 없고 가벼운 접촉 사고라고 하면 경찰이 늦게 오든지 아니면 안 올 수도 있습니다.

D) 큰 사고 일 경우는 본인이 911에 신고를 하지 않아도 지나가는 사람들의 신고로 경찰차, 소방차, 앰블런스 등이 사고 현장에 도착을 합니다.

E) 경찰이 사고 사항을 기록하고 사인을 하라고 하면, 사인을 합니다.

F) 말이 통하지 않거나 증거를 확보하기 위하여 항상 자동차에 카메라를 준비하든지 아니면 핸드폰으로 사고 현장을 찍어 두는 것이 좋습니다.

G) 나의 몸이 다쳤을 경우에 경찰이 앰블런스를 타고 병원을 가겠느냐고 물어 봅니다. 이 때 상대방이 확실히 잘못을 하였고, 상대방 차가 보험에 가입이 되어 있다면 앰블런스를 타고 병원에 가도 되지만, 상대방이 잘못을 하였더라도 상대방이 보험이 없든지, 나의 잘못이라고 생각이 들면 가급적 혼자서 병원에 가겠다고 하고 앰블런스를 타지 않는 것이 좋습니다. 왜냐하면 앰블런스를

타고 응급실을 가게 되면 병원에서 몇 가지 검사만 한 후에 집에 돌아가라고 합니다.

그런 이후에 1~2주일이 지나면 병원비와 앰뷸런스 비 청구서가 집으로 오는데, 일반적으로 병원비 청구 금액은 3천~2만 달러 정도이며, 앰뷸런스 비는 1,000달러 전후이므로 이 금액을 지불하려면 상당한 부담이 될 수밖에 없기 때문입니다.

## 4. 교통사고 사례

K씨는 40세의 미혼 남성으로 한국에서 직업 군인으로 근무를 하다가 퇴직을 하고 나서 이 직장 저 직장을 다녀 보았으나, 사회생활에 적응이 되지가 않아서 형님이 살고 있는 LA에 방문비자로 오게 되었습니다.

LA에서도 형님의 소개로 여러 직장을 다녀보았지만 적성에 맞지 않아서 집에서 놀다 보니 형님 가족들에게 눈치가 보여서 더 이상 형님 집에 있을 수가 없어서 혼자서 독립을 하기로 하고 조그만 아파트로 이사를 한 후에 신문에 구인 광고를 보고 마켓에서 일을 하게 되었습니다.

K씨는 미국에서 생활을 하다 보니 운전을 못하는 것이 너무나 불편하여 운전학원을 다니면서 운전을 배운 후에 가까스로 운전 면허증을 취득할 수는 있었지만, 운전 선생으로부터 아직 운전이 미숙하니 도로 연수를 며칠 더 하고 나서 혼자서 운전을 하는 것이 좋겠다는 이야기를 들었지만 도로 연수비가 아까워서 혼자서 친구의 차를 빌려서 보

험료를 아끼려고 책임 보험만 가입을 한 채 운전을 하다가
3일 만에 주차장에서 나오다가 주차장 기둥을 받아서 500
달러를 들여서 수리를 하고서는 운전을 시작한 지 2달 만
에 비보호 좌회전 지역에서 좌회전을 하다가 직진하는 대
형 트럭에 심하게 부딪쳐 상대방 트럭은 범퍼 있는 부분이
조금 찌그러진 상태였지만 본인 차는 폐차를 할 정도로 부
셔졌습니다. 조금 있으니 경찰차와 앰뷸런스가 도착하고
경찰이 사고 경위를 기록하고 K씨의 이마에 피가 흐르는
것을 보고는 병원에 가겠느냐고 물어 보자 K씨는 영어를
할 줄 몰라서 가만히 있으니, 경찰이 K씨를 앰뷸런스에 태
워 병원으로 보냈습니다. 이때가 오후 1시 경이었는데 병
원에서 몇 가지 검사를 하고 나서 의사와 간호사들이 질문
을 하는데 무슨 말인지 도저히 알아들을 수가 없어서 자신
에게 운전을 가르쳤던 운전선생에게 연락하여 운전선생이
와서 통역을 하고는 오후 7시 경에 퇴원을 하게 되었습니
다. 집에 돌아오니 그 때부터 통증이 심하여 다음날 운전
선생이 무료로 치료를 해주는 한의원을 소개하여 주어서
약 2주일 동안 치료를 받고는 회복이 되었습니다. K씨는
미국에서 교통사고가 나니 경찰에게 부탁을 하지도 않았
는데 앰뷸런스로 병원도 보내주고, 병원에서는 치료비를
달라는 말도 하지 않고 치료를 해주고는 집으로 가라고 하
니 참으로 고맙고 좋은 나라라고 생각을 하였는데, 1주일
이 지나자 2통의 편지가 배달되어 뜯어보니 무슨 말인지
알 수가 없어서 주위 사람에게 무슨 말인지 읽어 달라고

부탁을 해서 내용을 알아보니, 한 통의 편지는 병원에서 치료비 1만 6천 달러를 지불하라는 내용이었고, 또 다른 편지는 앰뷸런스 사용료 890달러를 지불하라는 청구서였습니다. K씨는 하루 검사와 치료비가 1만 6천 달러라고 생각하니, 어처구니가 없어서 벌어진 입을 다물 수가 없었습니다. 또다시 K씨는 운전선생과 회사 직원과 상의를 한 끝에 마침 쇼셜 카드가 있으니 병원에 상주하는 쇼셜 워커(저 소득자에게 도움을 주는 곳)에게 찾아가서 도움을 청하기로 하고, 병원 쇼셜 워커를 찾아 가서 자신의 처지를 상담한 결과 저소득자로 처리가 되어 다행히 치료비 1만 6천 달러를 모두 탕감을 받을 수가 있었습니다. 그러나 앰뷸런스 비용은 탕감을 받을 수가 없어서 한 달에 50달러씩 지불하기로 하였습니다. 그렇지만 파손된 자동차를 변상해 주고, 사고 당시 견인비, 보관료, 폐차 경비 등 2천 달러를 지불하였습니다. K씨는 도로 연수비용 몇 푼을 아끼려다가 엄청난 손해를 본 것을 후회 하면서도 이제라도 다시 도로 연수를 받은 후에 자신이 생기면 그때 가서 다시 운전을 하기로 다짐을 하였습니다.

# 공공 의료 보건 혜택에 대해서

미국에서는 의료보험이 없이 병원에 갔을 경우에 한국에서는 상상할 수 없을 정도로 비싼 병원비에 놀랄 수밖에 없습니다. 예를 들면, 감기가 걸려서 개인병원을 방문할 경우 초진일 경우는 진찰비만 80달러 정도이며, 약값은 별도이기 때문에 감기로 1회 방문 시 약 100달러 전후의 비용이 들며, 갑자기 아프든지 교통사고로 앰뷸런스를 타고 응급실로 가서 몇 가지 검사를 하고 치료를 받게 되면 최소한 2천 달러에서 몇 만 달러는 족히 지불을 하여야 합니다.

이런 경우를 대비해서 의료보험을 가입하여야 하나 의료보험비를 1인당 월 200~400달러씩 지불을 해야 하니 웬만한 가정에서는 엄두를 낼 수가 없습니다.

그러나 시민권자는 저소득층일 경우에 메디컬 혜택으로 무상으로 치료를 받거나 수술 및 입원을 할 수가 있지만, 요즈음은 국가 재정상태가 여의치가 않아서 영주권자일 경우에는 메디컬 혜택을 받지 못하는 경우가 많이 있습니다.

그래서 비 시민권자로서 의료보험이 없고, 저소득층 일 경우에는 저렴한 비용이나 무료로 치료를 받을 수 있는 프로그램을 찾아서 이용을 하는 것이 좋습니다.

학생의 경우에 병원치료(정신과, 마약 포함)를 받기 위해서 학교를 갈 수가 없을 경우에는 해당 병원에 상주하는 쇼셜 워커와 상의하면 무료로 Home School(선생이 집에 와서 공부를 가르치는 것)을 통하여 학교를 정식으로 다닌 학생과 동등하게 학점

을 인정받을 수가 있습니다. 무료 의료 혜택은 다른 주에 비해
서 캘리포니아가 비교적 잘되어 있는 편입니다.


## 1. CALIFORNIAKIDS(캘리포니아키즈)

캘리포니아키즈는 시민권이 없는 19세 이하의 어린이가
의료 혜택을 저렴한 가격으로 받을 수 있도록 하는 프로그
램으로써 어린이가 취학 연령인 경우에는 학교에 재학을
하고 있어야 하며, 치과와 안과를 포함하여 기본적인 진료
를 받을 수 있으며, 정신 건강과 처방약 혜택을 받을 수 있
으나 입원치료와 장기치료 및 특수치료는 해당이 되지 않
습니다.

**자격 조건** : 가족의 월 소득이 1명일 경우는 월 $1,846 이
하, 2명일 경우는 월 $2,488 이하, 3명일 경우는 월 $3,130
이하, 4명일 경우는 월 $3,771 이하이어야 합니다.

**신청 방법** : 캘리포니아에 거주하는 경우는 1-818-461-1400
으로 전화를 해서 신청서를 요청하여 작성을 해서 제출을
하면 되는데, 상황에 따라 3~6 개월씩 기다려야 하는 경우도
있으며 예산이 부족할 경우에 일시적으로 중단이 되는 경우도
있으니, 신청서 요청 시에 문의를 해 보는 것이 좋습니다.


## 2. CALIFONIA CHILDERN SERVICES ROGRAM(CCS)

CCS는 만 21세 이하로 선척적인 장애나 불치병, 암, 또는
장기간 간호가 필요한 경우에 무료로 의료 혜택을 받을 수
있는 프로그램으로써 CCS에 해당하는 자는 필요한 경우

CCS지정병원(대학병원, 커뮤니티 병원 등 큰 병원)에서 무료로 입원 치료와 간호사가 집에 방문하여 서비스하는 In-home nursing service 및 특수 간호센터(SCC)와 의료 요법 프로그램(MTP)에서 진찰과 치료를 받을 수가 있습니다.

때에 따라서는 담당 의사가 직접 신청을 대행해 주는 경우도 있습니다.

자격 조건 : 캘리포니아 거주자로 재산에 상관없이 가족의 년 간 소득이 4만 달러 이하이거나 의료비 지불액이 가정 소득의 20% 이상이 되는 경우입니다.

신청 방법 : DHS(Department of Health Services)의 Childern Service Branch로 전화(1-626-569-6202)를 해서 신청을 합니다.

## 3. HEALTHY FAMILIES(핼시 패밀리)

핼시 패밀리는 캘리포니아에 거주하는 만 18세 이하 어린이와 그 가족을 위한 저렴한 비용으로 의료 혜택을 받을 수 있는 프로그램으로써 의료 혜택 범위는 소아과, 치과, 안과, 내과, 산부인과, 가정 주치의 등 의료 전반으로 입원 치료와 처방전이 필요한 약품도 해당됩니다.

치료비 부담액 : 1자녀 당 월 지불액이 5~10달러로 대부분의 의료 혜택을 무료 내지는 10달러 미만만 지불합니다.

자격 조건 : 해당 자녀가 18세 이하로 캘리포니아에 거주하는 시민권자나 영주권자(때에 따라서 제한이 있을 수도

있습니다.)로서, 4명 가족의 월 소득이 3,017달러 이하이어
야 합니다.

신청 방법 : 무료 전화 1-800-880-5305로 전화를 해서 연
결번호 18을 누르면 한국말하는 안내원이 나오면 상담을
합니다.

## 4. CHILD HEALTH & DISABILITY PREVENTION : CHDP(어린이 보건 및 장애 예방 프로그램)

CHDP는 체류 신분에 관계없이 저소득 가정의 어린이들은
무료로 연령별 예방주사, 각종검사, 보건 교육 및 처방약의
의료 혜택을 받을 수가 있습니다.

자격 조건 : 자녀가 19세 이하로 가족의 월 소득이 2명일
경우는 $1,990 이하, 3명일 경우는 $2,504 이하, 4명일 경우
는 $3,017 이하이어야 합니다.

신청 방법 : 로스앤젤레스 전역은 무료전화 1-800-933-2437
로, 파사데나는 1-626-744-6016 으로 롱비치는 1-562-4226
으로 전화를 해서 문의를 하시면 됩니다.

## 5. ASSESS FOR INFANTS AND MOTHERS(AIM)(영아 및 산모 의료 혜택)

AIM은 체류 신분에 관계없이 캘리포니아에서 6개월 이상
거주한 임산부가 출산 전과 출산 후 60일까지, 2살까지의
신생아가 의료 혜택을 저렴한 가격으로 받을 수 있는 프로
그램으로 AIM혜택을 받는 임산부는 가정 소득의 2%씩 12

개월 동안 내야하며 어린이는 두 번째 해에 100달러를 내며 최근에 면역주사를 맞은 기록이 있는 경우는 50달러만 내면됩니다.

**자격 조건** : 6개월 이상 캘리포니아에 거주한 사실이 있어야 하며, AIM 신청시 임신 기간이 30주 이하이어야 합니다. 또한 AIM 프로그램으로 태어난 아이는 2세까지 의료 혜택을 받을 수가 있습니다.

월 소득은 재산 정도에 관계없이 2인 가족의 경우 월 $1,991~$2,985, 3인 가족의 경우 $2,505~$3,755, 4인 가족의 경우 $3,018~$4,525에 해당이 되어야 합니다(임산부는 2인 가족으로 계산을 합니다.).

**신청 서류** : 수입을 입증할 수 있는 서류(월급 명세서, 지난해 세금보고서, 은행 월말 결산서등)와 거주증명(Gas, 전기, 전화비 요금청구서 또는 아파트 임대료 납부영수증 등)

**신청 방법** : AIM 안내전화 1-213-538-0755나 무료전화 1-800-433-2611에 전화를 해서 신청하면 됩니다.

## 6. 어린이 메디컬(MEDE-CAL)

어린이 메디컬은 캘리포니아에 거주하는 만 18세 이하 어린이를 위한 무료 프로그램으로 메디컬은 소아과, 치과, 안과 및 처방약 등의 의료혜택을 받을 수가 있습니다.

**자격 조건** : 해당 자녀가 만 19세 미만으로 캘리포니아에 거주하는 시민권자나 영주권자(때로는 해당이 안 될 수도 있습니다.)로 메디컬 1931(b)인 경우(AFDC/CALWORKS

수혜자 및 18세 미만 자녀가 있으며 부모 중 한사람이 부
재, 장애, 사망 또는 실업 상태인 경우) 해당 가정은 무료로
의료 혜택을 받을 수가 있으며, 가정의 월 소득은 아래에
해당이 되어야 합니다.

| 가족수 | 자녀 1세까지 | 자녀 1~5세까지 | 자녀 6~18세 까지 | 성인 |
|---|---|---|---|---|
| 1명 | $0~1,477 | $0~982 | $0~739 | – |
| 2명 | $0~1,990 | $0~1.324 | $0~995 | $938 이하 |
| 3명 | $0~2,504 | $0~1,665 | $0~1,252 | $1,180 이하 |
| 4명 | $0~3,017 | $0~2.007 | $0~1,509 | $1,421 이하 |

신청 서류 : 자녀의 출생증명서나 여권 또는 영주권, 쇼셜
시큐 리티 번호 및 수입과 재산을 입증할 수 있는 서류(급
여 명세서, 세금 보고서, 은행 월말 결산서 등)
신청 방법 : 우편이나 직접 해당하는 DPSS를 방문해서 신
청서를 접수할 수 있으며 보통 신청 후 45~90일 정도가
되면 메디컬 카드가 우편으로 도착합니다(DPSS 안내 전
화 : 1-877-597-4777).

## 7. RESTRICTED MEDI-CAL(응급 메디컬)

응급 메디컬은 응급 치료가 필요한 저소득 가정의 환자와
임산부가 무료로 의료 혜택을 받을 수 있는 프로그램을 말
합니다.
자격 조건 : 가족의 월 소득이 성인 메디컬인 경우 가족 수
가 1인 일 경우는 월 $600 이하, 2인 일 경우는 월 $750 이

하, 3인 일 경우는 월 $934 이하, 4인 일 경우는 월 $1,100 이하이어야 하며, 임산부 메디컬인 경우는 가족 수가 2인 (임산부는 2인 으로 계산)일 경우 월 소득이 $1,990 이하, 3인 일 경우 $2,504 이하, 4인 일 경우 $3,017 이하가 되어야 합니다.

체류신분 관계는 때에 따라 달라지기 때문에 아래의 신청 방법에 있는 곳에 문의를 하면 됩니다.

**신청 서류** : 신청서 양식, 수입과 재산을 입증할 수 있는 서류(월급 명세서, 세금 보고서, 은행 월말 결산서등)

**신청 방법** : 본인이 거주하고 있는 지역의 DPSS(1-877-597-4777)로 전화를 하거나 아니면 메디컬/의료비 지불 프로그램 (ATP)을 신청해 주는(임산부인 경우는 임산부 메디컬을 신청해 주는) 병원에서 신청하면 됩니다.

## 8. 노인 및 장애자를 위한 메디컬(MEDI-CAL)

노인과 장애자를 위한 메디컬은 만 65세 이상인 사람과, 장애자 및 시각 장애자들이 무료로 의료혜택을 받을 수 있는 프로그램입니다.

**자격 조건** : 시민권자 및 영주권자(때에 따라 해당이 안될 수도 있습니다) 및 유자격 이민자로써 65세 이상 이거나 혹은 신체장애자나 시각 장애자가 이에 해당이 되며 월 소득은 1인 일 경우 월 $946 이하, 2인 일 경우 월 $1,278

이며 개인 소유 재산은 1인 일 경우 $2,000 이하, 2인 일
경우는 $3,000 이하이어야 합니다.

신청 서류 : 영주권, 쇼셜 시큐리티 카드, 운전 면허증 또
는 ID카드, 수입과 재산을 증명할 수 있는 서류(월페어 수
령 증명서, 월급 명세서, 세금 보고 서류, 은행 월말 결산
서, 자동차 등록증, 집 소유 증명 서류 등)

신청 절차 : 신청서를 작성하여 거주지 근처 DPSS 사무실
에 제출하고 인터뷰를 합니다(이때 영어가 미숙하면 한국
어를 하는 직원이 있는지를 물어보고, 만약 한국어를 할
수 있는 직원이 없으면, 통역을 할 수 있는 사람과 함께 가
는 것이 좋습니다.).

신청 방법 : DPSS 메디칼(1-877-597-4777)로 전화를 해서
메디칼 신청을 하는 방법을 문의하면 상세히 알려줍니다.

## 9. HEALTH INSURANCE PAYMENT PROGRAM : HIPP (의료보험 지불 프로그램)

HIPP는 체류 신분에 상관없이 저소득층으로 심각한 질환
으로 인하여 고액의 의료비가 청구된 경우에 개인의 의료
보험가입 여부에 상관없이 특수 메디컬 프로그램을 통하
여 의료비 지불 도움을 받을 수가 있습니다.

자격 조건 : 가정의 월 소득이 1인 일 경우는 월 $696 이하, 2인일 경우는 월 $938 이하, 3인 일 경우는 월 $1,180 이하, 4인 일 경우는 월 $1,421 이하가 되어야합니다.

신청 서류 : 신청자의 거주 확인서(전기, 개스 요금 청구서 등) 및 신청인의 수입 및 재산 증명 서류(세금 보고서, 월 수입을 증명할 수 있는 서류 또는 은행 월말 결산서 중 한 가지 이상이면 됩니다.)

신청 방법 : HIPP를 신청하려면 해당 DPSS로 전화를 하거나 거주 지역의 카운티 병원이나 보건소에 문의를 하면 됩니다(로스앤젤레스의 DPSS 전화는1-213-639-5455입니다.).

## 10. ABILITY-TO-PAY : ATP(의료비 지불 프로그램)

APT는 카운티 병원과 보건소에서 치료를 받으며 메디컬을 받기에는 소득이 많으나 치료비를 지불하기에는 소득이 적은 환자의 치료비 지불을 지원하는 프로그램 입니다.

자격 조건 : 가정의 월 소득이 1인 일 경우에 치료는 $901 이하, 입원은 $616 이하이어야 하며, 2인 일 경우에 치료는 $1,001 이하, 입원은 $766이어야 하며, 3인 일 경우 치료는 $1,201 이하, 입원은 $951 이하이며, 4인 가족일 경우는 치료는 $1,401 이하, 입원은 $1,116 이하이어야 합니다.

신청 방법 : ATP를 신청하려면 거주지에서 가까운 카운 티병원이나 보건소에서 신청을 할 수가 있습니다(로스앤 젤레스의 경우는 무료 전화 1-800-378-9919로 전화를 하 시면 됩니다.).

## 11. IN HOME SUPPORTIVE SERVICE : IHSS(간병인 서비스)

HISS는 65세 이상 이거나 장애자로써 저소득층이어야 하 며, SSI나 쇼셜 시큐리티를 받거나 HISS 규정에 해당하며, 가정에서 치료를 받기를 원할 경우에 간병인 서비스를 통 해서 음식 준비, 집안 청소, 세탁 및 병원 치료를 위한 관리 등의 도움을 무료로 받을 수가 있습니다(간병인은 영주권 이나 시민권을 가지고 있는 가족이 정부에서 간병인 급여 를 받고 직접 간병을 할 수도 있습니다.).

신청 방법 : 각 지역의 카운티병원이나 보건소에 문의를 하면 상세히 설명을 해주며 로스앤젤레스의 경우는 무료 전화 1-888-944-4477이나 성바나바스 노인서비스(1-213 -388-4444 : 한국인 직원이 상주함)로 연락을 하면 됩니다.

## 12. LONG TERM CARE MEDI-CAL(장기 치료 메디컬)

Long Term Care Medi-Cal은 양로병원(Nursing Home 이나 Convalescent )과 같은 장기치료 시설이 있는 곳에서 환자가 포괄적인 예방치료, 기초진료, 진료소 방문, 안과, 치과, 정신과, 입원 및 처방약 등의 의료혜택을 무료로 받는 것입니다.

자격 조건 : Full Coverage(전체 혜택)를 다 받기 위한 것
이라면 시민권이 있어야 하며 그렇지 않은 경우에는 응급
서비스를 받을 수가 없습니다.
또한 양로병원에 거주하기를 원하는 사람은 본인의 재산
이 2,000달러 이하이어야 하며 지불액은 해당 환자의 소득
수준에 따라 다르게 책정이 됩니다.

신청 방법 : 해당 거주지역의 양로병원을 직접 방문을 하
든지 아니면 전화로 신청을 하여도 되는데, 영어로 의사소
통이 되지 아니하면 로스앤젤레스 같은 큰 도시는 한국 직
원들이 상주해 있는 양로병원을 이용하면 됩니다(문의전
화 : 1-626-854-4987).

## 13. MEDICARE(메디케어)

메디케어는 연방정부에서 제공하는 의료보험으로 병원 입
원치료(파트 A)와 병원 통원치료(파트 B)가 있습니다.

자격 조건 : 시민권자나 영주권자(해당이 안 될 수도 있습
니다.)로서 아래 사항에 해당하는 경우에는 무료로 병원
입원, Hospice Care(불치병의 간호), Skilled Nursing
Facility(인가 받은 전문 간호 시설), Skilled Home Health
Care(전문 가정 간호) 등의 혜택을 받을 수가 있습니다.

- 66세 이상이며 쇼셜 시큐리티 유자격자
- 연방 정부 공무원으로 1982년 이후 은퇴자
- 나이에 상관없이 지난 24개월 동안 계속해서 쇼셜 시큐리티 장애자 보조금을 받은 경우
- 메디케어 수익자 프로그램(QMB)에서 지불해 주는 경우
- 50세 이상으로 장애자/배우자가 사망하였으며, 2년 이상 사망한 자를 통해서 쇼셜 시큐리티를 받은 경우
- Specified Low Income Beneficiary Program(특정 저소득층 수익자 프로그램)에서 지불해 주는 경우

신청 서류 : 시민권인 경우는 여권, 영주권자인 경우는 영주권, 쇼셜 시큐리티카드, ID(신분증) 또는 운전 면허증, 수입과 재산을 입증할 수 있는 서류(월 페어 영수증, 월급 명세서, 자동차 등록증, 집 소유 증명 서류, 세금 보고서, 은행 월말 결산서 등) 그리고 아파트 임대료 영수증 등이 필요합니다.

신청 방법 : 현재 살고 있는 거주지에서 가까운 쇼셜 시큐리티 사무실을 찾아가서 신청하면 됩니다(LA의 경우는 무료전화 1-800-772-1213으로 전화를 해서 문의하면 됩니다.). 상기의 의료혜택 내용들은 주 정부의 예산에 따라서 취소가 될 수도 있으며 때에 따라서는 조건이 변경될 수도 있으니, 관련기관에 수시로 문의를 해보는 것이 좋습니다.

## 14. 치료에 도움이 될 만한 단체 및 프로그램(LA 지역)

- Health Consumer Center : HCC(보건 소비자 센터)

  이것은 각종 의료혜택이 필요한 분들에게 해당되는 보건 프로그램이며 의료보험과 병원비 지불에 관련한 문의와 진정 및 항소 절차에 대해서 상담을 해주는 곳으로써 무료전화 1-800-896-3203으로 전화를 해서 도움을 요청하며 영어가 미숙할 경우에는 한국어 담당자를 찾으면 됩니다.

- 한인 건강 정보센터(Korean Health, Education, Information & Research Center)

  한인 건강 정보센터는 로스앤젤레스 코리아타운지역에서 저소득 가정과 노인 및 장애자를 위해 의료원과 양로보건센터를 운영하며 저소득층에게는 저렴한 경비로 치료를 받게해 주며 월페어, 메디컬, 메디케어 신청도 도와주며 유방암 검사, 자궁암 검사, B형 간염 검사는 99% 무료로 진료를 받을 수가 있습니다. 문의 전화 : (213)637-1070(부속 병원), (213)637-1080(상담)

- 고려보건 진료소(Koryo Health Foundation)

  고려보건 진료소는 LA 한인 타운 가운데에 위치하고 있으며 자궁암 및 유방암 검사는 무료이며, 내과에 해당하는 질병에 대해서는 저소득층일 경우 체류 신분에 상관없이 무료 또는 저렴한 비용으로 치료를 받을 수가 있습니다. 전화번호 : (213)380-8833, 주소 1058 S. Vermont Ave. LA CA 90057)

- 예방 접종(Immunlzation)

  이것은 미성년자가 무료나 저렴한 비용으로 홍역, 백일해,

수두 및 뇌막염 예방주사를 맞을 수 있는 프로그램으로
연락처는 무료전화 1-800-427-8700 입니다.

• 보건소

보건소는 미 전국 어느 곳이나 있으며 예방 접종이나 간단한
내과 치료는 무료로 받을 수가 있으나 영어가 미숙한 경우에
는 통역관과 함께 가야하며 대기 시간이 긴 것이 단점 입니다.

## 15. PUBLIC CHARGE(공공 부담)

이것은 영주권자나 비 영주권자가 정부로부터 무상으로 의
료 혜택을 받을 수는 있으나, 정부로부터 현금 보조를 받거
나 정부의 지원으로 요양원이나 정신병원 등의 장기요양 시
설에 거주할 경우에 공공부담( Public Charge )에 해당이
되며 영주권 취득이나 시민권 취득 시에 영향을 줄 수가 있
기 때문에 아래의 사항을 잘 살펴보는 것이 좋습니다.

A) 현재 영주권이 없거나 영주권을 신청 중인 자로 다음의
혜택을 받을 경우에는 "Public Charge"로 간주하지 않
습니다.

• 의료보건 혜택 : 메디컬(요양원 등 장기치료는 해당
이 안 됨), 보건소, 헬시 패밀리(Health Families), 산
전조리나 산전진료.

• 비 현금 보조 혜택 : Public Housing(저 소득층 아파
트에 거주하는 경우), 재난 구조, Energy Assistance
(에너지 지원), 직업 훈련 및 상담 등

• 식량 프로그램 : Food Stamp(정부가 저 소득층에게

매월 무상으로 지급하는 식료품 교환권), WIC(산모,
신생아, 어린이 영양 관리)

B) 현재 영주권이 없거나 영주권을 신청 중인 자로 다음의
혜택을 받을 경우에는 미 이민국은 영주권 발급 여부
결정시에 해당 이민자를 Public Charge로 간주하여 영
주권 발급에 문제가 발생할 수도 있습니다.

- SSI, CAPI, GR, CALWORK 등 현금보조 혜택을 받
  을 경우
- 정부의 지원으로 정신병원이나 요양원 등 장기요양
  시설에 거주하는 경우

C) 영주권자로서 다음의 혜택을 받고 있을 경우에 영주권
이 취소되지 않습니다.

- 각종 의료보건 혜택, 식량보조 프로그램, 각종 비 현
  금 보조 혜택
- 현금보조 혜택(단, 예외는 아래의 설명을 참고 바람)
- 장기요양(단, 예외는 아래의 설명을 참고 바람)

D) 알아 두어야 할 사항

- 영주권자가 한 번에 6개월 이상 미국을 떠나 있을 경
  우에는 재입국 시 Public Charge에 해당이 되는지를
  조사 받을 수가 있습니다.
  이따금 영주권자가 재정보증 기간 동안 현금보조 프
  로그램이나 장기요양 프로그램을 이용한 경우에 미
  국 시민권 취득이 거부되지는 않습니다. 미국 시민권
  자와 영주권자는 의료보건 혜택, 현금보조 혜택, 식량

보조 프로그램 등의 어떠한 혜택을 받더라도 친척을 위해 재정보증을 할 수가 있습니다. 그러나 재정 보증인은 재정보증 대상인 친척을 연방 빈곤 기준(federal Poverty Guideline)의 125% 수준 이상으로 보조해 줄 수 있는 만큼의 충분한 수입이 있다는 재정 보증서를 재출하여야 합니다.

그러나 난민과 망명자는 의료보건 혜택, 현금보조 혜택, 식량 보조 프로그램 등 어떠한 혜택을 받아도 영주권 취득에 영향을 받지 않습니다.

• 종전에는 영주권자도 시민권자와 동등하게 무료의료 혜택을 받을 수가 있었으나, 요즈음은 정부의 재정 적자가 늘어나고 있는 상황에서 영주권자의 의료 혜택이 대폭 축소가 되거나 삭제가 되고 있기 때문에 영주권자는 하루라도 빨리 시민권을 취득해 두어야 할 것입니다.

[사 례]

K씨는 2000년 부인과 11살과 5살 된 딸과 함께 처가가 있는 LA에 방문비자로 입국해서 5개월 후에 6개월 간 방문체류연장을 신청해서 1년간은 합법체류 신분으로 살았으나 그 이후부터는 학생비자나 E-2 비자 등으로 체류 신분을 변경하는 것을 몰라서 불법체류 신분이 되었습니다. 그러나 K씨는 미국 도착 즉시 처남의 도움으로 운전면허증을 취득하고 쇼셜 카드도 발급받아(이때는 방문비자 소지

자도 쇼셜 카드 발급이 가능하였음)서 원단 회사에 세일즈
맨으로 급여를 받는 대신 커미션을 받는 조건으로 영업일
을 하게 되었습니다. 이유는 방문자나 불법체류자는 정식
으로 급여를 받아서 세금을 납부할 수가 없기 때문에 자영
업자로 등록을 하여서 세금보고를 하였습니다.

K씨는 비록 불법체류 신분이었지만 세금 공제 후 평균 수
입이 월 5천 달러 이상이 되었기 때문에 여행도 많이 다니
고, 골프와 낚시도 즐기며 유명하고 분위기 좋은 레스토랑
이나 카페에서 식사도 하며, 세계적으로 유명한 뮤지컬이
나 음악회도 다니면서 나름대로 가족들을 위하여 생명보
험을 가입하여 편안한 마음으로 미국생활을 즐기고 있었
습니다.

그러한 생활을 하던 중 어느 날 10살 된 작은 딸이 갑자기
배가 참지 못할 정도로 아파서 가까운 한인병원에 가서 검사
를 해보니 소장이 막혔기 때문에 지금 즉시 수술을 하여야되
는데 수술비용은 8천 달러 정도가 된다는 것이었습니다.
K씨는 8천 달러는 거금이라고 생각하여 지금가지고 있는
돈이 없는데 어떻게 도와 줄 수 있는 방법이 없겠느냐고
사정을 하니, 만약 저소득층 이면 퀸 스퀘어 프로그램을
이용하면 무료로 치료를 받을 수가 있다고 하여 주소를 물
어서 곧바로 퀸 스퀘어 프로그램을 취급하는 병원을 찾아
가서 진찰을 받으니 이곳에서는 치료할 수 없으니 의사의
소견서를 첨부하여 굿사마리탄 종합병원에 입원을 시키기
로 하고 미리 전화로 예약을 한 후에 굿사마리탄 병원에

가서 입원을 하게 되었는데, 병명은 만성 췌장염이며 수술
을 하지 않아도 2주일 정도면 퇴원을 할 수가 있으며 퇴원
후에는 1달에 1번씩 3개월 간 통원치료를 하면 괜찮을 것
이라는 담당 의사의 말을 듣고는 K씨는 안심이 되었습니
다. 이로 부터 2주일 후에 의사의 예상대로 퇴원을 하게 되
었는데 병원비는 100% 무료였습니다. 그러나 1년 후에 딸
이 똑같은 증세로 참지 못할 정도로 배가 아파서 지난번에
입원했던 굿사마리탄병원 응급실로 데려가서 응급조치를
하는 동안 사무실에서 접수를 하는데 사무실 직원이 메디
컬이나 의료 보험증이 있느냐고 물어보기에 1년 전 퀸스케
어 프로그램에 가입한 서류를 보여주니 이 프로그램은 끝
이 났기 때문에 더 이상 사용할 수가 없으니 현금을 지불
해야 한다는 것이었습니다.

미국에서는 병원비가 얼마나 비싼지 경험을 해보지 않은 사
람은 이해를 할 수가 없을 정도라는 것을 K씨는 알고 있었기
때문에 병원직원에게 무료로 치료를 받을 수 있는 방법을
가르쳐 달라고 하니 USC대학병원으로 가보라고 하여서 딸
을 앰뷸런스에 태워서 USC대학병원의 부속 Children(어린
이) 병원 응급실로 데려 갔습니다.

이곳에서 응급조치가 끝나고 입원을 시키고 나서 병원 사
무실로 가니 직원이 메디컬이나 의료보험이 있느냐고 물
어보기에 아무것도 없다고 하니 그러면 옆 건물 사무실에
가서 쇼셜 워커를 만나서 도움을 요청하라고 하였습니다.
K씨는 쇼셜 워커를 만나서 딸의 입원 번호와 접수증을 보

여주니 몇 가지 서류를 주면서 인적 사항을 기록하고 사인을 하라고 해서 그대로 서류를 작성하니 이제는 돈을 내지 않고 치료를 받을 수 있다고 하여 K씨는 미국이 참으로 좋은 나라라고 생각을 하였습니다. 나중에 알고 보니 응급 메디컬을 만들어 준 것이었습니다.

USC 병원에서 1달 만에 퇴원한 딸은 3개월 주기로 병원에 입원을 하였는데, 담당 주치의는 췌장염 계통으로 세계적인 명성을 가지고 있는 의사였지만 대수술을 하고서도 낫지를 않고 어떤 때는 6개월씩 장기입원을 하는 경우도 있었습니다.

주치의 말로는 선천적 췌장염이면서도 아주 드문 병이기 때문에 의학 연구대상으로 선정하고 CCS프로그램(선천적인 장애나 불치병으로 장기간 치료가 필요한 경우에 무료로 치료를 받을 수 있는 프로그램)에 가입을 시켜 주었습니다. 그리고 보다 더 정밀하게 연구를 하기 위해서 딸의 피를 채취하여 독일의 유명한 연구기관에 보내어 연구를 시키기도 하였습니다.

K씨의 딸은 정상적으로 학교 수업을 받을 수가 없게 되자 병원에 입원해 있을 때는 병원에 소속된 선생님이 공부를 가르쳐 주었고, 집에 있을 때는 Home School(홈 스쿨)을 통하여 정부에서 무료로 선생님을 집으로 보내 주어서 공부를 할 수 있도록 하였습니다.

지금은 K씨 딸의 상태가 많이 좋아져서 병원에는 가지 않지만 계속해서 약물 치료를 받고 있는 상태입니다.

담당의사가 딸의 경우에 병원비가 적어도 70~80만 달러는 될 것이라는 말을 듣고는 K씨는 만약 미국에 오지 않고 한국에 있었다면 과연 이 많은 돈을 들여서 딸을 살릴 수가 있었을까 하고 생각을 하니, 미국에 오기를 참으로 잘했다는 생각을 하였습니다.

이렇게 세월이 지나면서 장인이 시민권자이기 때문에 기혼자녀 가족초청으로 8년 만에 꿈에 그리던 영주권도 받고 생활도 안정이 되어 항상 하나님께 감사하며 살아가고 있습니다.

# 미국 공무원이 되는 방법

한마디로 미국에서 공무원이 되는 길은 한국에서 공무원이 되는 길보다 쉽다고 할 수가 있습니다.

영주권자나 시민권자로서 조금만 관심을 가지면 보다 쉽게 연방 정부공무원이나 주 정부공무원이 될 수가 있는데도 불구하고 한인들의 경우에는 공무원이 되는 방법에 대한 정보가 별로 없기 때문에 처음부터 포기를 하는 경우가 많이 있습니다.

미국에 있는 많은 한인들이 이 책을 통하여 공무원직에 진출을 하여서 한국인들의 긍지를 심어주고, 영어를 모르는 한국인들이 관공서에 갔을 때 도움을 줄 수 있기를 바랍니다.

## 1. 미국 공무원의 매력

  A) 연령 제한 : 미국은 공무원 시험을 칠 때 나이 제한이 없습니다.

  B) 공무원 자격 : 공무원 시험 응시 자격은 시민권자나 영주권자로서 한국이나 미국에서의 고등학교 이상 졸업장만 있으면 됩니다. 그러나 공항, FBI 등 일부 관공서는 시민권자만 응시를 할 수 있는 곳도 있으니 응시하고자 하는 곳에 미리 확인을 해 보는 것이 좋겠습니다.

  C) 정년퇴직 : 미국에서의 공무원은 대부분 정년퇴직이 없으며 본인이 원할 때 가장 좋은 조건에서 퇴직을 할 수가 있습니다(실제로 미국 관공서에는 70세 이상 된 노인들이 많이 근무를 하고 있습니다.).

D) 승진 기회 : 미국 공무원은 1년이 지날 때 마다 자동으로 급여가 인상되며, 또한 승진의 기회도 많다고 봅니다.

E) 근무 시간 및 휴가 : 근무 시간은 1주일에 40시간이며, 초과 근무 및 토, 일요일과 야간 근무에 대해서는 Over Time(시간외 근무)수당이 지불됩니다(시간 외 근무는 시간 내 근무의 1.5배의 급여를 지급합니다.).

휴가는 근무 년 수에 따라 매년 2주에서 2개월간의 유급 휴가를 줍니다. 또한 본인이 사업을 하기 위해서 아니면 가정 일을 돌보기 위해서라든지 어떤 사유로도 2년까지 무급휴가를 받을 수가 있습니다(장기휴가 후에 복직이 안 되면 어떡하나 하고 염려할 필요는 없습니다.).

F) 성별 : 대부분의 관공서는 남자나 여자에 대한 성별에 차별이 없이 누구나 지원을 할 수가 있습니다.

G) 영어 실력 : 공무원 시험은 서류심사, 필기시험, 인터뷰 순으로 진행되며 일반 공무원이 되기 위한 필요한 영어 실력 수준은 응시원서(Application)를 해석하고 작성할 정도의 실력이면 되기 때문에, 영어를 전혀 못해도 무료로 영어를 배울 수 있는 성인 영어학교(Adult School)에서 1~3년 정도 공부하면 대부분 합격을 할 수가 있습니다.

H) 의료 보험 : 미국 공무원은 누구나 치과 및 안과를 포함한 의료 보험 혜택을 받을 수가 있으며 질병이나 병가(Sick leave)로 인정되면 병이 완치될 때까지 유급휴가가 가능합니다.

I) 경력 인정 : 미국이나 한국에서 해당 분야나 비슷한 직종에서 일을 한 경력이 있을 경우에는 Application(응시원서) 작성 시 반드시 자신의 경력을 상세히 기록하여야 하며, 경력을 인정받게 되면 경력에 따라 급여가 높게 책정이 됩니다.

J) 임시직 : 임시직에도 응시를 하는 것도 좋은 방법입니다. 이유는 임시직의 경우는 시험도 까다롭지 않고 서류 심사만으로도 채용이 가능하며 임시직이라고 해서 일정기간만 일하는 것이 아니고 계속해서 근무를 할 수가 있으며 급여나 다른 혜택도 정규직과 동등합니다. 그리고 임시직으로 근무를 하다 보면 정규직 자리가 날 경우에 임시직 직원을 우선적으로 채용하는 특혜를 받을 수가 있습니다.

## 2. 공무원 시험 대비 준비 사항

A) 영어가 미숙한 경우에는 무료로 공부를 할 수 있는 Adult School이나, 커뮤니티 칼리지의 ESL 과정에 등록을 하여서 1~3년 정도 공부를 하면 공무원직에 응시를 할 수가 있습니다.

B) Application(응시원서)은 공무원 시험이 쉬운 커뮤니티 관공서로부터 시험이 다소 어려운 곳까지 기회가 나는 데로 보내는 것이 좋습니다(10군데 이상 신청도 가능합니다.).

C) 미국 공무원은 채용시기가 한국처럼 정기적으로 있는

것이 아니라 결원이 생겼을 때 수시로 모집을 하기 때
문에 다른 직장을 다니면서 응시원서를 보내는 것이 좋
습니다. 응시원서를 보냈을 때 불합격 시에는 1개월 내
에 연락이오며 서류합격 통보는 관공서마다 차이는 있
지만 대략 6개월에서 2년까지 기다려야 할 경우도 있습
니다. 어떤 때는 3~4곳에서 동시에 연락이 오는 경우
도 있는데, 만약 시험 날짜가 중복이 될 경우는, 날짜를
조절해서 시험을 쳐도 되며 마음에 들지 않는 곳은 포
기를 하여도 됩니다.

D) 타이피스트직은 1분에 40~60타 이상이면 되는데, 타이
핑이 미숙한 경우에는 집에서 연습을 하든지 아니면 집
근처에 있는 ONE-STOP이나 EDD에 가면 무료로 연
습을 할 수가 있습니다.

## 3. 공무원 채용에 관한 정보를 알려 주는 곳

A) ONE-STOP(Workforce & Industry Center)

• 로스앤젤레스의 경우 한국인과 상담할 수 있는 곳

1541 Wilshire Blvd. #407 Los Angeles, CA 90017

Tel : (213)353-1677

Fax : (213)353-1685

E-Mail : kkim@westlak-onestop.drg

www.westlake-onestop.org

B) EDD(Employment Development Department)

미 전국 무료 전화 : 1-800300-5616

www.edd.ca.gov(California의 경우)

한국인 담당 : (213)353-1677 ext 322

E-mail : kagea98@yahoo.com

C) 로스앤젤레스시의 경우는 www.Lacity.org에 접속을 하여서 검색창에 personnel을 클릭하면 됩니다.

D) 로스앤젤레스 카운티의 경우는 http://lacounty.info로 들어가서 오른쪽 상단에 있는 <job opportunities>를 클릭하면 됩니다.

E) 캘리포니아 주 공무원의 경우는 http://www.ca.gov 상단에 있는 employment를 클릭하면 됩니다.

F) 로스앤젤레스의 경우는 한인공무원협회(한국 영사관 1층에 소재)에 문의를 하면 도움을 받을 수가 있습니다.

G) 연방공무원의 경우는 www.usjobs.opm.gov에서 정보를 얻을 수가 있습니다.

다음 장은 미국의 관공서에서 영어로 된 공무원 채용 안내 및 모집 부서, 급여 및 혜택, 공무원 응시 절차, 면접 요령 등이 상세히 설명되어 있으니 참고하시기 바랍니다.

## *Los Angeles City*

### HOW TO APPLY FOR A CITY JOB

The City of Los Angeles uses a civil service system of employment and promotion. This means that you will be requested to take an examination to be considered for employment. The civil service system is based on the principles of merit, fairness and equal employment opportunities. If you are interested in a particular job, you must:

1. Determine whether the job/position is currently open for application. You will find a listing of all open jobs on this website, by calling the job hotline at (213) 847-9424 or by visiting the Personnel Department building or satellite offices.

2. If a job is open, you need to fill out a City of Los Angeles Application Form for a copy of the form in PDF format), along with any supplemental forms required, and return it to the Personnel Department, or a designated satellite office, on or before the closing date listed.

[If the job is not currently open for applications, you may complete a Notification Card. The Notification Card captures the following information: the job titles you are interested in and your home address. These cards are kept on file for one year. If the job you are interested in should open within a year of your turning in the Notification Card, we will send you a notice - usually the job announcement and a City employment application. After one year, notification cards are destroyed, and it is your responsibility to complete a new one.]

3. Once you have turned in your application, you will be notified by mail of the date, time and location of the examination of the job for which you applied.

### CITY BENEFITS INFORMATION

*Updated: January 5, 2000*

There are many things to consider in a new employer. Here are a few of the many benefits the City of Los Angeles offers its employees:

**SALARY:** For most positions, the City has a five-step salary range. Other annual salary adjustments are determined by collective bargaining between employee organizations and the City. Employees with specific language abilities may earn a salary bonus for working in positions which require the use of bilingual skills.

**PAID VACATIONS:**

Two weeks after one year.
Three weeks after five years.
Additional increases after thirteen years.
Employees may accumulate vacation time equivalent to two annual vacation periods.

**SICK LEAVE**: Employees are provided generous sick leave for illness and injury.

**HEALTH AND DENTAL PLANS**: The City provides a variety of health and dental plans for the employee, dependents, spouses and domestic partners. The programs available include managed care programs, preferred service providers and a plan providing for a reimbursement option if you wish to choose your own doctor or dentist.

**DEFERRED COMPENSATION**: This plan is offered as a supplement to retirement benefits. Employees participation in this plan voluntarily defers a portion of their salary to help them prepare for financial independence when they retire, and at the same time, lower their income taxes.

**DEPENDENT CHILD/ELDER CARE AND MEDICAL EXPENSE REIMBURSEMENT**: This optional plan allows employees to put pre-tax monies into an account from which they can be reimbursed for dependent child/elder care and medical expenses.

**LIFE INSURANCE**: The City of Los Angeles offers basic life insurance in the amount of $10,000 at no cost to most employees. Supplemental insurance may be purchased at low cost through payroll deductions.

**RETIREMENT**: The City provides an excellent, independent retirement plan to which both the employee and the City contribute.

**PRIDE**: Los Angeles is the nation's second largest city. Employees of the City feel particular pride in serving the community and enhancing the lives of those within its boundaries.

**OPPORTUNITIES**: As a large employer with such a diverse workforce, the City of Los Angeles can offer its employees many opportunities for advancement. Employees are encouraged to develop their skills and seek to improve their level within the organization.

## WE NEED THESE JOBS FILLED NOW !

Assistant Communications Cable Worker, Background Investigator, Channel Traffic and Information Coordinator, Correctional Nurse, Director of Port Marketing, Electric Distribution Mechanic, Electric Distribution Mechanic Trainee, Elevator Mechanic, Financial Development Officer, Firearms Examiner, Firefighter, Geographic Information, Systems Specialist, Librarian, Marine Environmental Supervisor, Materials Testing Technician, Mechanical Engineering Drafting Technician, Occupational Trainee, Office Trainee, Park Ranger, Pile Driver Supervisor, Police Officer, Police Service Representative, Polygraph Examiner, Relief Correctional Nurse, Safety Engineer Elevators, Safety Engineer Pressure Vessels, Special Officer, Systems Analyst, Systems Programmer, Telecommunications Regulatory Officer, Therapeutic Recreation Specialist, Veterinary Assistant, Veterinary Technician, Wastewater Collection Worker, Workers' Compensation Analyst

# *Los Angeles County*

## *Instructions for Filing an Application for County Employment*

Please note that electronic filing of employment applications via the Internet is not available.

Applications are accepted for County examinations only when a bulletin is posted which announces that the examination is open and applications are being accepted.

Applicants must submit applications specifically how and/or where the bulletin states the application should be filed. For instance, in many cases, applications must be submitted directly to the personnel office or other designated location of the department which is giving the examination. In other cases, the bulletin information may state that the application must be filed in person. Follow these filing instructions explicitly, as the application could be delayed or disqualified.

Examinations usually have deadline dates by which application must be submitted. This means that the application must be received in the designated location by the closing date, otherwise the application will be rejected as late. A postmark by the closing date is not sufficient.

An applicant should file an application as soon as possible. This is due to the fact that some examinations only remain open "until the needs of the service are met." Therefore, when a department determines enough applications have been received, the examination may be closed immediately at the end of that business day.

Applicants must carefully read all instructions on the bulletin and on the information sheet attached to the application form. Additional information may be required, including proof of degrees or licenses required for the position.

Any false statements of material facts or omissions may subject the applicant to disqualification or dismissal.

## *General Benefit Information*

The County of Los Angeles recognizes excellence and performance by providing comprehensive and competitive benefit programs to its members. Emphasis is directed toward offering you and your family a variety of benefits that help meet your needs and balance your career with your personal life. The main theme of all of the programs is flexibility. These types of programs are made possible through Section 125 of the Internal Revenue Code and allow you to choose between nontaxable benefits, taxable cash, and the best plan for you and your family. In addition, the County pays you a monthly "benefit contribution" to use to pay for these benefits. This benefit is earned by being in a "pay status" for at least one day in the previous month.

The County offers four cafeteria benefit plans. These plans have different insurance options and contribution rates.

**Choices Benefit Plan** - for employees represented by the Coalition of County Unions.
**Options Benefit Plan** - for employees represented by Local 660.
**MegaFlex Benefit Plan** - for eligible non-represented employees.

**Flexible Benefit Plan** - for eligible non-represented employees.

As a member of one of the above plans, you may enjoy the following benefits:

-Medical Coverage
-Dental Coverage
-Group Term Life Insurance
-Accidental Death & Dismemberment
-Short-term Disability - for MegaFlex members only
-Long-term Disability - for Megaflex members only
-Health & Dependent Care Spending Account

In addition, depending upon your employment status, the County provides the following retirement plans:

**Defined Benefit Retirement Plans (Plans A,B,C,D,E)** - *to learn more about these plans, call LACERA at (800) 786-6464.*

**Defined Contribution Retirement Plans** - The County offers three voluntary supplemental retirement plans for full-time permanent employees. These plans are governed by IRS code Section 401k and 457.

-Deferred Compensation & Thrift Plan (Horizons, 457 plan) for all full-time permanent employees.
-Deferred Earnings Plan (401k) for physicians.
-Savings Plan (401k) for non-represented employees.

*To learn more about these plans, call Great West Life & Annuity at (800) 947-0845.*

**Defined Contribution Retirement Plan** - the County offers one mandatory retirement plan for all temporary, part-time and seasonal employees. This plan is governed by IRS Code, Section 457.

-Pension Savings Plan (457 plan) for temporary, seasonal employees.

*To learn more about this Plan, call (213) 738-2252.*

## Los Angeles County Departments and Agencies

Los Angeles County Administrative Units, Administrative Office, Chief Affirmative Action Compliance, Agricultural Commissioner / Weights & Measures, Alternate Public Defender, Animal Care and Control, Assessor Auditor-Controller, Beaches and Harbors, Board of Supervisors, Executive Office of Chief Information Office, Child Support Services, Children and Family Services / Adoption Community and Senior Services, Community Development Commission / Housing Authority Consumer Affairs, Coroner County Counsel, District Attorney, Fire, Health Services, Human Resources, Internal Services, Mental Health, Military and Veterans Affairs, Museum of Art, Museum of Natural History, Ombudsman   Office of Public Safety, Office of Small Business, Parks and Recreation, Probation, Public Defender, Public Library, Public Social Services, Public Works, Regional Planning, Registrar-Recorder / County Clerk, Sheriff, Sheriff's Special Counsel, Treasurer and Tax Collector

# California State

### The Examination Process

Before you can be appointed to a permanent position, you must first take an examination to obtain list eligibility. Permanent hires are made from the eligibility lists created by examining. Examination bulletins contain broad information which you will need to review to make sure you meet the minimum qualifications so you can apply to take the exam. If you meet the requirements on an examination bulletin, you may take the examination, which is competitive. Possession of the entrance requirements does not assure a place on the eligible list.

### Obtaining List Eligibility

There are different types of exams. Depending on the classification, you can either take a written exam, oral interview exam, supplemental exam, education and experience exam or a combination exam having more than one exam plan. Your performance in the required examination will be compared with the performance of the others who take this test, and all candidates who pass will be ranked according to their scores. You will need to be successful in all parts of the exam to obtain list eligibility. The exam bulletin will indicate which type of exam is being administered.

### Once you have Obtained List Eligibility

Successful candidates are divided into ranks by score. Only those in the top three ranks are "reachable" and ready for appointment. As the ranks are cleared, the next lowest rank becomes reachable. Why wait? Your new State Job is just a click away.

### Applying for Jobs

Once you are in the top three ranks, you are "reachable" and eligible to apply for job vacancies. Even if you are in a lower rank, don't worry. Sometimes there are only a few candidates in the first couple of ranks and once they get jobs you move up! There are several ways to obtain vacancy information. Contact letters are sent to those that are reachable and ready for a job. Because the eligible list has more candidates than needed for the interview, there is a random computer selection program to choose the candidates that will receive a job inquiry. In essence, not all candidates in a reachable rank will receive a contact letter for every vacancy. You can also look for your own vacancy using the Vacant Positions Database on our website. If you fail to reply or have declined one job inquiry (contact letters), your name is placed "Inactive" for that list so it's important to respond to all inquiries. Should you decline or not respond to three inquiries, your name is removed from the list. Students may apply for "Student Assistant" positions without taking an examination. There is a page on our site for student opportunities. There are seasonal jobs available and the Welfare to Work Program is a good place to help you find seasonal jobs.

### Getting An Interview

Once you have replied to the job inquiry or sent your application to an advertised vacancy, you may be offered a job interview. The interview is designed to identify the best job/person match for that position only. Unless you are offered the job, your name stays on the eligibility list for interest in other vacancies.

### *You are now a state employee!!*

All newly appointed state employees participate in a probation period which is usually 6-12 months depending on the job classification. During this time you will receive training related to your position, and receive regular evaluations tracking how well you are doing on the job. Most employees successfully pass the probationary period and become permanent staff. However, those who are not doing a good job should expect to be terminated before the end of the probationary period.

## State of California Civil Service Employee Compensation & Benefits / Programs

This benefit information is intended to provide general overviews of the benefits most State employees are entitled to receive. When you receive an employment offer by the State of California, you should request specific information regarding applicable benefits. The benefits listed in this section apply to most permanent, full-time employees appointed to California State Civil Service, and permanent, part-time employees are typically eligible for benefits based on the number of hours worked each monthly pay period. Additionally, most benefits are subject to collective bargaining negotiated by each Bargaining Unit, and may differ from those contained in this section. The following contains a brief description of the employee benefits which State civil service employees may be eligible to receive upon appointment

## Salaries and Wages

### Compensation

Most State salaries are based on a monthly-compensated rate, by job classification, although some temporary positions are based on hourly rates.

Additionally, most State employees are paid at the end of each monthly pay period (generally 21 or 22 working days). Typically, State classifications consist of five salary steps and can also contain several salary ranges within the classification. New employees are usually appointed to the minimum range and step of the classification, although specific requirements can be met which qualify an individual for a higher starting salary range or step.

The hiring agency will discuss with new employees whether or not a hiring-above minimum (HAM) rate applies to the employee's appointment. Additionally, State employees, with a specific leave balance available, qualify to participate in direct deposit of their paycheck into their banking account of choice (provided their financial institution participates in such a program).

### Salary Increases

There are several types of salary increases that State employees may qualify for, while appointed to their job classification. The frequency and amount of salary increases differ, with the following being the most common types of increases:

### Special In-grade Salary Adjustment (SISA)

When an employee is appointed to the minimum range of a classification with a SISA and has met the standards of efficiency required for the position, he/she may be authorized to receive a SISA upon completion of six months of qualifying service after appointment. A SISA is a one-step salary increase that generally means 5% above the employee's current monthly salary for the classification. SISAs are one-time increases and classifications with monthly maximum salary rates at or above $2762 are not eligible for a SISA.

*Merit Salary Adjustment (MSA)*

When an employee is appointed to a salary step other than the maximum of their job classification and has met the standards of efficiency required for the position, he/she may be authorized to receive a MSA upon completion of twelve months of qualifying service after appointment or their last salary increase. A MSA is a one-step increase that generally means 5% above the employee's current monthly salary, but not to exceed the maximum salary rate of the classification. MSAs are generally given to employees yearly, until the maximum salary range of the classification is reached.

*General Salary Increase (GSI)*

State employees' salaries and benefits are bargaining issues within each Bargaining Unit. The State of California and each of the 21 Bargaining Units enter into contracts (time frames of each contract vary) which specify any GSIs to be given to employees. The amount and frequency of GSIs vary by Bargaining Unit and employees should refer to their Unit's contract to determine what increases are provided for.

*Alternate Range Change*

Some State classifications are considered "deep classes" which means they have more than one salary range that may apply to incumbents and/or positions. The number of salary ranges and the requirements for movement between the ranges vary by classification. Each classification with an alternate range has specific requirements that must be met prior to movement or appointment into another range. Employees are moved between ranges through certification by their supervisor that they have met the alternate range criteria.

## *Paid and Unpaid Leaves*

*Sick Leave*

Sick leave benefits are credited to all employees on the first day of the month following completion of each qualifying pay period. Full-time employees receive 8 hours of monthly sick leave credit and part-time employees a pro rated portion thereof. Sick leave credits may be utilized to compensate the employee during periods of absence due to personal illness or injury, or for the care of a sick or injured family member. Employees may accumulate unlimited sick leave credits and at the time of their retirement, sick leave credits may be utilized to increase an employee's length of service applied towards retirement.

*Holidays*

Each employee is entitled to receive pay for State holidays observed throughout the year. Traditionally, those paid holidays include: January 1st (New Year's Day); the third Monday in January (Martin Luther King Jr's Birthday); February 12th (Lincoln's Birthday); the third Monday in February (Washington's Birthday); the last Monday in May (Memorial Day); July 4th (Independence Day); the first Monday in September (Labor Day); the second Monday in October (Columbus Day); November 11th (Veteran's Day); Thanksgiving Day and the day after Thanksgiving; and December 25th (Christmas Day). Generally, when a State holiday falls on a Saturday, employees earn a day of holiday credit to utilize at a later date. When the State holiday falls on a Sunday, the Monday following that day is observed in lieu of the actual date. The exception being November 11th, where if it falls on a Saturday, the proceeding Friday is observed as a State holiday. Additionally, upon completion of six qualifying months of State service, each employee becomes eligible for a personal holiday credit to be utilized on a day of the employee's choice, subject to supervisor approval. Thereafter, the employee will earn a personal holiday credit on July 1st of each fiscal year. Personal holiday credits must be used within the fiscal year they are earned, or supervisor approval may be given to carry over a maximum of two personal holiday credits in any fiscal year.

## Vacation

On the first day of the month following six months of qualifying State service, each employee is entitled to receive a one-time vacation bonus of 42 hours of vacation credit. Thereafter, for each qualifying pay period, employees receive the following vacation credits on the first day of the following month

State Service Hours of Credit:
**7 months to 3 years - 7 hours per month**
**37 months to 10 years - 10 hours per month**
**121 months to 15 years - 12 hours per month**
**181 months to 20 years - 13 hours per month**
**20 years and over - 14 hours per month**

Generally, vacation credits can be accumulated to a maximum of 400 hours per year and employees can be paid for any accumulated vacation credits upon their permanent separation from State employment.

# Health & Welfare Benefits

## Health Benefit Plan

Qualifying State employees have 60 calendar days from the date of their initial appointment to enroll in a health plan. Enrollment is effective the first day of the month following their submission of a health benefits enrollment form. Your employer should provide you with a Health Plan Booklet that provides specific information regarding the health plans available for enrollment, the cost of monthly premiums, and the criteria for meeting enrollment eligibility for specific plans. The State of California provides a specific dollar amount to cover its "share" of the premium and the employee is required to pay any remaining balance, as applicable. Open enrollment (September 1 to October 15 of each year) is the time when those eligible may enroll, change plans, or add eligible family members who are not currently enrolled, which then takes effect January 1st. Additionally, special enrollment allows for the addition of new dependents as a result of marriage, birth adoption, or placement for adoption at anytime within 60 days of the change.

## Dental Benefits

Each eligible State employee has 60 calendar days from the date of his or her initial appointment to enroll in a pre-paid dental plan. Enrollment is effective the first day of the month following your submission of a dental benefits enrollment form. Your employer will provide you with a Dental Plan Booklet that provides information regarding the plans available for enrollment, the cost of premiums, and the criteria for meeting enrollment eligibility for specific plans. For pre-paid dental plans, the State pays all monthly premiums, with no additional premium deducted from the employee's monthly pay. Upon completion of 24 qualifying pay periods, employees become eligible to enroll in a fee-for-service dental plan. The State of California provides a specific dollar amount to cover its "share" of the premium and the employee is required to pay any remaining balance, as applicable. After an employee's initial enrollment in a dental plan, they may elect to make changes to their dental plan/coverage, similar to that provided for health benefit changes.

## Vision Plan

Each eligible State employee is entitled to enrollment in the State sponsored vision service plan. This plan provides for each employee and their eligible dependents to receive an eye examination, lenses and a frame once every 12 months. The State pays 100% of the premium and the employee is required to pay a $10 deductible for an eye examination and a $25 deductible for materials (frame and/or lenses).

## *Federal*

### *The Federal Job Search*

#### *Step 1: Use any of the automated components of the federal employment information*

USAJOBS, the Federal Government's Employment Information System, is easily accessible Federal employment information. USAJOBS provides worldwide job vacancy information, employment information fact sheets, job applications and forms, and has on-line resume development and electronic transmission capabilities. In many instances, job seekers can apply for positions on-line. USAJOBS is updated every business day from a database of more than 12,000 worldwide job opportunities. USAJOBS is available to job seekers in a variety of formats, ensuring access for customers with differing physical and technological capabilities. It is convenient, user friendly, accessible through the computer or telephone and available 24 hours a day, seven days- a-week.
http://www.usajobs.opm.gov.
On the web site, job seekers can access worldwide current job vacancies, employment information fact sheets, applications and forms, and in some instances, apply for jobs online. Complete job announcements can be retrieved from the web site. The USAJOBS web site also has an Online Resume Builder feature. Using the resume builder, job seekers can create online resumes specifically designed for applying for Federal jobs. Resumes created on the USAJOBS resume builder can be printed from the system for faxing or mailing to employers; and saved and edited for future use. For many of the vacancies listed on the site, job seekers can submit resumes created through USAJOBS directly to hiring agencies through an electronic submission process. Automated Telephone System - An interactive voice response telephone system that can be reached at (478) 757-3000 or TDD (478) 744-2299. By telephone, job seekers can access worldwide current job vacancies, employment information fact sheets, and applications and forms, and in some instances, apply for jobs by phone. Federal agencies list job opportunities on the Federal Employment Information System. The System is accessible from a number of user-friendly mediums.

#### *Step 2: Obtaining the vacancy announcement*

Once you have found an opportunity that interests you, using STEP 1, you will need more information on the specific opportunity and appropriate application forms. Use USAJOBS to obtain a copy of the vacancy announcement. The vacancy announcement is an important source of information. Most of the questions you may have will be answered as you read through the announcement. For example: closing/deadline dates for applications, specific duties of the position, whether or not a written test is required, educational requirements, duty location, salary, etc.

#### *Step 3: Follow the application instructions*

You may apply for most jobs with a resume, or the Optional Application for Federal Employment (OF-612), or any written format you choose. For jobs that are filled through automated procedures, Federal agencies may require that you submit a resume and/or other specialized forms. Jobs with unique requirements may also occasionally require special forms. Whatever application method you select (or is required), it is essential that you follow the instructions for applying that are given in the vacancy announcement and that your application contain the following: **Job Information** - Announcement number, title and grade. **Personal Information** - Full name, mailing address (with zip code), day and evening phone numbers (with area code), social security number, country of citizenship, veterans' preference, reinstatement eligibility, highest Federal civilian grade held. **Education** - High school name, city and state, colleges or universities, name, city and state, majors and type and year of any degrees received (if no degree, show total credits earned and indicate whether semester or quarter hours). **Work Experience** - job title, duties and accomplishments, employer's name and address, supervisor's name and phone number, starting and ending dates (month and year), hours per week, salary and indicate whether or not your current supervisor may be contacted. Prepare a separate entry for each job. **Other Qualifications** - job related training courses (title and year), job related skills, job related certificates and licenses, and job related honors, awards, and special accomplishments.

## *Working for the Federal Government - Benefits*

The Federal Government recognizes many people are interested in the many benefits available to permanent Federal employees. Each Federal agency has a unique mission and requirements, and they each offer unique benefits packages.

**Federal Employees Retirement System (FERS):** Benefits based on amount of service and salary history.

**Thrift Savings Plan (TSP):** Multiple investment options similar to a 401(k) plan.

**Social Security:** Credit earned while working with the Government. Retirement benefits, disability protection, and survivor protection.

**Medicare - Part A:** available to you at no cost at age 65.

**Federal Employees Health Benefits Program (FEHB):** No waiting periods, required medical exam, or age/physical condition restrictions.

**Federal Employees Group Life Insurance (FEGLI):** Group term life insurance - Basic life insurance and three options (Standard, Additional, and Family).

**Leave and Holidays:** 13 days sick leave each year; 13, 20, or 26 days of vacation leave each year, depending on years of service; 10 days paid holiday each year.

**Family Friendly Flexibilities:** Flexible Work Schedules; Telecommuting; Family Friendly Leave Policies; Employee Assistance Program (EAP); Part-Time & Job Sharing Positions; Child & Elder Care Resources Adoption Information/Incentives; Child Support Services.

**Other arrangements:**  Nursing Mothers Program;
On-site/near-site Day Care;
Day Care Tuition Assistance;
Child care/Elder care support groups

**Recruitment Bonus:** Lump-sum bonus to newly appointed employees for difficult-to-fill positions. Up to 25% of basic pay may be paid prior to employee entering on duty. Service agreement with repayment plan if service time not fulfilled.

**Relocation Bonus:** Lump-sum bonus to newly appointed employees for difficult-to-fill position in a different commuting area; up to 25% of basic pay. Service agreement with repayment plan if service time not fulfilled.

**Retention Allowance:** Continuing payment to retain departing employees; up to 25% of basic pay.

**Incentive Awards:** Monetary; Time off; Honorary; Non-monetary

**Employee Development:** Career Resource Centers; Training Opportunities

**Supportive of Community Service:** Annual Combined Federal Campaign

**Inter-agency Transfers:** Transfer from one Federal agency/position to another without a break in service.

**Student Loan Repayment:** Permits agencies to repay the student loans of Federal employees; used at the discretion of the agency.

**Long Term Care Insurance Program:** The Program is not available yet, but will be in place by October 2002.

**Tuition Assistance**

# U.S. Office Of Personnel Management
## Salary Table 2002-LA
### *Effective January 2002*

**Annual Rates by Grade and Step**

| GS | 1 | 2 | 3 | 4 | 5 | 6 | 7 | 8 | 9 | 10 |
|----|----|----|----|----|----|----|----|----|----|----|
| 1 | 17,125 | 17,696 | 18,266 | 18,833 | 19,404 | 19,739 | 20,299 | 20,867 | 20,890 | 21,418 |
| 2 | 19,255 | 19,711 | 20,349 | 20,890 | 21,122 | 21,743 | 22,364 | 22,985 | 23,606 | 24,227 |
| 3 | 21,009 | 21,708 | 22,408 | 23,108 | 23,808 | 24,507 | 25,207 | 25,907 | 26,607 | 27,307 |
| 4 | 23,584 | 24,369 | 25,155 | 25,941 | 26,726 | 27,512 | 28,298 | 29,083 | 29,869 | 30,655 |
| 5 | 26,386 | 27,266 | 28,146 | 29,025 | 29,905 | 30,785 | 31,664 | 32,544 | 33,424 | 34,303 |
| 6 | 29,412 | 30,392 | 31,373 | 32,354 | 33,334 | 34,315 | 35,295 | 36,276 | 37,257 | 38,237 |
| 7 | 32,684 | 33,774 | 34,864 | 35,953 | 37,043 | 38,133 | 39,223 | 40,312 | 41,402 | 42,492 |
| 8 | 36,197 | 37,404 | 38,611 | 39,818 | 41,025 | 42,232 | 43,439 | 44,646 | 45,853 | 47,059 |
| 9 | 39,980 | 41,313 | 42,645 | 43,977 | 45,309 | 46,642 | 47,974 | 49,306 | 50,638 | 51,971 |
| 10 | 44,028 | 45,496 | 46,964 | 48,432 | 49,900 | 51,368 | 52,836 | 54,304 | 55,772 | 57,241 |
| 11 | 48,374 | 49,986 | 51,598 | 53,210 | 54,822 | 56,434 | 58,046 | 59,658 | 61,270 | 62,882 |
| 12 | 57,977 | 59,910 | 61,842 | 63,774 | 65,706 | 67,639 | 69,571 | 71,503 | 73,435 | 75,368 |
| 13 | 68,944 | 71,242 | 73,540 | 75,838 | 78,135 | 80,433 | 82,731 | 85,029 | 87,326 | 89,624 |
| 14 | 81,473 | 84,188 | 86,904 | 89,620 | 92,335 | 95,051 | 97,766 | 100,482 | 103,197 | 105,913 |
| 15 | 95,834 | 99,029 | 102,224 | 105,419 | 108,614 | 111,808 | 115,003 | 118,198 | 121,393 | 124,588 |

# Government Web site Addresses

| | |
|---|---|
| *Federal* | www.usajobs.opm.gov |
| *US Army* | www.goarmy.com |
| *California State* | www.spb.ca.gov |
| *Los Angeles County* | www.co.la.ca.us |
| *Orange County* | www.oc.ca.gov |
| *Ventura County* | www.ventura.org |
| *Riverside County* | www.co.riverside.ca.us |
| *San Bernardino County* | www.co.san-bernardino.ca.us |
| *Los Angeles City* | www.cityofla.org |
| *LAPD* | www.lapdonline.org |
| *Glendale City* | www.ci.glendale.ca.us |
| *Santa Monica City* | www.pen.ci.santa-monica.ca.us |
| *City of Garden Grove* | www.ci.garden-grove.ca.us |
| *City of Torrance* | www.ci.torrance.ca.us |
| *City of Fullerton* | www.ci.fullerton.ca.us |
| *Caltech* | www.caltech.edu |
| *Cal State LA* | www.calstatela.edu |
| *Cal State Northridge* | www.csun.edu |
| *USC* | www.usc.edu |
| *UCLA* | www.ucla.edu |
| *Los Angeles County Community College District* | marlin.laccd.edu |
| *North Orange County Community College District* | www.nocccd.cc.ca.us |
| *Los Angeles Unified School District* | www.lausd.k12.ca.us |
| *The Oxnard Unified School district* | www.oxnardsd.org |
| *Santa Monica Malibu Unified Schools District* | www.smmusd.org |
| *Pasadena Unified School District* | www.pasadena.k12.ca.us |
| *Long Beach Unified School District* | www.lbusd.k12.ca.us |
| *ABC Unified School District* | www.abcusd.k12.ca.us |
| *Irvine Unified School District* | www.iusd.k12.ca.us |
| *America Job Bank* | www.ajb.org |
| *CalJobs* | www.caljobs.ca.gov |
| *WorkSmart* | www.worksmart.ca.gov |
| *Labor Market Information* | www.lmi4ed.ca.gov |
| *Training Information* | www.soicc.ca.gov |

# *Become a Government Employee*

## Job Search

⬇

*Navigation of Internet Government Websites*

## Find Jobs

⬇

## Fill out Applications

⬇

*Multiple Applications Acceptable (as many as you can)*
*Consider Requirements & Job Duties of Job Opening Details*

## Submit Applications

⬇

*Wait for Response*

## Receive Exam Date & Place

⬇

## Find Sample Tests from Library

⬇

## Take Exams

⬇

*Wait for Test Results*

## Receive Interview Date

⬇

*Prepare for Interview*

## Interview

⬇

*Wait for Interview Results*
*Background Check & Reference Check may be necessary*
*Some Require Bilingual Tests*

## Receive Interview Results

⬇

*Choose the Best one for you*

## You are now a Government Employee

California Home                                    Saturday, August 24,

Welcome to California                             HOLLYWOOD

California Home
CDSS Home
Job Vacancies
Job Examination Information
Benefits of Employment at CDSS
FeedBack
Site Map

## California Department of Social Services

● My CA   ○ This Si

**Employment Opportunities**

# HOW TO GET A JOB WITH
# THE CALIFORNIA DEPARTMENT OF SOCIAL SERVICES

To be employed by the California Department of Social Services (CDSS), or any other state department, you must first successfully pass an examination which will evaluate your skills an you in comparison with other candidates who are applying for the same examination. These s civil service examinations are open to all, regardless of race, color, creed, national origin, and sex, marital status, disability, religious or political affiliation, age or sexual orientation. Californ residency is not required, and U.S. citizenship is required only for peace officer jobs..

If you are successful in the examination, your name will be placed in score order on a list with other successful candidates. As vacancies occur in the department for that classification, con letters may be sent to individuals on the list to determine their interest in the position.

### THE EXAMINATION PROCESS

### FINDING INFORMATION

Examinations are given by the State Personnel Board (SPB) and by individual state departme Examination announcements tell you which department is giving the examination, and where apply.

Examination information is available on recorded message lines, on the Internet, and in-persc the SPB, the California Department of Social Services and Employment Development Departi (EDD) offices. The recorded messages are available 24 hours-a-day, 7 days per week and ar updated when new examinations are announced. The SPB also maintains a bulletin board on Internet that includes some examination information.

You may also visit the SPB in Sacramento or your local EDD Office for examination announcements and state applications. The SPB also sponsors lunch time seminars on "How Get a State Job".

The following are the recorded telephone message line resources:

| | |
|---|---|
| Los Angeles | (213) 620-6450 |
| Sacramento | (916) 445-0538 |
| San Diego | (619) 237-6163 |
| San Francisco | (415) 557-7871 |
| TDD | (916) 445-2689 |
| CDSS Exam Line | (916) 657-1696 |

## APPLYING FOR AN EXAMINATION

**Examination Announcements.** When you find an examination you want to apply for, get a c the announcement and application from the department conducting the examination. Read th announcement carefully, as it provides information on the education and/or experience requir entrance into the examination. You should retain a copy of the examination announcement as as your completed application so that you may refer back to it during the examination process

**How to Apply.** State Examination Applications (Form STD. 678) are available from SPB, EDI the California Department of Social Services. Answer all the questions that apply to you. Type print all information in ink neatly. After completing the front of the application, turn the applicat over and summarize your education and work experience in the spaces provided. Ensure that place "dates to and from" for each job you have listed, whether the position was full or part-tin and the number of hours worked per week for each of the positions you have listed on the application.

You may attach a resume in place of the education and work history. However, the resume m attached to an original state application with all of the same information completed (i.e., dates employment, full or part time). This information is necessary when reviewing the application fc minimum qualifications determinations.

Remember, the completed application is an example of your reading comprehension skills, yc ability to follow directions, and your attention to detail. Take time to ensure that it is accurate a legible, and that you have followed any special filing instructions indicated on the examination announcement. This is particularly important because in some examinations, you may be disqualified from the examination if you make errors in completing the application.

Prior to submission of your application, you may want to make a copy along with copies of attachments for yourself in case you want to refer to it later. The announcement will tell you w to send your application and the final date you by which you must apply. If it is an examinatior which you must apply in person, the announcement will tell you that as well. **LATE APPLICA ARE NOT ACCEPTED.**

**Application Review.** Trained examination staff will review your application to determine if yor the education and work experience required for entry into the examination. If you do not meet minimum requirements, you will receive a letter within approximately two weeks after the final date. This letter will also provide an opportunity to submit additional information to clarify how meet the requirements.

## PREPARING FOR THE EXAMINATION

**Reading the Examination Announcement.** Go back to the examination announcement and the section entitled "Examination Information". It will tell you what type of test will be used anc effect (known as "weight") each component will have on your final score. There are several combinations and variations. Any one or a combination of the types of tests described below r be used. Next, read the "Scope" section carefully; it will tell you what subjects will be covered

**Location of Tests.** Written tests are given in a wide variety of locations throughout California tests are usually given in large metropolitan areas. Candidates are not reimbursed for travel tc from the test sites.

**Written Tests.** The test date is printed on the examination announcement. These tests typica consist of multiple-choice questions. Six to eight weeks after the test, you will receive a notice you whether you passed, but you will not receive a percentage score until all parts of the examination process are completed. If the test is pass/fail only, scores are not computed.

**Oral Test/Interview.** The oral test may be called "Qualifications Appraisal" or "Promotional Readiness Examination". Before going to the interview, review "The Position" and "Examinatic Information, Scope" sections on the examination announcement. In your interview, be prepar tell the panel of two or three people about your education and experience, and how they have prepared you for this classification. You should also be prepared to talk about your career inte and goals. The panel will usually ask some situational questions and may ask for more detail your background. The panel will have reviewed your application before you come into the roo you may only be rated on what is discussed during the interview. The application admits you t

examination; it is in the oral interview that you must convince the panel that you can do the job
better than the other candidates.

**Supplemental Application.** Multiple choice or essay questions are mailed out to candidates
returned before the oral test/interview. They are used to get more details about your education
experience, and provide information for the interview panel. In some cases your entire score is
based on your responses to the Supplemental Application questions.

**Education and Experience Evaluation.** If the examination announcement states that there is
an Education and Experience Evaluation, it is absolutely critical that you fill out your application
completely and thoroughly as possible. Your score in this type of examination will depend entirely
on the information on your application. There will not be a written test or interview.

**Physical Ability.** For law enforcement and some other classes, physical ability tests are common
given and are frequently combined with vision and hearing tests. They are usually given just prior
hiring.

## EMPLOYMENT LISTS

**Test Results.** It may take four to six weeks to score each part of the examination and to notify
candidates. If you do not receive your final test results within eight weeks of taking any test, c
the California Department of Social Services or the department conducting the examination.

**The Employment List.** The names of people who pass all parts of the examination are place
an employment list. When there are job openings in State civil service, the people are contact
order of placement on the list by score; that is, those with the highest score are contacted first
so on.

**Filing for Vacant Positions.** You do not need to wait for a contact letter (Standard Clearance
Waiver Form) to apply for positions. Vacancies are advertised weekly in the CDSS Job Vacan
Bulletin which is prepared by the Department's Equal Employment Opportunity Office. You ma
for any job for which you have successfully completed the examination. If your score is reach
on the employment list, you will be considered along with those who have been contacted fro
list.

**Waiving Positions.** You are not obligated to interview for every job or to accept the first job th
offered to you. However, if you waive a total of three contacts or offers, your name will be rem
from the open employment list. Also, when you receive a contact letter, it is imperative that yo
respond, even if you do not wish to be interviewed. If you do not respond, it will be assumed t
you are not longer interested in being hired from that list, and your name will be made inactive
be made active again, you must write to the California Department of Social Services or the
department that conducted the examination with a request.

## HIRING INTERVIEW

The oral test was general, for an entire class, whereas, the hiring interview is specific to a par
job in a particular department. One class can offer a wide variety of opportunities. Before you
your interview, acquaint yourself with the mission and functions of the department and how th
prospective job contributes. The department has the discretion to hire anyone who is certified
them from an employment list.

## PROBATION

When you have been hired, you will serve a probationary period of six months to one year. Yo
receive three probationary reports by your immediate supervisor, which evaluate your perform
how well you are learning your new job, and identify any problem areas. The report will be
discussed with you and reviewed by your supervisor's supervisor. When you have successfull

# THE ART OF INTERVIEWING

# CATEGORIES USED MOST OFTEN BY EMPLOYERS DURING AN INTERVIEW

COMMUNICATION:

- Written
- Verbal
- Listening
- Technical Translation

PERSONAL:

- Initiative
- Tolerance for Stress
- Attention to Detail
- Integrity

INTERPERSONAL:

- Sensitivity
- Leadership
- Persuasiveness
- Rapport Building
- Negotiation
- Adaptability
- Independence

DECISION MAKING:

- Analysis
- Judgment
- Oral Fact Finding
- Recognition of Employee Safety Needs
- Recognition of Health/Sanitation Hazards
- Creative/Resourceful
- Risk Taking
- Organizational Sensitivity

KNOWLEDGE/SKILLS:

- Technical/Professional Proficiency
- Technical/Professional Knowledge
- Machine Operation
- Process Operation

MANAGEMENT:

- Planning and Organizing
- Delegation
- Control
- Staff Coordination
- Self-Organization

## GENERAL INTERVIEW QUESTIONS

1. Tell me about yourself.

2. What jobs have you held? How were they obtained and why did you leave?

3. What qualifications do you have that make you feel that you will be successful in this position?

4. Why do you think that you would like this position?

5. Do you prefer working with others or by yourself?

6. What kind of supervisor do you prefer?

7. What would your former supervisor say about your work performance?

8. What have you learned from some of the jobs you have held?

9. What is your major weakness?

10. Do you like routine work?

11. What jobs have you enjoyed the most? The least? Why?

12. What do you **REALLY** want to do in life?

13. Where do you see yourself in 3-5 years?

14. What are the most important rewards you expect in your business career?

15. How would you describe yourself?

16. How do you think a friend who knows you well would describe you?

17. What motivates you to put forth your greatest efforts?

18. What two or three accomplishments have given you the most satisfaction? Why?

19. In what kind of work environment are you most comfortable?

20. How do you work under pressure?

21. What two or three things are most important to you in your job?

22. What major problem have you encountered and how did you deal with it?

23. What have you learned from your mistakes?

(continued on next page)

## IN ADDITION

In addition to preparing your responses to the previous difficult questions, it is a good idea to have several questions prepared to ask of your interviewer. A suggested generalized list follows. More detailed questions can be developed in each of these areas.

1. Please describe the responsibilities of the position.

2. Please name the resources available to assist me in accomplishing these responsibilities.

3. Please describe the reporting relationships RAA (responsibility, authority, accountability) in this position.

4. How is performance measured in this position?

5. Would you please describe the "corporate culture" of this organization?

6. May I see a copy of the job description?

7. With whom would I be working?

8. Where would I appear on the organization chart?

9. What are the advancement opportunities?

10. What happened to the person who last held this job?

11. What are the most important qualifications for this job?

12. To whom would I report?

13. What is the growth rate of the company?

14. What are your major markets?

15. Who are your biggest competitors?

16. Who is your biggest customer in this area?

17. What is the next step in the procedure?

18. How much travel would you consider normal for this position?

19. Would relocation be required at this time or in the future?

## GUIDELINES FOR INTERVIEWING

- Research the company prior to the interview to find out about its reputation, size, products, history, philosophy, corporate culture, the names and titles of the decision-makers that you should meet, etc. In addition, try to get information about the position for which you are interviewing, and the people involved.

- Based upon your research, prepare several questions about the company that you can ask during the interview.

- Plan to arrive at the interview a little early in order to get a sense of the company philosophy and culture, and to review company materials such as annual reports, papers, magazines, etc.

- Conduct yourself with optimism and enthusiasm from the moment you walk into the company. Remember the names of receptionists, secretaries, assistants, etc., for follow-up purposes. Be courteous and personable.

- Know exactly who will be conducting the interview — the name, title, division and line of authority. Try to determine this information prior to the interview, or during the first few moments of the interview.

- Establish how much time is planned for the interview.

- Uncover as much information as possible about the position, and match your responses to support the employer's needs.

- Don't dominate the interview; control the meeting by being prepared with the information and the agenda that you intend to cover.

- Always respond to an interviewer's questions with positive answers.

- Postpone all salary discussion if at all possible. If you are pressed to give your salary, avoid naming a figure; you may lose your leverage for future negotiations. Instead, give a range based upon your total compensation.

- Bring several copies of your resumé, your research notes on the company, your previous correspondence and a list of questions that you intend to ask. Bring a separate typed list of references, in case you are asked for them.

- If you are asked to meet with other people in the organization, determine their relevance to the position, as well as their names, titles, divisions and lines of authority.

- Before concluding an interview, make certain that you leave no question unanswered. Inquire as to what additional steps are to be taken and the date for filling the position, including when you can expect further word. Show interest and enthusiasm for the position by asking for a tour of the facilities, asking to meet with someone else who might influence the hiring decision, or by offering to call back in a stated period of time.

## INTERVIEWING DO'S AND DON'TS

- Watch out for any habitual signs of nervousness — e.g., laughing, finger fidgeting, squirming, etc. Everyone is nervous during an interview, but everyone can control the amount of nervousness he or she displays.

- Don't be overly concerned with the possibility of rejection. Instead, focus on the possibility of getting the job, and on what you can do for the employer.

- Never be critical of a company or the performance of anyone employed there. Above all, don't "bad mouth" a former superior.

- Don't argue. Sell yourself with confidence, but always keep the discussion friendly and open.

- Don't show irritation with delays or interruptions — even if you are irritated. Help the interviewer run a good interview, whether he or she is good at it or not.

- Don't apologize for things you can't change or aren't responsible for — e.g., your age, education or work history.

- Don't lie or pretend.

- Don't be afraid to admit there is something you don't know. No one is totally knowledgeable.

- Don't tell "war stories" or give long descriptions of "what happened when..." unless you've been encouraged to do so.

- Don't smoke, even if the interviewer indicates that you can.

- Don't use expressions such as "like" and "you know." Avoid too many "er's" and "uh's." In short, take your time and think before you speak.

- Don't be in a rush to answer every question immediately; not all questions have easy answers. Interviewers tend to be suspicious (and rightly so) of glibness or of simplistic solutions.

- Don't underestimate the influence of a personnel department employee or some other nondecision-maker. He or she should be viewed as the gatekeeper to the person you want to see, not as someone who is unimportant.

## INTERVIEW CHECKLIST

### PREPARATION

Research the position. Determine the skills necessary for the position by referring to:

The company's products, processes and location
Its financial history
Its major competitors
Its regulatory involvement
The prior incumbent
The company's reputation: strengths and weaknesses
Major changes due to technology, acquisitions, imports, etc.
Decision-maker in terms of hiring

Translate those skills into your SIR's. (Experiences)
Determine the type of interview to be conducted — structured vs. unstructured.
Create your interview guideline with key questions.
Get plenty of rest prior to the interview.
Allow enough time to get to the interview with some extra time prior to prepare.
Choose your interview wardrobe.

Professional attire
Person Visited: Pronunciation of name, title, telephone number, directions to office
Maintain a positive attitude
Be punctual

## "THE INTERVIEW"

You are now ready to present yourself to your prospective employer. There is usually more than one interview. The "screening interview" usually takes approximately one half hour. During this interview the employer will establish rapport, determine your background, determine your "fit" in the company and examine your skills/abilities in relationship to the company. The screening interview is NOT the time to discuss salary and benefits. To make effective use of the time, LISTEN, RESPOND WITH INTEREST, and ASK QUESTIONS to better understand the demands of the position and SELL YOURSELF. In answer to the commonly asked question — "Tell me about yourself" — respond with a BRIEF summary of what you can and want to do.

Additional interviews may be conducted by one or more individuals. It is important to focus in each individual giving them your attention and answering the questions honestly and directly. They will control the interview, but you can control the CONTENT. Use the questions to your advantage by including your achievements/accomplishments at EVERY opportunity. Employers want results oriented employees.

Some employers purposely create a stressful environment in an attempt to see your reactions. If this occurs, remain calm and polite. Think before you respond. If necessary, ask them to repeat the question or ask for additional details that may be required to properly answer the question. Employers will try to hire applicants who excel in the following areas:

- **Competency** — the ability to perform the specific functions and technical requirements of the position.

- **Compatibility** — the personal qualities that "fit in" with other people in the organization.

- **Suitability** — the background and ability to relate to the company's mission and goals.

## DURING THE INTERVIEW

Be responsible for relaxing the interviewer.
Keep the discussion job related.
Control the CONTENT of the interview.
Be open and honest.
Be positive!!!
Be enthusiastic.
Keep good eye contact. Be aware of nonverbal communications (body language).
Ask questions to get clarification.
Request to speak with other members of the team.
Thank the interviewer for their time.
Vocal intonation.

## "AFTER THE INTERVIEW"

Complete the "Interviewing Report and Evaluation."
Send a written thank you for the interview. (Example)

## INTERVIEWER'S OBSERVATIONS: NEGATIVE FACTORS

1. Poor personal appearance.
2. Overbearing — over aggressive — conceited "superiority complex" — "know it all."
3. Inability to express himself clearly — poor voice, diction, grammar.
4. Lack of planning for career — no purpose and goals.
5. Lack of interest and enthusiasm — passive, indifferent.
6. Lack of confidence and poise — nervousness — ill-at-ease.
7. Lack of goals and ambition, does not show interest, uncertain and indecisive about the job in question.
8. Overemphasis on money — interest only in best dollar offer.
9. Poor scholastic record — just got by.
10. Unwilling to start at bottom — expects too much too soon.
11. Makes excuses — evasiveness — hedges on unfavorable factors in records.
12. Lack of tact.
13. Lack of maturity.
14. Lack of courtesy — ill mannered.
15. Condemnation of past employers.
16. Lack of social understanding.
17. Marked dislike for school work.
18. Lack of vitality.
19. Fails to look interviewer in the eye.
20. Limp, fishy hand-shake.
21. Indecision.
22. Friction with parents/relatives.
23. Sloppy application.
24. Merely shopping around.
25. Wants job only for a short time.
26. Little sense of humor.
27. Lack of knowledge of field of specialization.
28. Emphasis on whom he knows.
29. Cynical.
30. Lazy..
31. Intolerant — strong prejudices.
32. Narrow interests.
33. Unrealistic salary demands, more interest in salary than opportunity, unrealistic about promotion to top jobs.
34. Inability to take criticism.
35. Lack of appreciation of the value of experience.
36. Radical ideas.
37. Late to interview without a good reason.
38. Failure to express appreciation for interviewer's time.
39. Asks no questions about the job.
40. High pressure type.
41. Indefinite response to questions.

## THANK YOU LETTER

Date

Name of Company Representative
Company Name
Street Address
City, State, ZIP Code

Dear Name of Company Representative:

The first paragraph should tell the interviewer why you are writing. Emphasize your continuing interest. Name the position you interviewed for and the date you interviewed.

The second paragraph should remind the interviewer of any important information you want to stress. Include any information regarding your skills or qualification you neglected to mention during the interview or that you would like to emphasize.

The third paragraph closes by giving the interviewer an approximate date when you are available for further interviews and a date when you will contact them to check on the status of your application.

Sincerely,

Sign Your Name

Type Your Name
Your present street address
City, State, ZIP

Home phone: (310) 432-1167
Business phone or Message phone: (714) 911-7621

## SALARY NEGOTIATIONS

During the interview, find out what the process is for hiring. Will there be a second interview? If so, wait until then before inquiring about salary, benefits, etc. If not, wait until the interview is turned over to you, "Do you have any questions?" Wait until the third question before inquiring about a salary, benefits, vacations, etc.

● Know what your bottom line is.

● Know what is being offered by other companies for your job title.

● By the time you enter the interview, you should have a general range of salary to work from.

● Don't get anxious. Wait until the job is actually offered before considering negotiations of salary.

There are several approaches:

"I will seriously consider the position you have to offer. You know what I have been making at my previous job. Now I'd like to make $_____." Based on (must do another sales pitch about your experience and attributes you bring to the job.)

Be prepared to state all of your strong points and what you believe you can do for the company.

If the salary is too low:

"(State their name), I would really like to have this job and begin on (start date), but I cannot afford to accept the salary you have (quoted/stated). The difference isn't that great. I believe we can work this out to our mutual satisfaction."

Be willing to state what salary is acceptable. Be flexible!!

## ACCEPTANCE LETTER

Date

Name of Company Representative
Company Name
Street Address
City, State, ZIP Code

Dear Name of Company Representative:

The first paragraph states that you are writing in follow-up to a job offer made to you by the company. Refer to the manner in which the offer was made (i.e., over the telephone, in person, or in writing).

The second paragraph restates any details about the job offer such as starting salary or starting date. Confirm any appointments for follow-up meetings to fill out personnel forms. If your follow-up appointment and/or starting date have not been set, state that you will contact the employer to obtain that information.

The final paragraph thanks the interviewer for his/her help in your job search. Explain that you will make personal contact with the company closer to your starting date.

Sincerely,


Sign Your Name

Type Your Name
Your present street address
City, State, ZIP

Home phone: (310) 432-1167
Business phone or Message phone: (714) 911-7621

# Know Your Civil Rights

The law forbids many questions, considering them to be an invasion of your rights as an individual. Nearly all application forms and employment interviewers obey these laws (Title VII, Civil Rights Act of 1964 and the Fair Employment Practices Act). Below are several subject areas, with acceptable and unacceptable lines of inquiry.

| Subject Area | Acceptable Approach | Unlawful Approach |
|---|---|---|
| Age | "If you are under 18, can you qualify for a work permit?"  "Are you over 70?" (verified at time of going on payroll) | "How old are you?"  "Aren't you a little old for this job?"  "This job requires a young, strong person." |
| Language | "Do you speak, read, or write any language besides English?" | "What language do you commonly use?" |
| Marital Status | (nothing) | "What is your marital status?" |
| Dependents | (nothing) | "Do you have dependent children? Relatives?" |
| Child Care | (nothing) | "What plans do you have for child care?" |
| Birth Control | (nothing) | "Do you practice any form of birth control?"  "If we hire you, what will you do to prevent a pregnancy?" |
| Religion | (nothing) | "What is your religious denomination? What special religious holidays do you observe?" |
| Handicap | "Would your disability prevent you from performing the tasks involved in this position?" | "Are you disabled?"  "Your handicap makes doing this job impossible." |
| Photo of Self | (nothing) | "Please attach a photo to your application form."  "At your discretion, you may wish to submit a photo with your resumé and application."  "We photograph applicants *before* employment." |
| Race and National Origin | (nothing) | "What race are you?"  "What country are you from?"  "What is your national origin?" |
| Birthplace of Parents, Spouse | (nothing) | "Are your parents U.S. citizens? Your spouse?"  "Are they naturalized citizens?" |
| Nationality of Parents, Mother, Spouse Applicant | (nothing) | "What was your mother's maiden name?"  "What was your wife's maiden name?"  "When did your ancestors come to this country?"  How long have you been in this country?" |

56

**(over)**

| Subject Area | Acceptable Approach | Unlawful Approach |
|---|---|---|
| Political | (nothing) | "What is your political affiliation?"<br>"Did you vote in the last election? How are you registered?"<br>"Do you belong to any political clubs or organizations?" |
| Spouse | (nothing) | "How does your spouse feel about your taking this job?"<br>"Will this job interfere with your spouse's career?"<br>"If you were transferred, would your spouse object?" |
| Military | "Have you served in the military forces of the United States?" | "What type of discharge do you have?"<br>"Are you in the National Guard or a reserve unit?"<br>"Will you tell me about your military background?"<br>"You move a lot. Is your husband in the Armed Forces?" |
| Military Dependent | (nothing) | "Are you a military family?" |
| Criminal | "Since the job you are applying for requires security precautions, have you ever been **convicted** of a felony?" (If answer is yes...) "When, where, and what was the disposition of the case?" | "Have you ever been **arrested**? For what? How many times?"<br>"Have you ever spent time in jail?" |
| Birthplace | "Can you, after employment, submit proof of U.S. citizenship?" | "Where were you born?"<br>"What is your national origin?" |
| Sex Equity | (nothing) | "Why do you want to work in something where you'd be the only (woman, man)?"<br>"That job is traditionally a (man's, woman's) job."<br>"You wouldn't be accepted by the others in that job." |
| Address and Duration | "How long have you lived at this address?"<br>"Since you don't have a phone, how can we reach you?" | "How long have you lived here?"<br>"Do you own or rent?" |

**IF YOU ARE ASKED ANY UNLAWFUL QUESTIONS, YOU MAY SAY:**
1) "I'm not sure I understand your question;" 2) "I'm not sure how that question relates to the job I am seeking;" 3) Say in a humorous way, "That question is... unusual... wouldn't you say?" All three replies alert the interviewer that you know the law. If the interviewer persists, you can remain silent or answer. Later, if you believe you did not get the job because of your answer, you can file a complaint with the EEOC (Equal Employment Opportunity Commission) in your area. A lawsuit can result.

# 미국 이름 짓기

기혼 여성의 경우에 미국에 가면 남편 성을 따라야 된다는 이야기를 주위에서 듣고는 여권이나 미국의 운전 면허증, ID Card 또는 Social Card 신청 시에 본인의 성 옆에 남편의 성을 같이 적던지, 아니면 본인의 이름은 없애고 남편의 성을 기재하는 경우가 많이 있는데, 이러한 것이 일률적이지 못하여 어떤 서류는 본인의 호적상 이름이 기재되어 있고, 어떤 서류는 본인 성 옆에 남편 성이 함께 기재가 되어 있던지, 아니면, 남편 성만 기재되어 있을 경우에, 나중에 신분증 갱신이나 신분 확인 및 영주권 신청 시에 문제가 되는 경우가 많이 있습니다.

기혼 여성의 경우에 미국에서 반드시 남편의 성을 같이 사용해야한다는 규정은 없으며, 남편 성을 같이 사용하여도 좋다는 것입니다.

한국인의 경우에 가장 바람직한 것은 어디에서든지 여권에 기재된 이름을 사용하는 것이 가장 무난한 것입니다.

예를 들면 본인의 여권 이름이 Young Sook Kim이고 남편의 이름이 Gil Dong Hong일 경우에, 은행계좌와 운전면허증에는 Young Sook Kim Hong으로 되어 있고, Social Card와 ID Card에는 Young Sook Kim으로 되어 있으면, 운전면허 갱신이나 영주권 신청 시에 문제가 발생되어서 갱신이 거절되는 경우가 많이 있습니다.

또한 미국에서 일반적으로 이름을 적을 때, 이름을 먼저 적고 나중에 성을 적는데(예를 들면 Gil Dong Hong), 미국의 관공서에서는 한국식으로 성을 먼저 적고 이름을 나중에 적는 경우가 대부분입니다. 성을 먼저 적고 이름을 나중에 적을 경우에는 성 다음에 반드시 ","를 하고 이름을 써야 합니다(예를 들면 Hong, Gil Dong).

그리고 한국 이름이 홍길동일 경우에 Last Name(성)은 Hong 이며, First Name(이름)은 Gil Dong이며, Middle Name은 사용 하지 않습니다. 그러나 꼭 Middle Name을 사용하고 싶을 경우 에는 Dong(동)의 D만 적습니다(예를 들면, Gil D. Hong).

한국에서 여권을 만들 때 자신의 이름을 영문으로 표기를 하여 야 하는데, 이 때 주의를 하여야 할 점은 반드시 영문으로 표기 된 이름이 영어로 무슨 내용인지를 사전에서 찾아보아야 할 것 입니다.

이유는 신길동의 이름을 영어로 표현할 때 일반적으로 Gil Dong Shin으로 표기를 하는데, 어떤 경우에는 Gil Dong Sin으 로 표기를 하는 경우가 있습니다. 이럴 경우에 미국 사람들은 신길동이라는 사람을 이상하게 쳐다봅니다. 왜냐하면 Sin이라 는 단어의 뜻은 죄(죄악)라는 의미이기 때문입니다(특히 목사님 의 경우에 이러한 단어를 사용하는 경우에는 여권을 고칠 수도 없고 참으로 난감할 따름입니다.).

미국에 도착해서 학교에 다니거나 취업이나 사업을 하면서 외 국인과 서로 이름을 불러야 할 경우가 많이 있습니다. 이럴 때 한국이름의 발음이 어려워서 외국 사람들이 한국 사람의 이름 을 잘 부르지 못하기 때문에 학생들의 경우는 대부분 미국이름

을 지으며, 어른들도 부르기 쉽고 외우기 쉬운 미국이름을 미리
지어 두는 것이 좋겠습니다.

미국에는 이름도 유행이 있어서 미국인이나 이민 오는 사람들
이 선호하는 이름이 많이 바뀌는 편입니다. 예를 들면 5~10년
전만 해도 남자이름의 경우에 James, Thomas, Jack, Richard,
John, William, Samuel, Jackson, David 등이 많이 유행을 하였
으며, 여자이름의 경우는 Elizabeth, Olivia, Sophia, Mary,
Christina, Isabel 등이 많이 사용 되었으나, 요즈음은 남미에서
이민자들이 많이 들어오면서 유행하는 이름도 많이 바뀌고 있
는 실정입니다.

2000년대 이후에 미국에서 가장 많이 사용하는 남자이름 100가
지와 여자이름 100가지는 다음과 같으니 이름을 지을 때 참고로
하는 것이 좋겠습니다.

## 1. 가장 많이 사용되는 남자 이름 100가지

| | | | |
|---|---|---|---|
| 1. Jacob | 2. Michael | 3. Matthew | 4. Joshua |
| 5. Christopher | 6. Nicholas | 7. Andrew | 8. Joseph |
| 9. Daniel | 10. William | 11. Anthony | 12. David |
| 13. Tyler | 14. John | 15. Ryan | 16. zachary |
| 17. Ethan | 18. Brandon | 19. James | 20. Alexander |
| 21. Dylan | 22. Justin | 23. Jonathan | 24. Christian |
| 25. Austin | 26. Samuel | 27. Benjamin | 28. Noah |
| 29. Kevin | 30. Jose | 31. Logan | 32. Robert |
| 33. Nathan | 34. Thomas | 35. Cameron | 36. Hunter |
| 37. Gabriel | 38. Caleb | 39. Jordan | 40. Kyle |
| 41. Jason | 42. Aaron | 43. Eric | 44. Luis |

| | | | |
|---|---|---|---|
| 45. Isaia | 46. Brian | 47. Elijah | 48. Isaac |
| 49. Jack | 50. Connor | 51. Luke | 52. Juan |
| 53. Adam | 54. Angel | 55. Carlos | 56. Mason |
| 57. Sean | 58. Charles | 59. Evan | 60. Jackson |
| 61. Alex | 62. Steven | 63. Jesus | 64. Nathaniel |
| 65. Cody | 66. Bryan | 67. Jared | 68. Timothy |
| 69. Ian | 70. Seth | 71. Devin | 72. Richard |
| 73. Patrick | 74. Cole | 75. Adrian | 76. Trevor |
| 77. Blake | 78. Sebastian | 79. Gavin | 80. Chase |
| 81. Garrett | 82. Julinan | 83. Lucas | 84. Miguel |
| 85. Alejandro | 86. Antonio | 87. Mark | 88. Aidan |
| 89. Jeremy | 90. Jesse | 91. Jeremiah | 92. Victor |
| 93. Bryce | 94. Kenneth | 95. Xavier | 96. Dakota |
| 97. Carson | 98. Dalton | 99. Colby | 100. Jake |

## 2. 가장 많이 사용되는 여자 이름 100가지

| | | | |
|---|---|---|---|
| 1. Emily | 2. Madison | 3. Hannah | 4. Ashley |
| 5. Alexis | 6. Samantha | 7. Sarah | 8. Abigail |
| 9. Elizabeth | 10. Jessica | 11. Olivia | 12. Taylor |
| 13. Emma | 14. Alyssa | 15. Lauren | 16. Grace |
| 17. Kayla | 18. Brianna | 19. Anna | 20. Megan |
| 21. Victoria | 22. Destiny | 23. Sydney | 24. Rachel |
| 25. Jennifer | 26. Jasmine | 27. Julia | 28. Isabella |
| 29. Morgan | 30. Chloe | 31. Kaitlyn | 32. Natalie |
| 33. Nicole | 34. Hailey | 35. Haley | 36. Katherine |
| 37. Alexandra | 38. Sophia | 39. Amanda | 40. Maria |
| 41. Mackenzie | 42. Stephanie | 43. Savannah | 44. Allison |
| 45. Jenna | 46. Andrea | 47. Rebecca | 48. Jordan |
| 49. Mary | 50. Gabrielle | 51. Amber | 52. Katelyn |
| 53. Faith | 54. Makayla | 55. Madeline | 56. Sierra |

| 57. Brooke | 58. Sara | 59. Michelle | 60. Erin |
|---|---|---|---|
| 61. Kimberly | 62. Caroline | 63. Danielle | 64. Zoe |
| 65. Vanessa | 66. Kaylee | 67. Trinity | 68. Shelby |
| 69. Bailey | 70. Jacqueline | 71. Paige | 72. Courtney |
| 73. Autumn | 74. Melissa | 75. Jada | 76. Angela |
| 77. Mia | 78. Alexa | 79. Marissa | 80. Catherine |
| 81. Christina | 82. Claire | 83. Laura | 84. Gabriella |
| 85. Leslie | 86. Mariah | 87. Isabel | 88. Leah |
| 89. Ariana | 90. Caitlin | 91. Alexandria | 92. Molly |
| 93. Kylie | 94. Breanna | 95. Angelina | 96. Aaliyah |
| 97. Kathryn | 98. Jade | 99. Kelsey | 100. Briana |

## 3. 여자 이름 짓기

여기에 소개되는 이름은 미국에서 가장 많이 사용되는 10여만 개의 여자 및 남자들의 이름 가운데서 영국이름을 위주로 그리고 이름의 뜻이 좋으며 미국사람들이 좋아하는 이름을 선별하여 기록을 하였습니다.

이름 옆의 (  )는 이름이 만들어진 국가이며 오른쪽은 이름의 뜻이 기록되어 있습니다. (영)영국, (히)히브리, (그)그리스, (독)독일, (프)프랑스, (미)미국, (라)라틴어, (스)스페인, (덴)덴마크

Adelina(영) Adeline에서 파생  Adeline(영) Adelaide에서 파생
Aleka(히) Alice에서 파생  Alice(그) truthful(진실함).
Alicia(영) Alice에서 파생  Alvina(영) friend to all.
Amelinda(미) Amelia+Linda합성어  Analisa(영) Anna+Lisa합성어
Angela(그) 천사  Angie(그) a familiar form of Angela
Anne(영) gracious  Anna(독, 이) gracious.

Aria(히) a form of Ariel

Ariel(히) Lioness of God

Ashley(영) ash-tree meadow

Berry(영) berry

Bertina(영) bright, shining

Binca(이) white

Bibiana(라) lively

Brenda(아) little raven

Britany(영) form Britain

Candi(미) a familiar form of Candice

Candice(그) glittering white

Caralyn(영) a form of Caroline

Crmela(히) garden, vineyard

Caroline(프) little and strong

Cecilia(라) blind

Chanel(영) Channel

Christina(그) Christian ; anointed

Christine(영, 프) a form of Christina

Dalia(히) branch

Danielle(히, 프) God is my judge

Delicia(영) delightful

Dena(영, 미) valley

Edith(영) rich gift

Edrice(영) prosperous ruler

Elaine(프) a form of Helen

Elberta(영) a form of Alberta

Eliana(히) my God has answered me

Eleanor(그) light

Elicia(히) a form of Elisha

Ellisa(영, 이) Elizabeth의 준말

Elise(영, 프) Elizabeth의 준말

Elisha(히) consecrated to God

Elizabeth(히) consecrated to God(성경 : 세례 요한의 어머니)

Ellen(영) a form of Eleanor, Helen

Ellena(영) a form of Ellen

Elmina(영) noble

Elvina(영) a form of Alvina

Emmanuelle(히) God is with us

Ernestine(영) earnest, sincere

Eve(히) life.(성경 ; 하나님이 창조하신 첫 번째 여자)

Gardenia(영) Botany : a sweet smelling flower.

Gina(이) a short form of Angelina.

Haidee(그) modest

Hanna(히) a form of Hannah.

Hannah(히) gracious.(성경 ; 사무엘 어머니)

Hayley(영) hay meadow

Helen(그) light

Helena(그) a'form of Helen

Hera(그) queen, the wife of Zeus

Ikia(히) 하나님은 나의 구세주

Isabel(스) consecrated to God

Jackie(미) familiar forms of Jacqueline

Jacklyn(미) a form of Jacqueline

Jacqueline(프) supplanter, substitute ; Little Jacqui

Jami(영, 히) form of James

Jamia(영) a form of Jami

Jamilee(영) Jami+Lee 합성어

Jamilynn(영) Jami+Lynn 합성어

Jnet(영) a form of Jane.

Jemima(히) dove.

Jennifer(W) white wave ; white phantom.

Jenny(W) a familiar form of Jennifer.

Jetta(영) jet black mineral.

Joana(영) a form of Joan.

Joseph(히) God will increase.

Julian(영) forms of Julia.

Kara(그, 덴) pure

Kenda(영) water baby.

Kimberly(영) chief, ruler.

Lane(영) narrow road.

Laura(라) crowned with laurel.

Lillyann(영) Lilly+Ann 합성어.

Lisa(히) consecrated to God. (영) Elizabeth의 약자.

Linda(스) pretty.

Lolly(영) sweet ; candy

Louise(독) famous warrior.

Lucila(영) a form of Lucille.

Lucy(라) light ; bringer of light.

Madison(영) good ; child of Maud.

Marden(영) from the meadow with a pool.

Marilyn(히) Mary's line or descendants.

Mary(히) bitter.(성경 ; 예수님 어머니)

Melissa(그) honey bee. See also Elissa.

Marry(영) cheerful, happy.

Miranda(라) strange ; wonderful ; admirable.

Natalia(러) a form of Natalie.

Nyssa(그) beginning.

Pollyanna(영) Polly+Anna합성어.

Quieta(영) quite.

Jasmine(Pe) jasmine flower.

Jemma(히) a short form of Jemima.

Jane(히) God is gracious.

Jessica(히) wealthy.

Joan(히) God is gracious.

Jolene(히, 영) God will add.

Julia(라) youthful.

Julie(영) a form of Julia.

Karalee(영) Kara+Lee합성어.

Kendra(영) a form of Kenda.

Laine(프) a short form of Elain.

Laney(영) a familiar form of lane.

Lauren(영) a form of Laura.

Lillybet(영) Lilly+Elizabeth

Lizabeth(영) Elizabeth의 약자.

Louisa(영) a familiar form of Louise.

Louvaine(영) Louise's vanity.

Lucille(영) a familiar form of Lucy.

Madeline(그) high tower.

Maida(영) maiden.

Maria(이, 스) a form of Mary.

Marisol(스) sunny sea.

Mary Ann(영) Mary+Ann.

Merilyn(영) Marry+Lynn.

Michael(히) who is like God?

Moona(영) moon.(오)plenty.

Natalie(라) born on Christmas day.

Olivia(라) olive tree.

Posy(영) small bunch of flowers.

Raeven(영) a form of Raven.

Randi(영) familia forms of Miranda.    Raven(영) blackbird.

Rebecca(히) bound.(성경 ; 이삭의 부인)    Rena(히) song ; joy.

Robbie(영) familiar forms of Roberta.    Robert(영) famous brilliance

Roberta(영) a form of Robert.    Robin(영) robin. a form of Roberta.

Rosabel(프) beautiful rose.    Rosalba(라) white rose.

Rosalia(영) a form of Rosalind.    Roslind(스) fair rose.

Rosalinda(스) a form of Rosalind.    Rosana(영) Rosa+Anna 합성어.

Rosemary(영) Rose+Mary    Rosina(영) a familiar form of rose.

Rowan(영) tree with red berries.    Sahra(히) a form of Sarah.

Salliann(영) Sally+Ann    Sally(영) princess.

Samuela(히) a form of Samuel.    Sarah(히) 성경 ; 아브라함의 아내.

Scarlett(영) bright red.    Sharon(히) desert plain.

Shelley(영) meadow on the ledge.    Sunny(영) bright, cheerful.

Susan(히) lily.    Ssana(히) forms of Susan.

Tammy(영) twin.    Taylor(영) taylor.

Tobi(히) God is good.    Tory(영) victorious.

Vanessa(그) butterfly.

Vanetta(영) a form of Vanessa.

Venus(라) love.

# 4. 남자이름 짓기

Adam (P) 하나님이 지으신 최초의 남자.　Adarius(아) Adam+Darius

Addison(영) 성경 ; Adam의 아들.　Adney(영) noble's island.

Adolf(독) noble wolf.　Adolpus(프) a for of Adolf.

Afton(영) from Afton, England.　Ahdik(아) caribou ; reindeer.

Aiken(영) made of oak.　Alan(Ir) handsome ; peaceful.

Albert(독, 프) noble and bright.　Alden(영) old ; wise protector.

Alder(영) alder ridge.　Aldrer(영) old ; wise counselor.

Aldwin(영) old friend.　Alex(그) short forms of Alexander.

Alexander(그) defender of mankind.　Allard(영) noble, brave.

Allison(영) Alice's son.　Alpin(Ir) attractive.

Alston(영) noble's settlement.　Alton(영) old town.

Alvar(영) army of elves.　Arledge(영) lake with the hares.

Arley(영) a short form form of Harley.　Arnette(영) little eagle.

Armstrong(영) 최초로 달에 간 사람.　Artie(영) a familiar form of Arthur.

Artis(영) a form of Artie.　Arundel(dud) eagle valley.

Ascot(영) eastern cottage ; style of necktie.　Ashley(영) ash-tree meadow.

Ashton(영) ash-tree settlement.　Baron(영) nobleman, baron.

Bartholomew(히) 예수님 제자.　Bartlet(영) a form of Bartholomew.

Bentley(영) moor ; corse grass meadow.　Benton(영) Ben's town.

Berton(영) bight settlement.　Beval(영) like the wind.

Bickford(영) axe-man's ford.　Birch(영) white ; shining ; birch tree.

Birler(영) meadow with the cow barn.　Bliss(영) blissful ; joyful

Bob(영) a short form of Robert.　Bobbie(영) familiar forms of Bob.

Bond(영) tiller of the soil.　Booth(영) hut.

Bradley(영) broad meadow.　Brady(영) broad island.

Bramwell(영) bramble spring.　Brand(영) firebrand ; sword.

Brando(영) a form of Brand.　Brawley(영) meadow on the hillside.

Brenton(영) steep hill.　Brewster(영) brewer.

Brick(영) bridge.　Brinley(영) tawny.

Broderick(영) broad ridge.

Bud(영) herald, messenger.

Bundy(영) free.

Burney(영) island with a brook.

Caldwell(영) cold well.

Calvert(영) calf herder.

Carton(영) carl's town.

Carver(영) wood-carver ; sculptor.

Cater(영) caterer.

Cadric(영) battle chieftain.

Ceeay(아) C+J 합성어.

Chandler(영) candle maker.

Channing(영) wish.

Charles(영) strong and mamly.

Chilton(영) farm by the spring.

Clinton(영) hill town.

Cody(영) cushion.

Colbert(영) famouse seafarer.

Colby(영) dark ; dark haired.

Colin(Ir) young cub.

Colt(영) young horse ; frisky.

Cooper(영) barrel maker.

Corwin(영) heart's companion.

Dallin(영) pride's people.

Daniel(히) God is my udge.(성경 ; a Hebrew prophet)

Danny(히) familiar forms of Daniel.  Darwin(영) dear friend.

David(히) beloved.(성경 ; 이스라엘 두 번째 왕)      Delbert(영) bright as day.

Dennis(그) Mythology.       Dick(독) a short form of Richard, Frederick.

Donald(Sc) world leader ; proud ruler.       Douglas(Sc) dark river.

Dryden(영) dry valley.

Easton(영) eastern town.

Eddie(영) familiar forms of Edward.  Edison(영) son of Edward.

Edmond(영) a form of Edmund.

Edison(영) son of Edward.

Edmond(영) a form of Edmund.

Edric(영) prosperous ruler.

Edward(영) prosperous guardian.

Elbert(영) a form of Albert.

Elijah(히) 성경 ; a Hebrew prophet.

Elisha(히) God is my salvation.

Ellis(영) a form of Elias.

Elmer(영) noble ; famous.

Elvis(Sc) wise.

Elvy(영) elfin warior.

Elwood(영) old forest.

Eric(영) brave ruler.

Ervin(영) sea friend.

Evan(영) a form of john.

Ford(영) a short form of names ending in "ford"

Frank(영) a short form of Franklin.  Franklin(영) free landowner.

Freeman(영) free.

Garrick(영) oak spear.

Garry(영) mighty spearman.

George(그) farmer.

Gillbert(영) brilliant pledge ; trustworthy.    Gladwin(영) cheerful.

Godwin(영) friend of God.    Goldwin(영) golden friend.

Graham(영) grand home.    Halbert(영) shining hero.

Hadwin(영) friend in a time of war.    Halley(영) meadow near the hall.

Handel(영, 독) a form of John.    Hanley(영) high meadow.

Harding(영) brave ; hardy.    Hayden(영) hedged valley.

Howard(영) watchman.    Irving(Ir) handsome.

Isaac(히) 성경 ; 아브라함과 사라의 아들.    Jack(미) a familiar form of Jacob.

Jackson(영) son of Jack.    Jacob(히) 성경 ; 이삭의 아들.

James(히) a form of Jacob.(성경 ; 예수님 제자 야고보)

Justin(라) just, righteous.    Keeley(Ir) handsome.

Kelly(Ir) warrior.    Kelvin(영) narrow river.

Kenrick(영) bold ruler ; royal ruler.    Kerrick(영) king's rule.

Kirkley(영) church meadow.    Kirton(영) church town.

Lawley(영) low meadow on a hill.    Leland(영) meadowland.

Leonel(영) little lion.    Lewin(영) beloved friend.

Lindley(영) linden field.    Livingston(영) Leif's town.

Lorry(영) a form of Laurie.    Lowell(영) beloved.

Lynn(영) waterfall ; brook.    Malin(영) strong, little warrior.

Manuel(히) a short form of Emmanuel.    Mark(라) a form of Marcus.

Martin(라, 프) a form of Martinus.    Marvin(영) lover of the sea.

Maxwell(영) great spring.    Merlin(영) falcon.

Merrick(영) ruler of the sea.    Michael(히) who is like God?

Moreland(영) moor ; marshland.    Morley(영) meadow by the moor.

Neil(Ir) champion.    Nichols(그) victorious people.

Nick(영) a short form of Nicholas.    Norvin(영) northern friend.

Orrin(영) river.    Orville(프) golden village.

Orvin(영) spear friend.    Parrish(영) church district.

Peter(그, 라) small rock.    Powell(영) alert.

Presley(영) priest's meadow.    Ralph(영) wolf counselor.

Randolph(영) shield wolf.    Ransley(영) raven's field.

Rayburn(영) deer brook.

Rayford(영) stream ford.

Rymond(영) mighty ; wise protector.

Reagen(Ir) little king.

Raynold(영) king's advisor.

Richard(영) a form of Richart.

Richart(독) rich and powerful.

Robert(영) famous brilliance.

Robin(영) a short form of Robert.

Robinson(영) a form of Roberts.

Roden(영) red valley.

Sam(히) a short form of Samuel.

Samuel(히) heard God ; asked of God.

Seeley(영) blessed.

Simon(히) he heard.(성경 ; 예수님 제자)

Solomom(히) peaceful.

Stanley(영) stony meadow.

Steven(그) a form of Stephen.

Thomas(그) twin.

Tom(영) a short form of Thomas.

Tony(영) a short form of Antony.

Wally(영) a familiar form of Walter.

Warick(영) town hero.

Wickley(영) village meadow.

William(영) a form of Wilhelm.

Wilson(영) son of Will.

Winston(영) friendly town ; victory town.

# U.S ARMY(미국 군대)에 입대하면 어떤 혜택이 있는가?

## 1. 일반 사병이 되려면

미국에서의 군대는 훈련과 교육만 받는 곳이 아니라 여가 생활을 많이 활용할 수 있으며 단체 레저 및 운동에도 참여할 수 있고 대학도 다닐 수가 있어서 군대의 비번시간은 근무시간만큼이나 만족스럽게 활용할 수가 있습니다.

미국에서는 군대에 입대하는 것이 의무가 아니고 지원제이기 때문에 군대에 취업을 한다고 볼 수가 있습니다.

미 국방부에서는 보다 우수한 군인들을 양성하기 위하여 많은 혜택이 주어지므로 국가에 충성을 하면서 돈도 벌고 대학과 기술을 무상으로 배울 수 있는 미국 군대에 입대하는 것은 요즈음 같이 경기가 좋지 않을 경우에는 전쟁터에 나가야 하는 부담감도 있지만 특히 남자의 경우에는 좋은 방법이 될 수가 있습니다.

입대 자격은 영주권자나 시민권자로 고등학교 이상 졸업자이면 입대 지원을 할 수가 있으며 입대 시험도 다소 어려워지고 있지만 그다지 염려할 필요는 없습니다. 그리고 입대 연령은 만 17세부터 42세 사이입니다.

## 2. 일반 사병의 혜택

A) 일반 사병으로 입대가 결정되면 입대 보너스가 최고 6만 달러까지 지급이 됩니다(때에 따라 보너스 금액이

변경이 됩니다.).

B) 의무반(Medical Field), 통신(Communication), 행정 (Administration), 정보부(Military Intelligence), 항공 (Aviation), 헌병, 통역 등 200가지가 넘는 병과 중에서 자신이 원하는 병과를 입대 전에 선택하여서 기술을 배울 수가 있습니다.

이러한 경험은 제대 후에 취업의 기회로 이루어 질 수가 있습니다.

C) 결혼한 사람과 직계 가족에게 무료 관사를 대여합니다.

D) Down Payment(보증금)없이 주택을 구입(VA Loan)할 수가 있으며 100% 무료 의료 혜택이 있습니다.

E) 매년 30일의 유급 휴가가 있으며 PX에서 싸고 Tax(세금)없이 물건을 구입할 수가 있습니다.

F) 영주권자는 입대 후 1년 내에 시민권을 받을 수가 있습니다.

G) 근무 중의 학비는 무료이며 제대 후 7만 달러까지 Army College Fund(장학금)를 36개월에 나누어서 매달 지급합니다.

H) 사병으로 근무를 하면서 장교가 되는 코스를 이수하면 장교로 승진하는 기회가 주어집니다.

I) 때에 따라서는 특기가 있는 비 영주권자일 경우에 입대를 하게 되면 영주권을 취득할 수가 있는 기회도 있습니다(구체적인 내용은 모병소에 문의바랍니다.).

J) 한국이나 일본, 유럽 등 근무지를 외국을 선택하게 되면

해외근무 수당을 추가로 받게 됩니다.

K) 항공비나 숙박시설 이용시 특별 할인 혜택이 주어집니다.

## 3. 비 영주권자가 군대 입대 시 영주권을 받는 방법

일반적으로 미국 군대 입대 자격은 영주권자나 시민권자라야 하지만, 군인 수가 모자랄 경우에는 때에 따라 "외국인 입대 프로그램"을 통하여서 군대에 입대를 하면 입대후 6개월 내에 영주권을 취득할 수가 있으며, 이 프로그램은 항상 있는 것이 아니라, 정부에서 필요할 때만 모집을 하는 것이기 때문에 거주지에서 가까운 모병소에 수시로 문의를 하는 것이 좋습니다.

• 입대 자격 : 학생 비자나 취업비자 등 합법적인 비자를 소지한자로 미국에서 2년 이상 거주한 외국인 입니다.

• 모집 분야 : 의사, 간호사, 통역관 등이며 통역관의 경우는 한국어, 아랍어, 소말리아어, 터키어 중 한 가지를 구사하면 됩니다.

## 4. 예비군

미국에서의 예비군은 한국의 예비군과 달리 지원제이며 군대에 입대를 하지 않고 한 달에 한 주간만, 그리고 일년에 2주간 동안 교육을 받으며 봉급도 받고 기술도 익히며 대학 학비도 벌면서 여행도 할 수 있는 기회가 주어집니다.

## 5. 예비군에게 주어지는 혜택

A) 예비군 복무 중에 의료 및 치과 보험의 혜택을 받습니다.

B) 자격이 될 경우에 10,000달러까지 입대 보너스를 받을 수가 있습니다.

C) 파트타임 급여 및 Montogomery GI Bill을 통하여 년간 3만 달러 이상을 벌수가 있으며 이 돈을 대학에 진학하여 학비로 사용하게 됩니다.

D) 예비군의 장점은 군대와 사회생활을 동시에 즐길 수 있는 곳입니다.

- 미군 모병에 관한 문의는 자신이 거주하는 지역의 모병 안내소(1-800-USA-ARMY 또는 www.goarmy.com)에 문의를 하시면 됩니다(로스앤젤레스의 경우 : 1-877-785-8592).

# 미국 생활에 유익한 상식들

## 1. 개인 간에 금전 거래를 해서는 안 되는 이유

미국에서는 가능한 한 친척이나 친구, 직장 동료, 교인(목사, 장로포함)등 개인 간에 금전 거래를 절대로 하여서는 안 됩니다.

그 이유는 미국에 이민오는 사람들은 대부분이 미국에서 보다 나은 삶을 살아보려고 한국의 모든 재산을 처분하여 어렵게 만든, 얼마되지 않은 지참금을 가지고 막상 미국 땅에 도착하여 보면, 모든 것들이 낯설기만 하고 궁금한 점이 많이 있어도 영어를 제대로 할 줄을 몰라서 친척이나 친구 또는 교인들의 도움을 받다 보면, 이들 중 일부는 갓 이민 온 사람들이 지참금을 가지고 온 것을 알고는, 1주일 혹은 1~2달 후에 갚아 줄 테니 적게는 몇 백 달러에서 많게는 몇 만 달러까지 빌려달라고 합니다. 이럴 때 갓 이민 오는 사람들은 자신에게 도움을 준 고마움 때문에 차마 거절하지 못하고 돈을 빌려 주게 됩니다.

그러나 이렇게 해서 돈을 빌려준 사람치고 약속한 날짜에 빌려준 돈을 제때 받는 경우가 매우 드물며 이렇게 빌려준 돈을 한 푼도 받지 못하는 경우도 허다하기 때문에 결국은 돈도 잃고 사람까지 잃는 경우가 발생하게 되어 미국에서 시작도 해보기 전에 빈 털털이가 되는 경우가 너무나 많이 있다는 것을 명심하여야 할 것입니다.

그러면 왜 개인에게 돈을 빌려주면 안 될까요?라는 질문을

하게 됩니다. 여기에 대한 대답은 미국은 신용사회 이기
때문에 개인 간에 금전 거래는 하지 않습니다.

이유는 미국에서는 개인의 크레디트가 좋으면 언제든지
은행이나 크레디트 카드 회사로부터 현금을 대출 받을 수
가 있습니다. 그런데 돈을 빌려 달라고 할 때는 거의 대부
분이 크레디트가 나빠져서 더 이상 은행이나 크레디트 회
사로 부터 대출을 받을 수가 없는 상황이기 때문에 미국
실정을 잘 알지 못하는 미국에 갓 온 사람들에게 돈을 빌
려 달라고 하는 것입니다.

이렇게 자신의 크레디트가 망가진 사람이 개인에게 돈을
빌렸을 때, 제 때 돈을 갚을 수가 있겠습니까?

돈을 갚을 수 없는 상황에서 자꾸 돈을 갚으라고 독촉을
하게 되면 돈을 빌려준 사람이 불법체류자일 경우에는 돈
을 빌려간 사람이 이점을 악용하여 나중에 돈이 생기면 갚
을 테니 그때까지 기다려 달라, 만약 기다리지 않고 계속
해서 귀찮게 하면 이민국에 불법체류자로 신고를 하겠다
고 협박을 하게 되며 이렇게 되면 돈을 빌려준 사람은 잘
못하면 추방이 될까 하는 두려움 때문에 결국은 자신이 빌
려준 돈을 포기를 할 수 밖에 없습니다.

미국이 한국과 다른 점은 미국에서는 아무리 차용증을 받
고 돈을 빌려주었다고 할지라도 돈을 빌린 사람이 확실한
수입원이 없을 경우에는 강제로 빌려준 돈을 받기가 어려
울 뿐 아니라 욕도 함부로 할 수가 없으며 전화상으로 협
박을 할 경우에는 오히려 돈을 빌려준 사람이 형사 처분을

받을 수가 있습니다(또한 돈을 빌린 사람이 파산을 하게
되면 소송을 하여도 승소를 할 수가 없습니다.).

이렇게 되면 소송을 하기 위해서 변호사를 선임하여야 하
는데, 만약 변호사를 선임할 경우에 때에 따라서는 받을
금액보다 변호사비용이 더 많이 들어가며 설사 재판에서
승소를 하여도 상대방이 돈을 갚을 능력이 없을 경우에는
받을 방법이 없는 것입니다.

그래서 결론은 어떤 경우이든지 아무리 친한 사이라고 할지라
도 금전거래를 하여서는 안 되며 어쩔 수 없는 입장에서 돈을
빌려주게 되면 아예 받을 생각을 포기하고 도와주는 셈치고
돈을 주는 것이 마음의 상처를 덜 받을 것입니다.


[친척에게 사기당한 사례]

L씨는 한국에서 건설회사 현장 소장을 하고 부인은 봉제
공장에서 봉제일을 하면서 살고 있었는데, 어느날 L씨가 실직
을 당하고 2년째 집에서 놀고 있던 중 미국에서 목사로 있는
시민권자인 손위 처남의 형제자매 초청 케이스로 10년 전에
영주권을 신청하였던 것이 승인이 나게 되어 한국에 더 있어
봐야 희망도 없을 것 같아서 모든 재산을 정리하고 처남이
살고 있는 로스앤젤레스로 오게 되었습니다.

L씨는 막상 미국에 오기는 하였지만 영어가 미숙한 상태
에서 무엇을 어디에서 부터 시작하여야 할 줄을 몰라서 오
직 처남의 도움만을 바랄 뿐 이었습니다.

다행히 처남이 아파트 구하는 것부터 자녀들 입학과 여동

생 취업을 도와주는 등 여러 가지로 도움을 주면서 교회를
다녀본 적이 없는 L씨를 교회로 나오게 하기 위하여 지속
적으로 설득을 한 결과, 미국에 온 지 2개월 여 만에 가족
이 모두 처남이 시무하는 교회에 다니기 시작하였습니다.
L씨는 비록 교회에 대해서 아는 바는 전혀 없었지만 교회
에서 교인들과 친하게 지내다 보니 차츰 교회 생활에 익숙
하게 되었습니다.

그러던 어느 날 목사인 처남이 찾아와서 지금 교회 자금사
정이 어려우니 2만 달러만 빌려주면 2개월 후에 꼭 갚아
주겠다고 하면서 돈을 빌려달라는 것이었습니다.

L씨는 미국에서는 누구에게든지 돈을 빌려주면 받기가 어
렵다는 이야기를 들은 바가 있어서 여러 차례 거절을 하였
으나, 결국은 끈질긴 처남의 청을 거절하지 못하고 2개월
후에 돌려받는 조건으로 전 재산 5만 달러 중 2만 달러를
빌려 주었습니다.

그러나 2개월이 지나고 6개월이 지나고 1년이 되어도 처남
은 차일피일 미루기만 하면서 돈을 갚아 주지를 않자 L씨
는 점차 교회를 불신하기 시작하였습니다. 그러나 처남의
입장은 L씨가 미국에 도착해서 아무것도 모르는 상태에서
정착을 할 수 있도록 최선을 다해서 도움을 주었는데, 교
회의 어려운 처지를 알면서도 빌려준 돈을 갚으라고 하는
것이 못마땅하였습니다. 이러한 상황에서 처남과의 사이가
점점 벌어지자 처남의 설교가 하나님의 말씀이 아닌 사이
비 설교로 느껴지게 되어 처남에게 빌려준 돈을 포기하고

어느날 교회를 떠나버리고 말았습니다.

L씨는 그 날부터 부인 때문에 괜히 미국에 와서 사업도 못하고 남도 아닌 처남에게 사기를 당하였다고 부인을 구박하면서 부인이 봉제공장에서 힘들게 벌어온 돈을 모두 빼앗고 자신은 일도 하지 않고 놀면서 허송세월을 보내고 있었습니다.

[도박으로 인생 낙오자가 된 사례]

독신인 C씨는 1958년 생으로 한국에서 광고 사업을 하다가 거액의 당좌수표와 약속어음을 부도내고 1994년 미국으로 도피를 하였습니다. 미국에 연고가 없는 C씨는 로스앤젤레스에 하숙집을 정하고 이곳저곳에 취업을 알아보던 중 다운 타운에서 의류 부속품을 납품하는 회사의 영업사원으로 취직을 하게 되어 처음 6개월 동안은 수습기간으로 월 1,200달러를 받고 6개월 후부터는 월 1,500달러를 받았으나 한국에서 큰돈을 만지던 C씨는 이 급여에 만족을 느끼지 못하고 독립할 기회를 찾고 있었습니다. 그러던 중 자신이 다니는 회사 사장이 다른 일을 하기 위해서 사업체를 4만 달러에 팔려고 하는 것을 알고는 이 회사를 자신이 인수하고 싶다는 뜻을 전하고 의논 끝에 이 사업체를 3만 5천 달러에 인수하기로 하고 인수 조건은 3만 달러는 현금으로 지불하고 나머지 1만 5천 달러는 매월 3천 달러 씩 지불하기로 약속한 후에 한국에 있는 부모에게 사정을 하여 3만 달러를 지원받아서 지불한 후에 사업체를 인수하였습니다.

사업은 순조롭게 되어 매월 순 이익금이 8천 달러 정도 되어서 매월 3천 달러 씩 지불하고도 5천 달러 정도가 남게 되어 생활이 안정되어 갔습니다. 그러나 독신인 C씨는 술과 담배를 하지 않고 그렇다고 마땅히 사귀는 여자도 없어서 가끔 주말이면 LA주변에 있는 카지노나 라스베이거스를 다니면서 심심풀이로 도박을 하기 시작하였습니다. 그런데 C씨는 돈을 잃는 경우 보다 따는 경우가 많아지자 카지노에 출입하는 경우가 점차 많아지고 금액도 커지기 시작 하였습니다. 그러던 중 카지노에서 마음에 드는 여자를 만나서 청혼을 하였으나 거절을 당하고 또 다른 여자 몇 명에게 청혼을 하였으나 역시 거절을 당하여 혼자서 방황을 하던 중 10살과 8살 된 두 딸을 데리고 원단 부속품 세일즈를 하면서 살고 있는 39세 된 시민권자인 이혼녀에게 반하여 1년여의 구애 끝에 주의 사람들의 반대에도 불구하고 우여곡절 끝에 결혼을 하게 되었습니다.

C씨는 결혼식 비용으로 2만 달러의 빚을 지게 되고 그동안 여자에게 구애를 하는지라 사업에 소홀히 하는 바람에 매출과 이익이 많이 줄어든 상황이었습니다.

결혼 후 약 6개월 동안 열심히 사업을 하였지만 그가 뜻하는 데 로 되지 않자 부인 몰래 다시 카지노에 출입하기 시작 하였습니다. 그의 생각은 카지노에서 돈을 따서 빚도 갚고 사업자금을 마련하겠다는 의도이었지만 그것은 단지 그의 희망 사항이었을 뿐 도박으로 인하여 점점 부채가 늘

어나자 부인이 눈치를 채고서는 사업체를 팔아서 빚 청산
을 하고는 둘이서 봉급쟁이로 열심히 일을 하면 2~3년 후
에 다시 사업을 시작할 수 있을 것이라고 설득을 하였으나
이미 도박에 중독된 C씨의 마음을 돌려놓기에는 때가 늦
었습니다.

C 씨의 부인은 전 남편도 도박으로 인하여 이혼을 하게 되
었는데 현재의 남편도 도박에 중독이 되어 더 이상 결혼
생활을 유지할 수가 없다고 판단되어 이혼을 요구하게 되
었습니다.

결혼 1년 만에 영주권도 신청해 보지 못하고 이혼 당한 C
씨는 그가 소유하고 있던 집도 차압당하고 차도 빼앗기고
회사도 문을 닫게 되어서 아는 사람의 공장에 취직을 하게
되었으나 거래처에서 수금한 돈마저 카지노에서 탕진을
하게 되어 그 회사마저 쫓겨나게 되었습니다.

그 동안 C씨는 자신이 다니던 교회의 장로, 권사 및 자신
을 가족처럼 대해 주던 여러 사람들에게 5만여 달러를 빌
려서 모조리 카지노에서 탕진을 하고는 더 이상 돈을 빌릴
수가 없자 어느 날 어디론가 사라져 버렸습니다.

C씨의 경우를 볼 때 이것은 남의 일이 아니라고 생각을 하
여야합니다. 그 이유는 라스베이거스가 가까이에 있는 LA
나 아트랜트카지노가 가까이에 있는 뉴욕 및 뉴저지 근처
에 사는 사람들은 특히 도박의 유혹에 빠지기가 쉬운 상태
에 있습니다. 미국에 살다 보면 1주일 동안 열심히 일을 해
서 번 돈을 카지노에 갖다 바치는 사람들을 주위에서 쉽게

찾을 수가 있을 정도입니다. 이러한 점을 명심하여서 어떠한 경우라도 카지노에 출입하는 것을 막을 수 있는 자제력이 필요하다고 봅니다.

## 2. 이민 생활과 교회와의 관계

미국에서 생활함에 있어서 가장 어려운 것이 있다면, 영어를 제대로 하지 못해서 답답한 것과 한인들이 없는 곳에 살 경우에 한 동안 외로움을 극복하기가 어려운 것이라 하겠습니다.

로스앤젤레스나 뉴욕, 시카고 같이 비교적 한인들이 많이 사는 곳은 영어를 못해도 나름대로 한인들에게 물어 볼 수가 있지만, 한인들이 별로 살지 않는 곳은 미국생활에 있어서 답답하고 궁금한 것이 있어도 물어 볼 곳이 별로 없습니다. 그렇게 되면 당장 생활하는데 있어서 여간 불편하지 않을 것입니다. 이럴 경우에 가장 손쉽게 찾아 갈 수 있는 곳이 교회라고 할 수가 있습니다. 물론 교회라는 곳은 하나님을 믿겠다는 마음이 있어야 하지만, 한국이나 다른 나라에서 교회를 다녔던지 다니지 않았던 지를 불문하고, 초기 미국생활과 교회는 너무나도 밀접한 관계가 있다고 말할 수 있습니다.

그리고 교회는 사랑도 베풀고 구제도 하며 봉사를 하는 곳이기 때문에 하나님을 믿는 사람이던지, 믿지 않는 사람이던 지를 불문하고 교회를 다니다 보면, 그 지역에 정착을 하는데 많은 도움을 받을 수도 있으며 교인들과 친하게 지내다보면 외롭지도 않고, 그러다 보면 자신도 모르는 사이에 신앙심이 자라게 되는 것입니다.

물론 일부사람들은 교회의 도움만 받고는 가버리는 경우도 있고 반대로 교회에 실망을 하여 교회를 떠나는 경우도 있습니다마는 일단은 교회를 다니면서 미국생활에 하루속히 적응을 하는 것이 바람직하다고 봅니다.

미국에는 약 4,000개 전후의 한인교회들이 있으며 한인들이 가장 많이 살고 있는 로스앤젤레스를 캘리포니아에만 1,300~1,400여 개의 한인교회가 있습니다.

자신이 거주하는 곳의 한인교회에 대해서 보다 구체적으로 알아보시려면 www.kcmusa.org을 클릭 또는 미주 크리스천신문(1-718-886-4400)으로 전화를 하시면 미국 전역의 한인교회에 대해서 보다 상세한 정보를 알 수가 있습니다.

### 3. 은행 계좌(Account)개설

A) 계좌 개설에 필요한 서류 : 여권, 운전 면허증(또는 ID Card) 등 사진이 붙어 있는 증명서 2가지(때에 따라서는 1가지도 가능함)

B) 은행을 선정할 때 크레디트 카드 발급이나 몇 년 후에 융자를 받을 계획이 있을 경우에는 Bank of America 등 규모가 큰 주류사회 은행을 선택하는 것이 좋습니다. 특히 한인들 밀집지역에 있는 Bank of America 등 규모가 큰 은행에는 한국인 직원들이 상주하기 때문에

영어가 미숙할 경우에 한국직원으로 부터 도움을 받을 수가 있습니다.

C) LA, 뉴욕, 시카고 같은 큰 도시에는 말이 전혀 통하지 않을 경우에 한국계 은행을 이용할 수도 있지만, 대출이나 크레디트 카드 한도액을 높이는 경우는 한국계 은행이 조건이 좋지 않은 편입니다.

D) Checking Account(보통 예금)를 개설하기 위해서는 은행의 "New Account"라고 표시된 창구에 가서 Checking Account(체큰 어카운트)를 오픈(Open : 개설) 하러 왔다고 하면, 신청서를 내어주는데 인적 사항을 적을 후에 사인을 하고 신분증 2개를 제시하면 접수를 하고서 CHECK(개인 수표) 디자인 여러 개를 보여주면서 마음에 드는 디자인을 선택하라고 합니다.

이때 디자인과 수표책 가격을 비교 검토한 후에 마음에 드는 디자인을 결정하면 됩니다.

디자인 결정이 되면 수표책이 집으로 배달될 때까지 사용할 수 있는 임시 수표 5장을 내어줍니다. 만약 수표책이 도착하기 전에 임시수표를 다 사용하였을 경우에는 임시 수표를 추가로 주문을 하면 됩니다.

E) Checking Account(보통 예금)는 1달 평균 잔고에 관계없이 월 수수료가 없는 경우가 있고, 어떤 경우에는 월 평균 잔고가 1,000달러 미만이면 월 수수료($8 전후)를 지불하여야 하는 경우도 있으니 계좌개설 시에 미리 물어 보는 것이 좋습니다.

F) 부부나 가족이 공동 명의로 계좌를 개설하는 경우에는
경비 절감효과가 있습니다.

## 4. CHCEK(수표) 발행

한국에서는 일반적으로 현금과 은행에서 발행하는 자기앞
수표를 많이 사용을 하고 있지만, 미국에서는 일반적으로
현금을 거의 가지고 다니지를 않습니다. 대부분 수표나 크
레디트 카드를 사용을 하며, 현금은 보통 몇 십 달러 정도
만 소지를 하고 있습니다. 그런데 한국에서 갓 온 사람들
은 CHECK(수표)를 발행할 줄을 몰라서 웃지 못 할 일들
이 종종 발생하기 때문에 다음의 사항을 잘 숙지하면 수표
발행에 많은 도움이 될 것입니다.

CHECK(수표) 발행 시 수표의 맨 위쪽에 있는 PAY TO
THE ORDER OF 오른쪽에는 이 수표를 받는 사람의 이름
을 영어로 적어야 합니다.

그리고 오른쪽에 $로 표시된 부분은 지불하여야 할 금액
을 숫자로 적습니다.

이때 금액은 CENT(센트)까지 적어야 하기 때문에 예를
들면 $1,250.45 등으로 표기를 합니다. 그리고 PAY TO
THE ORDER OF의 아래 칸에는 지불하여야 할 금액을 영
어로 표기를 하여야 합니다. 수표의 왼쪽 아래 MEMO난
에는 본인이 기억하고자 하는 내용을 적어도 되고 안 적어
도 됩니다. 그리고 나서 오른쪽 아래 빈 공간에 본인이 사
인을 하면 되는데, 이 사인은 은행에 신고한 사인과 동일

하여야 합니다. 그러나 가급적 사인은 한글 등 위조하기
쉬운 사인은 사용을 안 하는 것이 좋으며 남들이 위조하기
어려운 사인을 사용하는 것이 좋습니다.

CHECK(수표)에 금액 표기는 다음 내용을 참고로 해서 사
용을 하시면 됩니다.

1. One
2. Two
3. Three
4. Four
5. Five
6. Six
7. Seven
8. Eight
9. Nine
10. Ten
11. Eleven
12. Twelve
13. Thirteen
14. Fourteen
15. Fifteen
16. Sixteen
17. Seventeen
18. Eighteen
19. Nineteen

20. Twenty

21. Twenty-one

31. Thirty-one

42. Fourty-two

53. Fifty-three

64. Sixty-four

75. Seventy-five

86. Eighty-Six

97. Ninety-seven

100. One hundred

200. Two hundred

1000. One thousand(또는 Ten hundred)

2000. Three thousand(또는 Thirty hundred)

실제의 예를 들어 보겠습니다.

• $ 35의 경우는 Thirty-five and 00/100(센트가 없을 경우는 00/100을 표시합니다.)

• $784.96의 경우는 Seven hundred eighty-four and 96/100 (센트가 있을 경우는 센트 앞에 반드시 and 표시를 하여야 합니다.)

• $5,892.57의 경우는 Five thousand eight hundred ninety-two and 57/100(또는 Fifty-eight hundred ninety-two and 57/100 으로 표시합니다.)

• $200의 경우는 Two hundred and 00/100(또는 Two hundred only로 표기합니다.) 100단위는 00/100대신에 only

로 사용할 수가 있습니다.

• $1,300의 경우는 One thousand three hundred and 00/100

(또는Thirteen hundred only)

## 5. 오토 클럽(Auto Club : AAA)에 대해서

오토 클럽은 일반적으로 "트리플 에이"(AAA)라고 부르는데
AAA는American Automobile Association의 약자이며, 주마
다 명칭이 조금씩 다릅니다. 예를 들면 뉴욕과 LA지역에서는
Automobil Club(오토모빌 클럽)이라고 부르며, 샌프란시스
코 에서는 California State Automobile(캘리포니아 오토 모
빌)이라고 말하지만 모두가 "트리플 에이" 입니다.

트리플 에이는 회원제로 운영을 하며 운전 중에 자동차에
아래와 같은 문제점이 발생하였을 경우에 미국 전 지역 어
디서나 서비스 카를 부르면 보통 20~40분 이내에 와서 무
료로 도와줍니다.

AAA에 가입하는 목적은 미국은 땅이 넓기 때문에 운전을
할 때 보통 1시간에서 대륙 횡단 여행일 경우에 1달 이상
장거리 운전을 하여야 하는데, 운전 도중에 외딴 곳에서

자동차가 고장이 나게 되면 도움을 받기가 매우 힘이 들며, 다행히 도움을 받는다고 하여도 견인비용이나 수리비가 많이 들 수가 있습니다.

이러한 경우를 대비해서 AAA에 가입을 해두면 언제, 어디서나 24시간 서비스를 받을 수가 있습니다.

A) AAA회비 : $50 전후/1년(가입비 : $20 별도)

B) 혜택

- 자동차 시동이 걸리지 않을 경우
- GAS(휘발유)가 떨어져서 자동차가 멈추었을 경우
- 타이어가 펑크 났을 때
- 자동차가 고장이 나서 토잉(견인)을 하여야 할 경우
- DMV(차량국) 업무 대행(DMV는 예약을 하지 않고 가면 보통 1~4시간씩 기다려야 하나, AAA는 예약을 하지 않아도 즉석에서 DMV업무를 처리하여 줍니다. 예를 들면 자동차 등록, 명의 변경, 주소 변경, 자동차 세금 납부, 운전면허 갱신 등)
- 국제 운전면허 발급
- 전국의 AAA 가맹점 이용 시 10~30% 할인 혜택
- 가입자가 거주하는 주 및 도시의 지도 무료 제공
- Tour Book Guide(여행 가이드 책) 무료 제공

C) 자동차의 문제로 서비스를 받고자 할 때는 AAA 카드 뒷면에 있는 전화번호에 전화를 걸어서(영어가 미숙할 경우에는 지나가는 사람에게 도움을 청합니다.) AAA 회원 번호와 자동차 번호, 차종, 자동차 색상 및 현재

자동차가 있는 위치를 말해주면 보통 20~40분 사이에
서비스 카가 와서 무료로 도와줍니다(서비스를 받은
후에는 감사의 표시로 2~5달러 정도의 팁을 주는 것이
좋습니다.).

Membership Application

☐ Yes, I want to join the Auto Club. I will get one full year of service for just $47, plus a $20 admission fee, for a total of $67.

Member's Last Name    First    Middle Initial  ☐ Mr. ☐ Ms. ☐ Mrs. ☐ Miss

Home Address    Apt #

City    CA    Zip

Home Phone    Daytime Phone    Email Address

☐ Include an associate membership for another adult in my household, age 21 or over - limit one ($24).

Associate's Last Name    First    Middle Initial    Birth Date

☐ And for my dependents under age 21 in my household ($27 each).

Dependent's Last Name    First    Middle Initial    Birth Date

☐ I would like the optional RV and Motorcycle Towing & RV Tire Change Service ($27).

Total enclosed/charge

☐ Enclosed is my check, payable to the Auto Club  Charge my ☐ Visa ☐ MasterCard ☐ Discover

Credit Card Number    Exp. Date

Signature

☐ Save $4.50 on your dues this year by signing up for the Automatic Membership Renewal Program. Please automatically bill my credit or debit card each year for my annual membership dues. I understand that I can cancel this arrangement at any time by contacting the Auto Club.

This area for office use only.

Employee Number    Campaign Code

▲ Tear here and insert in the postage-paid envelope ▲

**RUSH**
Membership Application

**BUSINESS REPLY MAIL**
FIRST-CLASS MAIL    PERMIT NO. 6891    SANTA ANA CA
POSTAGE WILL BE PAID BY ADDRESSEE

NO POSTAGE
NECESSARY
IF MAILED
IN THE
UNITED STATES

AUTOMOBILE CLUB OF SOUTHERN CALIFORNIA
SALES DEPARTMENT
2601 S FIGUEROA ST
LOS ANGELES CA 90007-9914

## 6. 소액 청구 소송(SMALL CLAIM)

미국에서는 민사 소송 절차가 한국에 비해서 복잡하기 때
문에 변호사를 통하지 않고서는 자신의 권리를 보호받기
가 어려운 실정이기 때문에 재판을 하기위해서는 변호사
를 선임하여야 하는데, 변호사를 선임하기 위해서는 막대
한 경비가 들어가며 때에 따라서는 받을 금액보다 변호사

비용이 더 들어가는 경우도 있습니다.

그러나 소액청구소송은 변호사없이 본인이 직접 법원에 출두하여 신속하게 손해배상청구재판을 신청하는 것입니다.

A) 소액 청구금액은 캘리포니아의 경우에는 회사는 $5,000까지이며 개인은 $7,500까지이고 이 금액은 때에 따라 또는 주에 따라 달라질 수가 있습니다.

B) 소액청구소송 사항은 신체나 재산상의 손해배상, 부도수표로 인한 손해 청구, 아파트 보증금(Security Deposit) 청구 등 본인이 손해를 배상받고자할 경우에 언제든지 신청할 수가 있습니다.

C) 준비 서류 : 재판을 위한 준비 서류는 영수증, 부도수표, 계약서, 명세서 등 입니다.

D) 접수 장소 : 소액재판을 하는 법원은 본인이 거주하는 지역의 변호사 사무실에 문의를 하시면 됩니다(로스앤젤레스의 소액 재판 법원 주소는 111 N. Hill St. Los Angeles, CA 90012입니다.).

E) 소액재판 절차는 다음과 같습니다.

- 소액재판법원에 가서 소액재판신청서 작성 및 신청을 합니다.
- 재판 날짜가 기록된 서류를 피고측에 전달을 하는데, 우편이나 원고가 직접 배달할 수가 없으며 반드시 제 3자가 직접 피고측에게 배달을 하여야 합니다.
- 재판 날짜에 피고가 출석을 하지 않으면 자동으로

원고의 승소 판결이 납니다.

- 판결문을 가지고 피고측에 손해배상을 청구하여도 손해 배상금을 받지 못할 경우에는 법원에 차압신청을 할 수가 있습니다.

F) 소액재판이나 차압을 본인이 직접하기가 어려울 경우에는 수임료가 비싼 변호사보다는, 법무사에게 의뢰를 하면 비교적 저렴한 가격에 도움을 받을 수가 있습니다 (LA의 경우는 213-272-7498로 문의를 하시면 도움을 받을 수가 있습니다.).

## 7. 받은 수표(CHECK)가 부도가 났을 경우

받은 수표가 잔고 부족이나 계좌 폐쇄, 발행인 회부, 주소 불명 등으로 인하여 부도가 났을 경우에 처리일로 부터 120일 이내에 거주지에서 가까운 파출소나 경찰서에 가서 부도수표 신고 신청서를 작성하여 제출을 하면 검찰로 부터 도움을 받을 수가 있습니다.

그러나 날짜를 지정한 연 수표나, 도난수표, 여행자수표 및 타주 발행수표는 혜택을 받을 수가 없으며, 수표를 발행한 사람이 파산(뱅크럽시)을 한 경우에도 사기 행위가 입증되지 않으면 혜택을 받기가 어려울 수가 있습니다.

받은 수표가 부도가 났을 때, LA의 경우에는 무료전화 1-800-842-0733으로 전화를 하시면 도움을 받을 수가 있습니다.

## 8. 범죄 피해로 인한 보상 프로그램(VAP)

미국에서는 체류신분에 관계없이 강도, 절도, 폭행, 뺑소니 사고 등 각종 범죄 행위로 인하여 정신적, 신체적, 물질적 피해를 입었을 경우에 사고일로 부터 3일 이내에 경찰서에 신고를 하게 되면 "시 검찰 부속 범죄 피해자 보조 프로그램"을 통하여 장례비, 치료비, 재활 교육비 등 많은 혜택을 받을 수가 있습니다.

이렇게 미국에서는 시민이 강도나 폭행을 당하였을 경우에 자신이 거주하는 시 정부에 정당하게 피해 보상을 요청할 수가 있음에도 불구하고 이러한 프로그램이 있는지 조차를 몰라서 피해 보상 신청을 못하는 경우가 많이 있으니, 상기 내용과 같은 피해를 있었을 경우에는 반드시 자신의 권리를 찾아야 할 것입니다.

LA의 경우 문의 전화 : (213)485-0742


## 9. 무료 통역 서비스를 받으려면?

미 전국 어느 지역에서든지 사회복지국, 경찰서, 이민국, 공공 의료기관, 학교, 법원 등 연방 정부에서 제공하는 재정을 보조 받는 공공기관은 언제든지 무료로 통역서비스를 제공하도록 의무화가 되어 있기 때문에 항상 제 3자를 통하여 한국어 무료통역을 서비스 받을 수가 있습니다.

무료통역을 서비스 받기를 원하시면 전국어디서나 무료전화 1-800-772-1213에 전화를 하여서 무료통역서비스를 신청하면 24시간 언제든지 도움을 받을 수가 있습니다.

## 10. 변호사 비용이 불합리하다고 생각하세요?

일반적으로 소송을 하거나 이민업무를 의뢰할 경우에 변호사를 선임하게 됩니다. 그러나 변호사에게 의뢰를 할 경우에 예상치 못한 수임료를 청구 당하게 되거나, 이민국으로부터 거절을 당하였을 경우에 대부분의 사람들은 속만 태우다가 수임료를 포기하는 경우가 많이 있습니다.

이럴 경우에 변호사가 부당한 금액을 청구하였다고 생각이 되면 변호사를 찾아가서 수임료 일부를 환불해 달라고 요청을 합니다.

이렇게 해서 해결이 되면 다행이지만, 만약 합의를 보지 못할 경우에는 계약서와 변호사가 작성한 서류를 달라고 하여서 변호사 협회 또는 봉사단체에 의뢰를 하면 도움을 받을 수가 있을 것입니다.

이러한 일들을 귀찮다고 포기를 하지 말고 자신의 권리를 찾아야 할 것입니다.

캘리포니아 주 변호사 협회 : www.calbar.ca.gov

전화번호 : 1-800-843-9053

## 11. 물건을 싸게 구입하는 방법

월마트에서 물건을 싸게 구입하려면 www.walmart.com에 들어가서 rollbacks를 타이프 한 다음에 무료 전자메일 명단에 가입을 하면, 특정 상품에 대해서 싸게 구입할 수가 있습니다. 그리고 매주 수요일마다 www.supertargrt.com을 클릭하면 할인된 그로서리(식료품)쿠폰을 받을 수가 있습니다.

www.target.com에 들어가서 clearance를 클릭하여도 되고 또는 www.eddiebaucer.com이나 www.dailyyedeals.com 혹은 www.bluelight.com에 들어가면 할인정보를 얻을 수가 있습니다.

LA의 경우에 www.entertainment.com에 들어가서 회원으로 가입($15/년)을 하면 매년 레스토랑, 영화 등 50%까지 할인을 받을 수 있는 쿠폰 책(400~500페이지)을 무료로 받을 수가 있으며 수시로 이메일로 30~50%짜리 무료쿠폰을 보내주기도 합니다.

LA Times의 일요일판 신문을 보면 쓸 만한 쿠폰이 많이 들어 있습니다. 그리고 COSTCO에 회원으로 가입하면(년 회비 50달러) 식료품을 비롯하여 많은 물품들을 도매가격으로 구입을 할 수가 있습니다.

만 50세 이상이 되면 AARP(American Association df Retired Persons)에 1년에 12.50달러를 내고 가입하게 되면 부부가 함께 혜택을 받을 수가 있는 프로그램이며, 혜택은 건강보험에 가입할 경우에 할인을 받을 수가 있으며, 처방약의 경우에 최대 53%까지 싸게 살 수가 있으며, 크루즈, 비행기표, 호텔, 자동차대여 등을 할인 받을 수가 있으며 www.aarp.org에서 가입할 수가 있습니다.

## 12. 실업수당을 청구하는 방법

A) 실업수당 청구 대상자 : 회사로부터 구조조정을 당하였던지 해고를 당하였을 경우, 또는 회사가 망하였을 경

우, 기존 업무를 수행할 수 없는 직장의 환경변화로 인
한 실직 등이며 본인의 의사로 퇴사를 하였을 경우에는
실직수당이 지급되지 않습니다.

B) 실업수당 금액 : 본인이 1년간 받은 급여를 기준으로 1
주일에 최저 40달러에서 최고 450달러까지 26주 동안
받을 수가 있습니다.

C) 필요한 서류 : 이름, 전화번호, 쇼셜 번호

D) 접수 및 상담처 : 전국의 EDD사무소이며 캘리포니아
의 경우는 웹사이트 www.edd.ca.gov를 참고로 하던지
LA의 경우는(323)993-4705로 전화를 하여서(영어가
미숙한 경우에는 한국인 담당자를 찾으면 됩니다.) 도
움을 요청하면 됩니다.

## 13. 광고 전화 및 스팸 메일을 차단하는 방법

미국에서 살다보면 텔레마케팅 전화나 광고우편물 또는
스팸 메일 등에 시달리다 보면 짜증이 날 때가 많이 있습
니다. 이러한 광고를 차단하기 위해서는 아래의 기관으로
광고차단신청을 하길 바랍니다.

오프아웃(Optout)을 신청하는 방법

| 광고종류 | 전화번호 | 웹사이트 주소 | 광고 면제기간 | 비고 |
|---|---|---|---|---|
| 신용카드 & 광고편지 | (888)567 -8688 | www.ftc.gov/bcp/ edu/pbus/con/sum mer/alerts/alt063. 노스 | 2년 | |
| 전화광고 | (888)382 -1222 | www.donotcall.go v | 5년 | 전화번호 3개까지 |

## 14. 캘리포니아 주 주요기관 연락처

- 캘리포니아 주 소비자 업무국(California Department of Consumer Affairs)www.dca.ca.gov

  문의 전화 : 1-800952-5210(소비자 불만 접수, 인가 확인, 일반 문의)

- 캘리포니아 주 보험국(California department of Insurance) www.insurance.ca.gov

  문의 전화 : 1-800-927-4357(보험청구 문제, 보험사기)

- 캘리포니아 주 의료 위원회(California Medical Board) www.medbd.ca.gov

  문의 전화 : 1-800-777-7575(의사관련 불만 접수)

- 캘리포니아 주 공정고용 및 주택국(California Department of Fair Employment and Housing)

  www.dfeh.ca.gov

  문의 전화 : 1-800-884-1684(고용차별관련 불만접수)

  1-800-233-3212(주택관련차별 불만 접수)

- 연방 거래 위원회(Federal Trade Commission)

  www.ftc.gov/www.consumer.gov/idtheft

  문의 전화 : 1-877-438-4338(명의도용 신고 핫라인, 명의 도용 진술서 양식 배포)

  1-877-382-4357(정보 및 소비자 불만접수)

- 연방 국세청(Inter Revenue Service)

  www.irs.gov

  문의 전화 : 1-800-829-1040(세무 정보 및 각종 세금 양식)

- 전국 사기 정보센터(National fraud Information Center)
  www.fraud.org
  문의 전화 : 1-800-876-7060(텔레마케팅 및 인터넷 사기
  신고, 정보)
- 미국고용기회균등위원회(U.S Equal Employment Opport
  -unity Commission)
  www.eeoc.gov
  문의 전화 : 1-800-669-4000(고용관련 차별 불만접수)
- 미국 주택 및 도시 개발부(U.S Department of Housing
  and Urban Development)
  www.hud.gov
  문의 전화 : 1-800-877-0246(주택관련 차별 : 정보, 불만
  접수)
  1-800-569-4287(주택 상담기관 소개 전화)

## 15. 각 주 DMV(차량국) 주소

다음의 DMV에 전화나 편지를 하면 현재 자신이 거주하는
곳에서 가장 가까운 곳의 DMV주소와 전화번호 또는 인터
넷 주소를 알 수가 있습니다.

### ALABAMA

P.O. Box 327640, Montgomery, AL 36162

Tel : (334)242-9000

### ALASKA

5700 E. Tudor Rd., Anchorage, AK 99507

Tel : (907)269-5559

ARIZONA

1801 W. Jefferson St., Phoenix, AZ 85007

Tel : (602)255-7427

ARKANSAS

P.O. Box 1272, Little Rock, AR 72203

Tel : (501)682-4630

CALIFORNIA

P.O. Box 932328, Sacramento, CA 94232

Tel : (916)657-6940

COLORADO

140 W. Sixth Ave., Denver, CO 80204

Tel : (303)623-9463

CONNECTICUT

60 State St., Wethersfield. CT 06161

Tel : (203)566-2240

DELAWARE

P.O. Box 698, Dover, DE 19903

Tel : (302)739-4421

DISTRICT OF COLUMBIA

301 C Street, NW, Washington, D.C 20001

Tel : (202)727-1159

FLORIDA

Neil Kirkman Bldg., Tallahassee, FL 32399

Tel : (904)922-9000

## GEORGIA

270 Washington St., #104 Atlanta, GA 3334

Tel : (404)656-4156

## HAWAII

1455 S. Beretania St., Honolulu, HI 96814

Tel : (808)973-2800

## IDAHO

3311 W. State St. Boise. ID 83731

Tel : (208)334-8800

## ILLINOIS

2710 South Dirksen Parkway, Springfield, IL 62723

Tel : (217)782-8907

## INDIANA

100 North Senate, #N440, Indianapolis, IN 46204

Tel : (317)232-2800

## IOWA

Park Fair Mall, Des Moines, IA 503130

Tel : (515)244-8725

## KANSAS

Rovert B. Docking Office Building, Topeka, KS 66626

Tel : (913)296-3601

## KENTUCKY

New State Office Buld. Frankfort, KY 40622

Tel : (502)564-4890

## LOUISIANA

P.O. Box 66614, Baton Rouge, LA 70821

Tel : (504)925-6335

## MAINE

26 Child St., Augusta ME 04333

Tel : (207)287-2761

## MARYLAND

6601 Ritchie Highway N.E., Glen Burnie, MD 21062

Tel : (617)768-7000

## MASSACHUSETTS

1135 Tremont St., Boston, MA 02120-2103

Tel : (617)351-2700

## MICHIGAN

430 W. Allegan Street. Treasury Buld. Lansing, MI 48918

Tel : (517)373-2510

## MINNESOTA

395 John Ireland Blvd., St. Paul, MN 55155

Tel : (612)296-2001

## MISSISSIPPI

P.O Box. 311, Jefferson City, MO 65101

Tel : (314)751-4450

## MONTANA

925 Main St., Deer Lodge, MT 59722

Tel : (406)846-1423

NEBRASKA

P.O. Box 94789, Lincoln, NE 68509

Tel : (402)471-2281

NEVADA

555 Wright Way, Carson City, NV 89711

Tel : (702)687-5375

NEW HAMPSHIRE

10 Hazen Driver, Safety Buld. Concord, NH 03305

Tel : (603)271-4570

NEW JERSEY

225 E. State St., Trenton, NJ 08666

Tel : (609)292-4570

NEW MEXICO

P.O. Box 1028, Room 2107, Santa Fe, NM 87504

Tel : (505)827-2295

NEW YORK

Empire State Plaza, Albany, NY 12228

Tel : (518)474-0841

NORTH CAROLINA

1100 New Bern Ave., Raleigh, NC 27697

Tel : (919)733-2403

NORTH DAKOTA

608 E. Boulevard Ave., Bismarck, ND 58505

Tel : (701)328-2581

## OHIO

P.O. Box 16520, Columbus, OH 43266

Tel : (614)752-7621

## OKLAHOMA

2501 Memorial Buld., Oklahoma City, OK 73194

Tel : (405)521-2510

## OREGON

1905 Lana Ave., NE, Salem, OR 97314

Tel : (503)945-5100

## PENNSYLVANIA

P.O. Box 2691, Harrisburg, PA 17120

Tel : (717)787-2977

## RHODE ISLAND

286 Main St., Pawtucket, RI 02860

Tel : (41)277-2970

## SOUTH CAROLINA

P.O. Box 1498, Columbia, SC 29216

Tel : (803)251-2960

## SOUTH DAKOTA

118 W. Capitol St., Pirre, SD 57501

Tel : (605)773-3541

## TENNESSEE

1150 Foster Ave., Nashville, TN 37210

Tel : (615)251-5166

TEXAS

P.O. Box 4087, Austin, TX 78773

Tel : (512)465-2000

UTAH

4501 S.2700 West, Salt Lake City, UT 84134

Tel : (801)965-4437

VERMONT

120 State Street, Montpelier, VT 05603

Tel : (802)828-2000

VIRGINIA

P.O. Box 27412, Richmond, VA 23269

Tel : (804)367-0538

WASHINGTON

1125 Washington St., Olympia, WA 98504

Tel : (206)753-5029

WEST VIRGINIA

1800 Washington St., E. Charleston, WV 25317

Tel : (304)558-3900

WISCONSIN

4802 Sheboygan Ave., P.O. Box 7915, Madison, WI 53707

Tel : (608)266-2233

WYOMING

P.O. Box 1708, Cheyenne, WY 82003, Tel : (307)777-4484

## 저자와의 상담

이 책 저자와의 상담을 통하여 유학 및 영주권 취득과 이 책
의 모든 내용 및 미국 생활 전반에 대해서 구체적인 사항을
터득할 수가 있습니다.

## 상담 장소

미국 : 1300 W. Olympic Blvd. #202 Los Angeles, CA 90015
한국 : 상담 신청 시 날짜와 장소를 결정합니다.

## 상담 신청 방법

1. 이-메일로 신청 시 : migukguide@yahoo.co.kr
                    www.migukguide.com
2. 전화로 신청 시 : 미국 (213)365-1533, (213)272-7498

■ 저자 약력 ■

(주)태양 인터내셔널 대표이사 역임

Hanmi Delverlopment Corp. 대표

미국 공인 세무사

미국 초기 이민자 봉사센터 소장

(Korean-American Community Service Center)

현재 미국 일간지 및 방송국에서 칼럼리스트로 활동 중

# 미국생활 필수지침서　　　　　　　정가 12,000원

저　자　김　　종　　현
발행인　문　　형　　진

┌─────┐
│ 판　권 │
│ 검　인 │
└─────┘

2009년 5월 10일 제1판 제1인쇄발행
2010년 2월 22일 제2판 제2인쇄발행

발행처　도서출판 세　진　사
136-087　서울특별시 성북구 보문동 7가 112-8
(세진빌딩)
TEL : 922-6371~3, 923-3422 · 7224 / FAX : 927-2462
〈2009. 3. 31 / 등록 · 서울 제307-2009-23호 / 등록번호〉

http : //www.sejinbook.com
E-mail : sejinbook@hanmail.net